N HAVÉRE 1963

Y.5520.
C.66.8.

A conserver

Yf 2894

OEUVRES
DE MOLIÈRE.

TOME HUITIÈME.

DE L'IMPRIMERIE DE FIRMIN DIDOT,
IMPRIMEUR DU ROI ET DE L'INSTITUT, RUE JACOB, N° 24.

OEUVRES
DE MOLIÈRE,

AVEC UN COMMENTAIRE,

UN DISCOURS PRÉLIMINAIRE, ET UNE VIE DE MOLIÈRE,

PAR M. AUGER,
DE L'ACADÉMIE FRANÇOISE.

TOME VIII.

A PARIS,
CHEZ Mme Ve DESOER, LIBRAIRE,
RUE DES POITEVINS, N° 12.

1824.

LE BOURGEOIS

GENTILHOMME,

COMÉDIE-BALLET EN CINQ ACTES.

1670.

ACTEURS.

ACTEURS DE LA COMÉDIE.

MONSIEUR JOURDAIN, bourgeois.
MADAME JOURDAIN, sa femme.
LUCILE, fille de monsieur Jourdain.
CLÉONTE, amoureux de Lucile.
DORIMÈNE, marquise.
DORANTE, comte, amant de Dorimène.
NICOLE, servante de monsieur Jourdain.
COVIELLE, valet de Cléonte.
UN MAITRE DE MUSIQUE.
UN ÉLÈVE DU MAITRE DE MUSIQUE.
UN MAITRE A DANSER.
UN MAITRE D'ARMES.
UN MAITRE DE PHILOSOPHIE.
UN MAITRE TAILLEUR.
UN GARÇON TAILLEUR.
DEUX LAQUAIS.

ACTEURS DU BALLET.

DANS LE PREMIER ACTE.

UNE MUSICIENNE.
DEUX MUSICIENS.
DANSEURS.

DANS LE SECOND ACTE.

GARÇONS TAILLEURS DANSANS.

DANS LE TROISIÈME ACTE.

CUISINIERS DANSANS.

DANS LE QUATRIÈME ACTE.

CÉRÉMONIE TURQUE.

LE MUFTI.
TURCS ASSISTANS DU MUFTI, CHANTANS.
DERVIS CHANTANS.
TURCS DANSANS.

DANS LE CINQUIÈME ACTE.

BALLET DES NATIONS.

UN DONNEUR DE LIVRES DANSANT.
IMPORTUNS DANSANS.
TROUPE DE SPECTATEURS CHANTANS.
PREMIER HOMME DU BEL AIR.

SECOND HOMME du bel air.
PREMIÈRE FEMME du bel air.
SECONDE FEMME du bel air.
PREMIER GASCON.
SECOND GASCON.
UN SUISSE.
UN VIEUX BOURGEOIS babillard.
UNE VIEILLE BOURGEOISE babillarde.
ESPAGNOLS chantans.
ESPAGNOLS dansans.
UNE ITALIENNE.
UN ITALIEN.
DEUX SCARAMOUCHES.
DEUX TRIVELINS.
ARLEQUIN.
DEUX POITEVINS chantans et dansans.
POITEVINS ET POITEVINES dansans.

La scène est à Paris, dans la maison de M. Jourdain.

LE BOURGEOIS GENTILHOMME,

COMÉDIE-BALLET.

ACTE PREMIER.

L'ouverture se fait par un grand assemblage d'instrumens; et, dans le milieu du théâtre, on voit un élève du maître de musique, qui compose sur une table un air que le bourgeois a demandé pour une sérénade.

SCÈNE PREMIÈRE.

UN MAITRE DE MUSIQUE, UN MAITRE A DANSER, TROIS MUSICIENS, DEUX VIOLONS, QUATRE DANSEURS.

LE MAÎTRE DE MUSIQUE, *aux musiciens.*
Venez, entrez dans cette salle, et vous reposez là, en attendant qu'il vienne.

LE MAÎTRE A DANSER, *aux danseurs.*
Et vous aussi, de ce côté.

LE MAÎTRE DE MUSIQUE, *à son élève.*
Est-ce fait?

L'ÉLÈVE.

Oui.

LE MAÎTRE DE MUSIQUE.

Voyons... Voilà qui est bien.

LE MAÎTRE A DANSER.

Est-ce quelque chose de nouveau?

LE MAÎTRE DE MUSIQUE.

Oui, c'est un air pour une sérénade, que je lui ai fait composer ici, en attendant que notre homme fût éveillé.

LE MAÎTRE A DANSER.

Peut-on voir ce que c'est?

LE MAÎTRE DE MUSIQUE.

Vous l'allez entendre avec le dialogue, quand il viendra. Il ne tardera guère.

LE MAÎTRE A DANSER.

Nos occupations, à vous et à moi, ne sont pas petites maintenant.

LE MAÎTRE DE MUSIQUE.

Il est vrai. Nous avons trouvé ici un homme comme il nous le faut à tous deux. Ce nous est une douce rente que ce monsieur Jourdain, avec les visions de noblesse et de galanterie qu'il est allé se mettre en tête; et votre danse et ma musique auroient à souhaiter que tout le monde lui ressemblât.

LE MAÎTRE A DANSER.

Non pas entièrement; et je voudrois, pour lui, qu'il se connût mieux qu'il ne fait aux choses que nous lui donnons.

LE MAÎTRE DE MUSIQUE.

Il est vrai qu'il les connoît mal, mais il les paie bien;

et c'est de quoi maintenant nos arts ont plus besoin que de toute autre chose.

LE MAÎTRE A DANSER.

Pour moi, je vous l'avoue, je me repais un peu de gloire. Les applaudissemens me touchent; et je tiens que, dans tous les beaux-arts, c'est un supplice assez fâcheux que de se produire à des sots, que d'essuyer, sur des compositions, la barbarie d'un stupide. Il y a plaisir, ne m'en parlez point [1], à travailler pour des personnes qui soient capables de sentir les délicatesses d'un art; qui sachent faire un doux accueil aux beautés d'un ouvrage, et, par de chatouillantes approbations, vous régaler de votre travail [2]. Oui, la récompense la plus agréable qu'on puisse recevoir des choses que l'on fait, c'est de les voir connues, de les voir caressées d'un applaudissement qui vous honore. Il n'y a rien, à mon avis, qui nous paie mieux que cela de toutes nos fatigues; et ce sont des douceurs exquises que des louanges éclairées.

---

(1) *Ne m'en parlez point*, signifie là peut-être, ne me dites pas le contraire. En tout cas, c'est une manière d'affirmer, d'insister sur la vérité de ce qu'on dit. *Parlez-moi de cela*, est une autre expression qui, quoique opposée dans les termes, a un sens tout semblable : *Parlez-moi de cela, voilà une belle fête.*

(2) *Vous régaler de votre travail.* — Régaler, dans cette phrase, signifie, récompenser, dédommager. Molière, dans *l'Étourdi*, avoit déja dit, *pour vous régaler du souci*, etc.; et on lit dans Scarron, *Il me devra son raccommodement, et il m'en régalera.* Régaler, proprement, étymologiquement, c'est rendre égal. La récompense d'un travail est ce qui rend les choses égales entre celui qui l'a fait et celui qui en profite. La phrase n'est donc pas déraisonnable; elle n'est qu'inusitée, du moins aujourd'hui.

LE MAÎTRE DE MUSIQUE.

J'en demeure d'accord; et je les goûte comme vous. Il n'y a rien assurément qui chatouille davantage, que les applaudissemens que vous dites [1]; mais cet encens ne fait pas vivre. Des louanges toutes pures ne mettent point un homme à son aise: il y faut mêler du solide; et la meilleure façon de louer, c'est de louer avec les mains [2]. C'est un homme, à la vérité, dont les lumières sont petites, qui parle à tort et à travers de toutes choses, et n'applaudit qu'à contre-sens; mais son argent redresse les jugemens de son esprit; il a du discernement dans sa bourse; ses louanges sont monnoyées; et ce bourgeois ignorant nous vaut mieux, comme vous voyez, que le grand seigneur éclairé qui nous a introduits ici.

LE MAÎTRE A DANSER.

Il y a quelque chose de vrai dans ce que vous dites; mais je trouve que vous appuyez un peu trop sur l'argent; et l'intérêt est quelque chose de si bas, qu'il ne faut jamais qu'un honnête homme montre pour lui [3] de l'attachement.

---

(1) *Davantage que*, se trouve dans de grands écrivains, tels que Pascal, Racine, Montesquieu; mais ce n'en est pas moins une faute. *Davantage* ne peut être employé qu'absolument: *Je l'aime beaucoup, mais je vous aime davantage.* Beauzée explique parfaitement bien cette règle dans sa grammaire.

(2) *Louer avec les mains*, pourroit s'entendre aussi bien des applaudissemens que du paiement; mais ce qui précède ne permet pas qu'on s'y trompe.

(3) *Pour lui* (pour l'intérêt). — C'est une règle de notre langue, que les pronoms personnels, servant de régime indirect, comme *lui, leur, eux, elles*, ne peuvent jamais se rapporter à des choses, à moins qu'elles ne soient personnifiées.

ACTE I, SCÈNE I.

LE MAÎTRE DE MUSIQUE.

Vous recevez fort bien pourtant l'argent que notre homme vous donne.

LE MAÎTRE A DANSER.

Assurément; mais je n'en fais pas tout mon bonheur; et je voudrois qu'avec son bien, il eût encore quelque bon goût des choses.

LE MAÎTRE DE MUSIQUE.

Je le voudrois aussi; et c'est à quoi nous travaillons tout deux autant que nous pouvons. Mais, en tout cas, il nous donne moyen de nous faire connoître dans le monde; et il paiera pour les autres ce que les autres loueront pour lui.

LE MAÎTRE A DANSER.

Le voilà qui vient [1].

---

[1] Molière excelle dans toutes ses expositions: celle-ci est une des meilleures, c'est-à-dire une des plus naturelles. Nous connoissons déja parfaitement le ridicule du principal personnage: nous savons qu'un bourgeois sot, mais riche, s'est mis en tête de faire l'homme de qualité et de courtiser les belles dames; nous savons encore qu'il paie chèrement des artistes, dont les leçons ne lui apprendront jamais rien, et dont les compositions ne peuvent être goûtées par sa grossière ignorance. Voilà ce dont nous ont instruits le maître de musique et le maître à danser, en paroissant ne s'occuper que de leurs propres affaires, et en se montrant à nous eux-mêmes sous le jour le plus comique. L'amour des louanges chez l'un, et l'amour de l'argent chez l'autre, forment un contraste naturel et piquant; mais le coup de maître, c'est d'avoir fait le plus sensible à la gloire, celui des deux qui a le moins droit d'y prétendre. Dans un musicien, un compositeur, préférer l'honneur au profit seroit un sentiment légitime et noble; dans un danseur, ce n'est qu'un ridicule. Ainsi, Molière met en action cette observation de mœurs, qu'on est souvent à portée de faire, que la vanité d'un artiste est toujours en raison de la futilité de son art.

SCÈNE II.

MONSIEUR JOURDAIN, *en robe de chambre et en bonnet de nuit;* LE MAITRE DE MUSIQUE, LE MAITRE A DANSER, L'ÉLÈVE DU MAÎTRE DE MUSIQUE, UNE MUSICIENNE, DEUX MUSICIENS, DANSEURS, DEUX LAQUAIS.

MONSIEUR JOURDAIN.

Hé bien, messieurs! Qu'est-ce? Me ferez-vous voir votre petite drôlerie?

LE MAÎTRE A DANSER.

Comment? Quelle petite drôlerie [1]?

MONSIEUR JOURDAIN.

Hé! là... Comment appelez-vous cela? Votre prologue ou dialogue de chansons et de danse [2].

LE MAÎTRE A DANSER.

Ah! ah!

LE MAÎTRE DE MUSIQUE.

Vous nous y voyez préparés.

MONSIEUR JOURDAIN.

Je vous ai fait un peu attendre; mais c'est que je me fais habiller aujourd'hui comme les gens de qualité; et mon tailleur m'a envoyé des bas de soie, que j'ai pensé ne mettre jamais.

---

[1] Le maître à danser est fidèle à son caractère: le mot de *drôlerie* l'offense. Marcel ne diroit pas mieux.

[2] Cette confusion de deux mots, qui n'ont guère d'autre rapport que la consonnance, donne tout de suite une idée des lumières de M. Jourdain.

ACTE I, SCÈNE II.

LE MAÎTRE DE MUSIQUE.

Nous ne sommes ici que pour attendre votre loisir.

MONSIEUR JOURDAIN.

Je vous prie tous deux de ne vous point en aller qu'on ne m'ait apporté mon habit, afin que vous me puissiez voir.

LE MAÎTRE A DANSER.

Tout ce qu'il vous plaira.

MONSIEUR JOURDAIN.

Vous me verrez équippé comme il faut, depuis les pieds jusqu'à la tête.

LE MAÎTRE DE MUSIQUE.

Nous n'en doutons point.

MONSIEUR JOURDAIN.

Je me suis fait faire cette indienne-ci [1].

LE MAÎTRE A DANSER.

Elle est fort belle.

MONSIEUR JOURDAIN.

Mon tailleur m'a dit que les gens de qualité étoient comme cela le matin.

LE MAÎTRE DE MUSIQUE.

Cela vous sied à merveille.

---

(1) Les *indiennes*, c'est-à-dire les toiles peintes venues de l'Inde, étoient alors un grand luxe. Celles qu'on a faites en Europe à l'imitation des véritables, et qu'on a appelées du même nom, ont dû mettre ce nom en discrédit. L'étoffe elle-même a passé de mode, et a été remplacée par la *perse*, que nous avons vu disparoître à son tour. Les comédiens qui jouent aujourd'hui le rôle de M. Jourdain, ne portent ni perse ni indienne, mais quelque riche étoffe de soie, dont ils substituent le nom au mot employé par Molière.

MONSIEUR JOURDAIN.

Laquais! holà, mes deux laquais!

PREMIER LAQUAIS.

Que voulez-vous, monsieur?

MONSIEUR JOURDAIN.

Rien. C'est pour voir si vous m'entendez bien. (*au maître de musique et au maître à danser.*) Que dites-vous de mes livrées?

LE MAÎTRE A DANSER.

Elles sont magnifiques.

MONSIEUR JOURDAIN, *entr'ouvrant sa robe, et faisant voir son haut-de-chausse étroit de velours rouge, et sa camisole de velours vert.*

Voici encore un petit déshabillé pour faire, le matin, mes exercices.

LE MAÎTRE DE MUSIQUE.

Il est galant.

MONSIEUR JOURDAIN.

Laquais!

PREMIER LAQUAIS.

Monsieur?

MONSIEUR JOURDAIN.

L'autre laquais!

SECOND LAQUAIS.

Monsieur?

MONSIEUR JOURDAIN, *ôtant sa robe de chambre.*

Tenez ma robe. (*au maître de musique et au maître à danser.*) Me trouvez-vous bien comme cela?

LE MAÎTRE A DANSER.

Fort bien. On ne peut pas mieux.

ACTE I, SCÈNE II.

MONSIEUR JOURDAIN.

Voyons un peu votre affaire.

LE MAÎTRE DE MUSIQUE.

Je voudrois bien auparavant vous faire entendre un air (*montrant son élève.*) qu'il vient de composer pour la sérénade que vous m'avez demandée. C'est un de mes écoliers, qui a pour ces sortes de choses un talent admirable.

MONSIEUR JOURDAIN.

Oui, mais il ne falloit pas faire faire cela par un écolier; et vous n'étiez pas trop bon vous-même pour cette besogne-là.

LE MAÎTRE DE MUSIQUE.

Il ne faut pas, monsieur, que le nom d'écolier vous abuse. Ces sortes d'écoliers en savent autant que les plus grands maîtres; et l'air est aussi beau qu'il s'en puisse faire. Écoutez seulement.

MONSIEUR JOURDAIN, *à ses laquais.*

Donnez-moi ma robe pour mieux entendre... Attendez, je crois que je serai mieux sans robe. Non, redonnez-la-moi; cela ira mieux [1].

---

[1] Les laquais appelés l'un après l'autre, ou tous deux ensemble, quand on n'a besoin ni de l'un ni de l'autre, et la robe de chambre prise, quittée et reprise, pour essayer si l'on entendra mieux de la musique avec ou sans cette robe, tout cela est bien comique, car tout cela est bien vrai. A qui n'est-il pas arrivé, possédant nouvellement une chose, d'inventer des raisons d'en faire usage, pour avoir autant d'occasions d'en jouir ou d'en faire parade? Je ne parle pas des enfans, qui regardent cent fois l'heure dans une minute, le premier jour qu'ils ont une montre, ni des gens qui passent devant tous les factionnaires, quand ils viennent de recevoir une décoration.

LA MUSICIENNE.

Je languis nuit et jour, et mon mal est extrême
Depuis qu'à vos rigueurs vos beaux yeux m'ont soumis.
Si vous traitez ainsi, belle Iris, qui vous aime,
Hélas! que pourriez-vous faire à vos ennemis!

MONSIEUR JOURDAIN.

Cette chanson me semble un peu lugubre; elle endort; et je voudrois que vous la pussiez un peu ragaillardir par-ci, par-là.

LE MAÎTRE DE MUSIQUE.

Il faut, monsieur, que l'air soit accommodé aux paroles.

MONSIEUR JOURDAIN.

On m'en apprit un tout-à-fait joli, il y a quelque temps. Attendez... là... Comment est-ce qu'il dit?

LE MAÎTRE A DANSER.

Par ma foi, je ne sais.

MONSIEUR JOURDAIN.

Il y a du mouton dedans [1].

LE MAÎTRE A DANSER.

Du mouton?

MONSIEUR JOURDAIN.

Oui. Ah! (*Il chante.*)

    Je croyois Jeanneton
    Aussi douce que belle;
    Je croyois Jeanneton

---

[1] On voit que M. Jourdain connoît mieux le mouton en termes de cuisine, qu'en style de pastorale: il parle de cette chanson, comme il parleroit d'un hochepot.

ACTE I, SCÈNE II.

Plus douce qu'un mouton.
Hélas ! hélas !
Elle est cent fois, mille fois plus cruelle
Que n'est le tigre aux bois [1].

N'est-il pas joli ?

LE MAÎTRE DE MUSIQUE.

Le plus joli du monde.

LE MAÎTRE A DANSER.

Et vous le chantez bien.

MONSIEUR JOURDAIN.

C'est sans avoir appris la musique [2].

LE MAÎTRE DE MUSIQUE.

Vous devriez l'apprendre, monsieur, comme vous faites la danse. Ce sont deux arts qui ont une étroite liaison ensemble.

LE MAÎTRE A DANSER.

Et qui ouvrent l'esprit d'un homme aux belles choses.

---

[1] C'est ainsi que la chanson est imprimée dans l'édition originale et dans celle de 1682. De cette disposition des vers, il résulte que le dernier et l'antépénultième n'ont pas de rime ; ce qui, du reste, n'est pas rare dans les vieilles chansons de ce temps. Il se pourroit toutefois que ce fût une faute d'impression, et qu'on dût écrire avec un éditeur moderne :

Hélas ! hélas ! elle est cent fois,
Mille fois plus cruelle
Que n'est le tigre aux bois.

[2] Absolument comme les gens de qualité.

Un grand seigneur sait tout sans avoir rien appris,

dit, d'après le Mascarille des *Précieuses ridicules*, un personnage des *Aïeux chimériques* de Rousseau.

MONSIEUR JOURDAIN.

Est-ce que les gens de qualité apprennent aussi la musique ?

LE MAÎTRE DE MUSIQUE.

Oui, monsieur.

MONSIEUR JOURDAIN.

Je l'apprendrai donc. Mais je ne sais quel temps je pourrai prendre ; car, outre le maître d'armes qui me montre, j'ai arrêté encore un maître de philosophie qui doit commencer ce matin.

LE MAÎTRE DE MUSIQUE.

La philosophie est quelque chose ; mais la musique, monsieur, la musique...

LE MAÎTRE A DANSER.

La musique et la danse... La musique et la danse, c'est là tout ce qu'il faut.

LE MAÎTRE DE MUSIQUE.

Il n'y a rien qui soit si utile dans un État que la musique.

LE MAÎTRE A DANSER.

Il n'y a rien qui soit si nécessaire aux hommes que la danse.

LE MAÎTRE DE MUSIQUE.

Sans la musique, un État ne peut subsister.

LE MAÎTRE A DANSER.

Sans la danse, un homme ne sauroit rien faire.

LE MAÎTRE DE MUSIQUE.

Tous les désordres, toutes les guerres qu'on voit dans le monde, n'arrivent que pour n'apprendre pas la musique.

ACTE I, SCÈNE II.

LE MAÎTRE A DANSER.

Tous les malheurs des hommes, tous les revers funestes dont les histoires sont remplies, les bévues des politiques, et les manquemens [1] des grands capitaines, tout cela n'est venu que faute de savoir danser.

MONSIEUR JOURDAIN.

Comment cela?

LE MAÎTRE DE MUSIQUE.

La guerre ne vient-elle pas d'un manque d'union entre les hommes?

MONSIEUR JOURDAIN.

Cela est vrai.

LE MAÎTRE DE MUSIQUE.

Et, si tous les hommes apprenoient la musique, ne seroit-ce pas le moyen de s'accorder ensemble, et de voir dans le monde la paix universelle [2]?

MONSIEUR JOURDAIN.

Vous avez raison.

LE MAÎTRE A DANSER.

Lorsqu'un homme a commis un manquement dans sa conduite, soit aux affaires de sa famille, ou au gouvernement d'un État, ou au commandement d'une armée,

---

(1) *Manquement* n'est plus usité, et il est peut-être à regretter. Comment exprimer autrement l'espèce de faute que l'on commet en manquant de faire ce qu'on devoit?

(2) Je suis presque étonné que le maître de musique ne fasse pas entrer dans sa phrase le mot d'*harmonie*, qui prête si bien au double sens de sa pensée. Mais peut-être ce mot n'avoit-il pas alors la signification morale qui le fait employer aujourd'hui comme synonyme de, paix, union, bonne intelligence.

ne dit-on pas toujours, un tel a fait un mauvais pas dans une telle affaire?

MONSIEUR JOURDAIN.

Oui, on dit cela.

LE MAÎTRE A DANSER.

Et faire un mauvais pas, peut-il procéder d'autre chose que de ne savoir pas danser [1]?

MONSIEUR JOURDAIN.

Cela est vrai, et vous avez raison tous deux.

LE MAÎTRE A DANSER.

C'est pour vous faire voir l'excellence et l'utilité de la danse et de la musique.

MONSIEUR JOURDAIN.

Je comprends cela à cette heure.

LE MAÎTRE DE MUSIQUE.

Voulez-vous voir nos deux affaires?

MONSIEUR JOURDAIN.

Oui.

LE MAÎTRE DE MUSIQUE.

Je vous l'ai déjà dit, c'est un petit essai que j'ai fait autrefois des diverses passions que peut exprimer la musique [2].

---

(1) Toute cette argumentation des deux maîtres n'est fondée que sur des équivoques, sur des phrases figurées prises au sens propre. Il n'en faut pas davantage pour convaincre M. Jourdain, qui n'a pas encore appris à faire ces distinctions.

(2) *C'est un petit essai que j'ai fait autrefois.* Comme l'air est nouveau, puisque l'élève vient de le composer à l'instant même, le maître veut assurément parler ici des paroles.

ACTE I, SCÈNE II.

MONSIEUR JOURDAIN.

Fort bien.

LE MAÎTRE DE MUSIQUE, *aux musiciens.*

Allons, avancez. (*à M. Jourdain.*) Il faut vous figurer qu'ils sont habillés en bergers.

MONSIEUR JOURDAIN.

Pourquoi toujours des bergers? On ne voit que cela partout [1].

LE MAÎTRE A DANSER.

Lorsqu'on a des personnes à faire parler en musique, il faut bien que, pour la vraisemblance, on donne dans la bergerie. Le chant a été de tout temps affecté aux bergers; et il n'est guère naturel, en dialogue, que des princes ou des bourgeois chantent leurs passions [2].

MONSIEUR JOURDAIN.

Passe, passe. Voyons.

---

(1) Depuis le succès du *Pastor fido* en Italie, et de l'*Astrée* en France, on ne voyoit plus, en effet, que des bergers sur le théâtre, dans les romans, dans les tableaux, dans les tapisseries, etc. Dans son humeur contre ces éternels bergers, M. Jourdain se montre presque homme de goût.

(2) Ce trait sembleroit être dirigé contre l'Académie royale de Musique, qui venoit d'être instituée l'année précédente, et qui devoit bientôt faire chanter tous les héros, non-seulement de la fable, mais même de l'histoire.

DIALOGUE EN MUSIQUE.

UNE MUSICIENNE ET DEUX MUSICIENS.

LA MUSICIENNE.

Un cœur, dans l'amoureux empire,
De mille soins est toujours agité.
On dit qu'avec plaisir on languit, on soupire;
Mais, quoi qu'on puisse dire,
Il n'est rien de si doux que notre liberté.

PREMIER MUSICIEN.

Il n'est rien de si doux que les tendres ardeurs
Qui font vivre deux cœurs
Dans une même envie;
On ne peut être heureux sans amoureux désirs.
Otez l'amour de la vie,
Vous en ôtez les plaisirs.

SECOND MUSICIEN.

Il seroit doux d'entrer sous l'amoureuse loi [1],
Si l'on trouvoit en amour de la foi;
Mais, hélas! ô rigueur cruelle!
On ne voit point de bergère fidèle*,

VARIANTE. * *Mais, hélas! ô rigueurs cruelles!*
On ne voit point de bergères fidèles.

___

[1] L'Académie Françoise, dans ses remarques grammaticales sur Molière, dont Bret a eu communication et a fait son profit, condamne comme impropres et peu françoises ces deux phrases, *entrer sous l'amoureuse loi*, et, *vivre dans une même envie*. Elle a raison; mais Molière écrivoit si négligemment ses intermèdes, que le soin d'en relever les fautes conduiroit trop loin, et ne serviroit pas à grand'chose.

ACTE I, SCÈNE II.

Et ce sexe inconstant, trop indigne du jour,
Doit faire pour jamais renoncer à l'amour.

PREMIER MUSICIEN.

Aimable ardeur!

LA MUSICIENNE.

Franchise heureuse!

SECOND MUSICIEN.

Sexe trompeur!

PREMIER MUSICIEN.

Que tu m'es précieuse!

LA MUSICIENNE.

Que tu plais à mon cœur!

SECOND MUSICIEN.

Que tu me fais d'horreur!

PREMIER MUSICIEN.

Ah! quitte, pour aimer, cette haine mortelle.

LA MUSICIENNE.

On peut, on peut te montrer
Une bergère fidèle.

SECOND MUSICIEN.

Hélas! où la rencontrer?

LA MUSICIENNE.

Pour défendre notre gloire,
Je te veux offrir mon cœur.

SECOND MUSICIEN.

Mais, bergère, puis-je croire
Qu'il ne sera point trompeur?

LA MUSICIENNE.

Voyons, par expérience,
Qui des deux aimera mieux.

SECOND MUSICIEN.

Qui manquera de constance,
Le puissent perdre les dieux !

TOUS TROIS ENSEMBLE.

A des ardeurs si belles
Laissons-nous enflammer :
Ah ! qu'il est doux d'aimer
Quand deux cœurs sont fidèles !

MONSIEUR JOURDAIN.

Est-ce tout ?

LE MAÎTRE DE MUSIQUE.

Oui.

MONSIEUR JOURDAIN.

Je trouve cela bien troussé ; et il y a là-dedans de petits dictons assez jolis.

LE MAÎTRE A DANSER.

Voici, pour mon affaire, un petit essai des plus beaux mouvemens et des plus belles attitudes dont une danse puisse être variée.

MONSIEUR JOURDAIN.

Sont-ce encore des bergers ?

LE MAÎTRE A DANSER.

C'est ce qu'il vous plaira. (*aux danseurs.*) Allons [1].

---

[1] Cet acte est extrêmement court : il ne se compose que de deux scènes d'une médiocre étendue. Le second est presque double, et le troisième excède en longueur les deux premiers pris ensemble. Peut-être que la

ACTE I, SCÈNE II.

ENTRÉE DE BALLET.

Quatre danseurs exécutent tous les mouvemens différens et toutes les sortes de pas que le maître à danser leur commande [1].

---

durée plus ou moins considérable des intermèdes rachetoit cette différence; peut-être aussi que Molière, pressé par les ordres du roi, n'eut pas le temps de mettre plus de proportion entre ses actes.

Dans ce premier acte, du reste, l'action n'est pas encore engagée. Il en sera de même du second. Ils ne servent tous deux qu'à nous montrer le personnage principal, entouré de personnages accessoires qui mettent son ridicule en évidence. Quand il aura étalé toute la sottise imaginable, nous lui verrons faire toutes les folies possibles.

(1) L'intermède qui termine l'acte est parfaitement amené. Rien de plus naturel que de faire devant M. Jourdain la répétition du divertissement de danse et de musique qu'il a commandé. Nous n'en pourrons pas dire autant de tous les autres intermèdes de la pièce.

FIN DU PREMIER ACTE.

ACTE II.

SCÈNE PREMIÈRE.

MONSIEUR JOURDAIN, LE MAITRE DE MUSIQUE, LE MAITRE A DANSER.

MONSIEUR JOURDAIN.

Voilà qui n'est point sot, et ces gens-là se trémoussent bien.

LE MAÎTRE DE MUSIQUE.

Lorsque la danse sera mêlée avec la musique, cela fera plus d'effet encore; et vous verrez quelque chose de galant dans le petit ballet que nous avons ajusté pour vous.

MONSIEUR JOURDAIN.

C'est pour tantôt, au moins; et la personne pour qui j'ai fait faire tout cela, me doit faire l'honneur de venir dîner céans.

LE MAÎTRE A DANSER.

Tout est prêt.

LE MAÎTRE DE MUSIQUE.

Au reste, monsieur, ce n'est pas assez; il faut qu'une personne comme vous, qui êtes magnifique, et qui avez de l'inclination pour les belles choses, ait un concert de musique ⁽¹⁾ chez soi ⁽²⁾ tous les mercredis ou tous les jeudis.

MONSIEUR JOURDAIN.

Est-ce que les gens de qualité en ont?

LE MAÎTRE DE MUSIQUE.

Oui, monsieur.

MONSIEUR JOURDAIN.

J'en aurai donc ⁽³⁾. Cela sera-t-il beau?

LE MAÎTRE DE MUSIQUE.

Sans doute. Il vous faudra trois voix, un dessus, une haute-contre, et une basse, qui seront accompagnées d'une basse de viole, d'un théorbe ⁽⁴⁾, et d'un clavecin pour les basses continues, avec deux dessus de violon pour jouer les ritournelles.

MONSIEUR JOURDAIN.

Il y faudra mettre aussi une trompette marine ⁽⁵⁾. La

---

(1) *Concert de musique.* — On ne dit plus que *concert* absolument; et l'on a d'autant plus raison, que le mot, au propre, n'a pas deux significations.

(2) *Chez soi.* — *Chez elle* seroit plus exact. *Soi* ne se rapporte bien qu'aux pronoms indéfinis, tels que *chacun, aucun, quiconque, on*, etc. Il est pourtant des cas où, pour éviter une ambiguité, l'on doit déroger à cette règle; et de bons écrivains en ont donné l'exemple.

(3) M. Jourdain, ayant fait la même question au sujet de la musique, et ayant reçu la même réponse, a dit de même, *Je l'apprendrai donc.* Il n'y a rien qu'on ne puisse lui faire faire par ce moyen; et *les gens de qualité le font*, est pour lui la grande raison, la raison déterminante, comme *sans dot*, pour Harpagon.

(4) La *basse de viole* est un instrument de la forme du violon, mais beaucoup plus grand, ayant sept cordes, et dont on joue avec l'archet. Il n'est plus d'usage, non plus que le *théorbe*, ou *tuorbe*, espèce de luth à deux manches, dont on joue en pinçant les cordes avec les doigts.

(5) Beaucoup de personnes, trompées par le nom, pourroient croire

trompette marine est un instrument qui me plaît, et qui est harmonieux.

LE MAÎTRE DE MUSIQUE.

Laissez-nous gouverner les choses.

MONSIEUR JOURDAIN.

Au moins, n'oubliez pas tantôt de m'envoyer des musiciens pour chanter à table.

LE MAÎTRE DE MUSIQUE.

Vous aurez tout ce qu'il vous faut.

MONSIEUR JOURDAIN.

Mais, surtout, que le ballet soit beau.

LE MAÎTRE DE MUSIQUE.

Vous en serez content; et, entr'autres choses, de certains menuets que vous y verrez.

MONSIEUR JOURDAIN.

Ah! les menuets sont ma danse, et je veux que vous me les voyiez danser [1]. Allons, mon maître.

LE MAÎTRE A DANSER.

Un chapeau, monsieur, s'il vous plaît. (*M. Jourdain va prendre le chapeau de son laquais, et le met par-dessus son bonnet de nuit. Son maître lui prend les mains*

---

que la *trompette marine* est un instrument à vent. C'est un instrument à corde; mais à une seule corde fort grosse et fort longue, qui, montée sur un chevalet tremblotant, rend un son semblable à celui de la trompette. La prédilection de M. Jourdain pour cet instrument aigre et ignoble est une preuve de son goût pour la musique.

(1) Le *menuet* est ainsi appelé, parce qu'on le dansoit à petits pas, *à pas menuets*, comme on disoit anciennement. C'est à cause de cela qu'on a dit long-temps, *danser les menuets*.

et le fait danser sur un air de menuet qu'il chante). La, la, la, la, la, la; la, la, la, la, la, la, la; la, la, la, la, la, la; la, la, la, la, la, la; la, la, la, la, la. En cadence, s'il vous plaît. La, la, la, la, la. La jambe droite, la, la, la. Ne remuez point tant les épaules. La, la, la, la, la, la, la, la, la, la. Vos deux bras sont estropiés. La, la, la, la, la. Haussez la tête. Tournez la pointe du pied en-dehors. La, la, la. Dressez votre corps.

MONSIEUR JOURDAIN.

Hé!

LE MAÎTRE DE MUSIQUE.

Voilà qui est le mieux du monde.

MONSIEUR JOURDAIN.

A propos! apprenez-moi comme il faut faire une révérence pour saluer une marquise, j'en aurai besoin tantôt.

LE MAÎTRE A DANSER.

Une révérence pour saluer une marquise?

MONSIEUR JOURDAIN.

Oui. Une marquise qui s'appelle Dorimène [1].

LE MAÎTRE A DANSER.

Donnez-moi la main.

MONSIEUR JOURDAIN.

Non. Vous n'avez qu'à faire : je le retiendrai bien.

LE MAÎTRE A DANSER.

Si vous voulez la saluer avec beaucoup de respect, il

---

[1] La circonstance du nom est, en effet, très-nécessaire pour régler de quelle espèce doit être la révérence : la qualité de la personne ne suffisoit pas. On reconnoît en toutes choses l'esprit de M. Jourdain.

faut faire d'abord une révérence en arrière, puis marcher vers elle avec trois révérences en avant, et à la dernière vous baisser jusqu'à ses genoux.

MONSIEUR JOURDAIN.

Faites un peu. (*après que le maître à danser a fait trois révérences.*) Bon.

SCÈNE II.

MONSIEUR JOURDAIN, LE MAITRE DE MUSIQUE, LE MAITRE A DANSER, UN LAQUAIS.

LE LAQUAIS.

Monsieur, voilà votre maître d'armes qui est là.

MONSIEUR JOURDAIN.

Dis-lui qu'il entre ici pour me donner leçon. (*au maître de musique, et au maître à danser.*) Je veux que vous me voyiez faire.

SCÈNE III.

MONSIEUR JOURDAIN, UN MAITRE D'ARMES, LE MAITRE DE MUSIQUE, LE MAITRE A DANSER; UN LAQUAIS, *tenant deux fleurets.*

LE MAÎTRE D'ARMES, *après avoir pris les deux fleurets de la main du laquais, et en avoir présenté un à M. Jourdain.*

Allons, monsieur, la révérence. Votre corps droit. Un peu penché sur la cuisse gauche. Les jambes point tant écartées. Vos pieds sur une même ligne. Votre poignet à l'opposite de votre hanche. La pointe de votre épée vis-à-vis de votre épaule. Le bras pas tout-à-fait si étendu. La main gauche à la hauteur de l'œil. L'épaule gauche plus quartée (1). La tête droite. Le regard assuré. Avancez. Le corps ferme. Touchez-moi l'épée de quarte, et achevez de même. Une, deux. Remettez-vous. Redoublez de pied ferme *. Un saut en arrière. Quand vous portez la botte, monsieur, il faut que l'épée parte la première, et que le corps soit bien effacé. Une, deux. Allons, touchez-moi l'épée de tierce, et achevez de même. Avancez. Le corps ferme. Avancez. Partez de là. Une, deux. Remettez-vous. Redoublez **. Un saut en arrière. En garde, monsieur, en garde.

(*Le maître d'armes lui pousse deux ou trois bottes, en lui disant, en garde*).

MONSIEUR JOURDAIN.

Hé!

LE MAÎTRE DE MUSIQUE.

Vous faites des merveilles.

VARIANTES. * Dans l'édition de 1682 et dans toutes les suivantes, après, *redoublez de pied ferme*, on lit, *une, deux*, qui n'est pas dans l'édition originale. — ** Il en est de même ici, après *redoublez*.

---

(1) Toutes les éditions, à l'exception seulement de l'édition originale, portent, *l'épaule gauche plus quarrée* ou *carrée*, ce qui n'a point de sens dans le langage de l'escrime. *Quarter l'épaule*, c'est la tourner à gauche, la plier un peu en-dedans, lorsqu'on porte une botte en quarte.

Cette leçon d'armes est de la plus exacte vérité : il en est de même de la leçon de danse. Molière parle toujours ainsi de toutes choses. On seroit tenté de croire qu'il avoit le savoir universel, s'il n'étoit plus naturel de penser qu'il s'adressoit, dans l'occasion, aux personnes les plus instruites en chaque art, en chaque science.

LE MAÎTRE D'ARMES.

Je vous l'ai déjà dit, tout le secret des armes ne consiste qu'en deux choses, à donner et à ne point recevoir; et, comme je vous fis voir l'autre jour par raison démonstrative, il est impossible que vous receviez, si vous savez détourner l'épée de votre ennemi de la ligne de votre corps; ce qui ne dépend seulement que d'un petit mouvement du poignet, ou en-dedans, ou en-dehors.

MONSIEUR JOURDAIN.

De cette façon donc, un homme, sans avoir du cœur, est sûr de tuer son homme, et de n'être point tué [1]?

LE MAÎTRE D'ARMES.

Sans doute. N'en vîtes-vous pas la démonstration?

MONSIEUR JOURDAIN.

Oui.

LE MAÎTRE D'ARMES.

Et c'est en quoi l'on voit de quelle considération nous autres nous devons être dans un État; et combien la science des armes l'emporte hautement sur toutes les autres sciences inutiles, comme la danse, la musique, la [2]...

---

[1] Cette réflexion si naturelle, qui part de la couardise du personnage, nous fait connoître au juste ce qu'il faut penser de l'escrime. L'escrime n'est point un apprentissage de bravoure; c'en est bien plutôt un de poltronnerie. Nos aïeux pensoient ainsi au commencement du seizième siècle. « En mon enfance, dit Montaigne, la noblesse fuyoit la réputation de bien « escrimer comme injurieuse, et se desrobboit pour l'apprendre, comme un « mestier de subtilité desrogeant à la vraye et naïve vertu (courage). »

[2] On voit là toute la jactance d'un spadassin, et son dédain brutal pour tout ce qui se sert d'autre chose que d'une épée.

LE MAÎTRE A DANSER.

Tout beau, monsieur le tireur d'armes. Ne parlez de la danse qu'avec respect.

LE MAÎTRE DE MUSIQUE.

Apprenez, je vous prie, à mieux traiter l'excellence de la musique.

LE MAÎTRE D'ARMES.

Vous êtes de plaisantes gens, de vouloir comparer vos sciences à la mienne!

LE MAÎTRE DE MUSIQUE.

Voyez un peu l'homme d'importance!

LE MAÎTRE A DANSER.

Voilà un plaisant animal, avec son plastron!

LE MAÎTRE D'ARMES.

Mon petit maître à danser, je vous ferois danser comme il faut. Et vous, mon petit musicien, je vous ferois chanter de la belle manière.

LE MAÎTRE A DANSER.

Monsieur le batteur de fer, je vous apprendrai votre métier.

MONSIEUR JOURDAIN, *au maître à danser*.

Êtes-vous fou, de l'aller quereller, lui qui entend la tierce et la quarte, et qui sait tuer un homme par raison démonstrative?

LE MAÎTRE A DANSER.

Je me moque de sa raison démonstrative, et de sa tierce et de sa quarte.

MONSIEUR JOURDAIN, *au maître à danser*.

Tout doux, vous dis-je.

LE MAÎTRE D'ARMES, *au maître à danser.*
Comment! petit impertinent!

MONSIEUR JOURDAIN.
Hé! mon maître d'armes!

LE MAÎTRE A DANSER, *au maître d'armes.*
Comment! grand cheval de carrosse!

MONSIEUR JOURDAIN.
Hé! mon maître à danser!

LE MAÎTRE D'ARMES.
Si je me jette sur vous...

MONSIEUR JOURDAIN, *au maître d'armes.*
Doucement!

LE MAÎTRE A DANSER.
Si je mets sur vous la main...

MONSIEUR JOURDAIN, *au maître à danser.*
Tout beau!

LE MAÎTRE D'ARMES.
Je vous étrillerai d'un air.

MONSIEUR JOURDAIN, *au maître d'armes.*
De grace!

LE MAÎTRE A DANSER.
Je vous rosserai d'une manière...

MONSIEUR JOURDAIN, *au maître à danser.*
Je vous prie.

LE MAÎTRE DE MUSIQUE.
Laissez-nous un peu lui apprendre à parler.

MONSIEUR JOURDAIN, *au maître de musique.*
Mon dieu! arrêtez-vous!

SCÈNE IV.

UN MAITRE DE PHILOSOPHIE, MONSIEUR JOURDAIN, LE MAITRE DE MUSIQUE, LE MAITRE A DANSER, LE MAITRE D'ARMES, UN LAQUAIS.

MONSIEUR JOURDAIN.

Holà! monsieur le philosophe, vous arrivez tout à propos avec votre philosophie. Venez un peu mettre la paix entre ces personnes-ci.

LE MAÎTRE DE PHILOSOPHIE.

Qu'est-ce donc? Qu'y a-t-il, messieurs?

MONSIEUR JOURDAIN.

Ils se sont mis en colère pour la préférence de leurs professions, jusqu'à se dire des injures, et en vouloir venir aux mains.

LE MAÎTRE DE PHILOSOPHIE.

Hé quoi, messieurs! faut-il s'emporter de la sorte? et n'avez-vous point lu le docte traité que Sénèque a composé de la colère? Y a-t-il rien de plus bas et de plus honteux que cette passion, qui fait d'un homme une bête féroce? et la raison ne doit-elle pas être maîtresse de tous nos mouvemens?

LE MAÎTRE A DANSER.

Comment, monsieur! il vient nous dire des injures à tous deux, en méprisant la danse que j'exerce, et la musique dont il fait profession!

LE MAÎTRE DE PHILOSOPHIE.

Un homme sage est au-dessus de toutes les injures

qu'on lui peut dire; et la grande réponse qu'on doit faire aux outrages, c'est la modération et la patience.

LE MAÎTRE D'ARMES.

Ils ont tous deux l'audace de vouloir comparer leurs professions à la mienne!

LE MAÎTRE DE PHILOSOPHIE.

Faut-il que cela vous émeuve? Ce n'est pas de vaine gloire et de condition que les hommes doivent disputer entre eux; et ce qui nous distingue parfaitement les uns des autres, c'est la sagesse et la vertu.

LE MAÎTRE A DANSER.

Je lui soutiens que la danse est une science à laquelle on ne peut faire assez d'honneur.

LE MAÎTRE DE MUSIQUE.

Et moi, que la musique en est une que tous les siècles ont révérée.

LE MAÎTRE D'ARMES.

Et moi je leur soutiens à tous deux que la science de tirer des armes est la plus belle et la plus nécessaire de toutes les sciences.

LE MAÎTRE DE PHILOSOPHIE.

Et que sera donc la philosophie? Je vous trouve tous trois bien impertinens, de parler devant moi avec cette arrogance, et de donner impudemment le nom de science à des choses que l'on ne doit pas même honorer du nom d'art, et qui ne peuvent être comprises que sous le nom de métier misérable de gladiateur, de chanteur et de baladin!

LE MAÎTRE D'ARMES.

Allez, philosophe de chien.

ACTE II, SCÈNE IV.

LE MAÎTRE DE MUSIQUE.

Allez, bélître de pédant.

LE MAÎTRE A DANSER.

Allez, cuistre fieffé.

LE MAÎTRE DE PHILOSOPHIE.

Comment! marauds que vous êtes...

(*Le philosophe se jette sur eux; et tous trois le chargent de coups*).

MONSIEUR JOURDAIN.

Monsieur le philosophe!

LE MAÎTRE DE PHILOSOPHIE.

Infâmes, coquins, insolens!

MONSIEUR JOURDAIN.

Monsieur le philosophe!

LE MAÎTRE D'ARMES.

La peste! l'animal!*

MONSIEUR JOURDAIN.

Messieurs!

LE MAÎTRE DE PHILOSOPHIE.

Impudens!

MONSIEUR JOURDAIN.

Monsieur le philosophe!

LE MAÎTRE A DANSER.

Diantre soit de l'âne bâté!

MONSIEUR JOURDAIN.

Messieurs!

VARIANTE. * *La peste de l'animal!*

LE BOURGEOIS GENTILHOMME.

LE MAÎTRE DE PHILOSOPHIE.

Scélérats!

MONSIEUR JOURDAIN.

Monsieur le philosophe!

LE MAÎTRE DE MUSIQUE.

Au diable l'impertinent!

MONSIEUR JOURDAIN.

Messieurs!

LE MAÎTRE DE PHILOSOPHIE.

Fripons, gueux, traîtres, imposteurs!

MONSIEUR JOURDAIN.

Monsieur le philosophe. Messieurs. Monsieur le philosophe. Messieurs. Monsieur le philosophe [1].

(*Ils sortent en se battant*).

---

(1) Voyez comment, à une source de comique qui tarit ou qu'il ne veut pas épuiser, Molière en substitue habilement une autre. L'action, suivant son plan, ne devant s'entamer qu'au troisième acte, il falloit achever de remplir le second à l'aide des personnages accessoires qu'il a commencé de mettre en jeu. La sottise, l'ignorance et la vanité de M. Jourdain s'étoient déja montrées suffisamment dans ses entretiens avec ses différens maîtres : c'étoit à ceux-ci dès lors à occuper la scène, et à l'occuper d'une manière variée et divertissante qui permît d'oublier le sujet principal. Le brutal amour-propre du maître d'escrime blesse celui du maître de musique et du maître de danse. Ils s'accablent mutuellement d'injures et de menaces. M. Jourdain veut en vain les apaiser, lorsque arrive tout à propos un maître de philosophie, un précepteur de sagesse. Il débite d'abord les plus belles maximes sur les honteux effets de la colère, sur le mépris des injures, et sur le néant de l'orgueil. Qui ne croiroit que sa conduite va répondre à son langage? Mais voilà que tout à coup, offensé lui-même de ce que les trois autres mettent chacun l'art qu'ils professent au-dessus de toutes les sciences, il montre plus d'orgueil, fait éclater plus de colère, et vomit plus d'injures que tous les trois ensemble. Ils s'étoient arrêtés aux invectives; lui, va jusqu'aux coups, et notre philosophe se bat

SCÈNE V.

MONSIEUR JOURDAIN, UN LAQUAIS.

MONSIEUR JOURDAIN.

Oh! battez-vous tant qu'il vous plaira : je n'y saurois que faire, et je n'irai pas gâter ma robe pour vous séparer. Je serois bien fou de m'aller fourrer parmi eux, pour recevoir quelque coup qui me feroit mal.

SCÈNE VI.

LE MAITRE DE PHILOSOPHIE, MONSIEUR JOURDAIN, UN LAQUAIS.

LE MAÎTRE DE PHILOSOPHIE, *raccommodant son collet.*
Venons à notre leçon.

MONSIEUR JOURDAIN.

Ah! monsieur, je suis fâché des coups qu'ils vous ont donnés!

LE MAÎTRE DE PHILOSOPHIE.

Cela n'est rien. Un philosophe sait recevoir comme il faut les choses [1]; et je vais composer contre eux une

---

comme un crocheteur. Il est bien inutile, il seroit presque ridicule de chercher à faire sentir combien tout cela est comique; mais il n'étoit peut-être pas superflu de faire remarquer par quels moyens, tirés uniquement de son génie, et que le sujet ne fournissoit pas, Molière a su remplir deux actes, sans action, sans intérêt, et les remplir de manière à en faire deux excellens actes de comédie.

[1] Que cette résignation philosophique est plaisante! et que le mot *chose* est bien trouvé pour signifier des coups de poing ou des coups de bâton! Il en parle, comme il parleroit des coups du sort.

satire du style de Juvénal, qui les déchirera de la belle façon. Laissons cela. Que voulez-vous apprendre?

MONSIEUR JOURDAIN.

Tout ce que je pourrai; car j'ai toutes les envies du monde d'être savant; et j'enrage que mon père et ma mère ne m'aient pas fait bien étudier dans toutes les sciences, quand j'étois jeune.

LE MAÎTRE DE PHILOSOPHIE.

Ce sentiment est raisonnable; *nam, sine doctrinâ, vita est quasi mortis imago* [1]. Vous entendez cela, et vous savez le latin, sans doute.

MONSIEUR JOURDAIN.

Oui: mais faites comme si je ne le savois pas. Expliquez-moi ce que cela veut dire.

LE MAÎTRE DE PHILOSOPHIE.

Cela veut dire que, *sans la science, la vie est presque une image de la mort.*

MONSIEUR JOURDAIN.

Ce latin-là a raison.

LE MAÎTRE DE PHILOSOPHIE.

N'avez-vous point quelques principes, quelques commencemens des sciences?

MONSIEUR JOURDAIN.

Oh! oui. Je sais lire et écrire.

LE MAÎTRE DE PHILOSOPHIE.

Par où vous plaît-il que nous commencions? voulez-vous que je vous apprenne la logique?

---

[1] Cette espèce d'adage est un vers hexamètre dont j'ignore la source.

ACTE II, SCENE VI.

MONSIEUR JOURDAIN.

Qu'est-ce que c'est que cette logique?

LE MAÎTRE DE PHILOSOPHIE.

C'est elle qui enseigne les trois opérations de l'esprit.

MONSIEUR JOURDAIN.

Qui sont-elles, ces trois opérations de l'esprit?

LE MAÎTRE DE PHILOSOPHIE.

La première, la seconde et la troisième. La première est de bien concevoir, par le moyen des universaux; la seconde, de bien juger, par le moyen des catégories; et la troisième, de bien tirer une conséquence, par le moyen des figures: *Barbara*, *Celarent*, *Darii*, *Ferio*, *Baralipton*, etc. (1).

MONSIEUR JOURDAIN.

Voilà des mots qui sont trop rébarbatifs. Cette logique-là ne me revient point. Apprenons autre chose qui soit plus joli.

LE MAÎTRE DE PHILOSOPHIE.

Voulez-vous apprendre la morale?

---

(1) On reconnoît toujours en logique trois opérations de l'esprit, la conception ou perception, le jugement et le raisonnement. Quant aux termes d'*universaux* et de *catégories*, ils appartiennent à l'ancien jargon de l'école, heureusement abandonné aujourd'hui. On comptoit cinq *universaux*, le genre, l'espèce, la différence, le propre et l'accident. Les *catégories*, suivant Aristote, étoient au nombre de dix, savoir: la substance, la quantité, la qualité, la relation, la situation, etc. *Barbara*, *Celarent*, *Darii*, *Ferio*, *Baralipton*, est le premier de quatre vers techniques, composés de mots purement artificiels, et inventés comme un moyen de désigner les dix-neuf modes de syllogismes réguliers. Chaque mot est formé de trois syllabes, représentant les trois propositions d'un syllogisme, et la voyelle de chaque syllabe indique la nature de chaque proposition. Voir les notes du *Mariage forcé*.

MONSIEUR JOURDAIN.

La morale?

LE MAÎTRE DE PHILOSOPHIE.

Oui.

MONSIEUR JOURDAIN.

Qu'est-ce qu'elle dit, cette morale?

LE MAÎTRE DE PHILOSOPHIE.

Elle traite de la félicité, enseigne aux hommes à modérer leurs passions, et...

MONSIEUR JOURDAIN.

Non : laissons cela. Je suis bilieux comme tous les diables, et il n'y a morale qui tienne : je me veux mettre en colère tout mon saoul, quand il m'en prend envie [1].

LE MAÎTRE DE PHILOSOPHIE.

Est-ce la physique que vous voulez apprendre?

MONSIEUR JOURDAIN.

Qu'est-ce qu'elle chante, cette physique?

LE MAÎTRE DE PHILOSOPHIE.

La physique est celle qui explique les principes des choses naturelles, et les propriétés du corps; qui discourt de la nature des élémens, des métaux, des minéraux, des pierres, des plantes et des animaux, et nous enseigne les causes de tous les météores, l'arc-en-ciel, les feux volans, les comètes, les éclairs, le tonnerre, la foudre, la pluie, la neige, la grêle, les vents et les tourbillons.

---

(1) Le maître pourroit lui dire : Cela n'empêche pas. Il vient d'en donner une belle preuve tout à l'heure.

ACTE II, SCÈNE VI.

MONSIEUR JOURDAIN.

Il y a trop de tintamarre là-dedans, trop de brouillamini.

LE MAÎTRE DE PHILOSOPHIE.

Que voulez-vous donc que je vous apprenne?

MONSIEUR JOURDAIN.

Apprenez-moi l'orthographe.

LE MAÎTRE DE PHILOSOPHIE.

Très-volontiers.

MONSIEUR JOURDAIN.

Après, vous m'apprendrez l'almanach, pour savoir quand il y a de la lune, et quand il n'y en a point.

LE MAÎTRE DE PHILOSOPHIE.

Soit. Pour bien suivre votre pensée, et traiter cette matière en philosophe, il faut commencer, selon l'ordre des choses, par une exacte connoissance de la nature des lettres, et de la différente manière de les prononcer toutes. Et là-dessus j'ai à vous dire que les lettres sont divisées en voyelles, parce qu'elles expriment les voix; et en consonnes, ainsi appelées consonnes, parce qu'elles sonnent avec les voyelles, et ne font que marquer les diverses articulations des voix. Il y a cinq voyelles ou voix : A, E, I, O, U.

MONSIEUR JOURDAIN.

J'entends tout cela.

LE MAÎTRE DE PHILOSOPHIE.

La voix A se forme en ouvrant fort la bouche : A.

MONSIEUR JOURDAIN.

A, A. Oui.

LE MAÎTRE DE PHILOSOPHIE.

La voix E se forme en rapprochant la mâchoire d'en bas de celle d'en haut : A, E.

MONSIEUR JOURDAIN.

A, E; A, E. Ma foi, oui. Ah! que cela est beau!

LE MAÎTRE DE PHILOSOPHIE.

Et la voix I, en rapprochant encore davantage les mâchoires l'une de l'autre, et écartant les deux coins de la bouche vers les oreilles : A, E, I.

MONSIEUR JOURDAIN.

A, E, I, I, I, I. Cela est vrai. Vive la science!

LE MAÎTRE DE PHILOSOPHIE.

La voix O se forme en rouvrant les mâchoires, et rapprochant les lèvres par les deux coins, le haut et le bas : O.

MONSIEUR JOURDAIN.

O, O. Il n'y a rien de plus juste : A, E, I, O, I, O. Cela est admirable! I, O; I, O.

LE MAÎTRE DE PHILOSOPHIE.

L'ouverture de la bouche fait justement comme un petit rond qui représente un O.

MONSIEUR JOURDAIN.

O, O, O. Vous avez raison. O. Ah! la belle chose que de savoir quelque chose!

LE MAÎTRE DE PHILOSOPHIE.

La voix U se forme en rapprochant les dents sans les joindre entièrement, et alongeant les deux lèvres en-dehors, les approchant aussi l'une de l'autre, sans les joindre tout-à-fait : U.

ACTE II, SCÈNE VI.

MONSIEUR JOURDAIN.

U, U. Il n'y a rien de plus véritable : U.

LE MAÎTRE DE PHILOSOPHIE.

Vos deux lèvres s'alongent comme si vous faisiez la moue : d'où vient que si vous la voulez faire à quelqu'un, et vous moquer de lui, vous ne sauriez lui dire que U.

MONSIEUR JOURDAIN.

U, U. Cela est vrai. Ah! que n'ai-je étudié plus tôt, pour savoir tout cela!

LE MAÎTRE DE PHILOSOPHIE.

Demain, nous verrons les autres lettres, qui sont les consonnes.

MONSIEUR JOURDAIN.

Est-ce qu'il y a des choses aussi curieusses qu'à celles-ci ?

LE MAÎTRE DE PHILOSOPHIE.

Sans doute. La consonne D, par exemple, se prononce en donnant du bout de la langue au-dessus des dents d'en haut : DA.

MONSIEUR JOURDAIN.

DA, DA. Oui. Ah! les belles choses! les belles choses!

LE MAÎTRE DE PHILOSOPHIE.

L'F, en appuyant les dents d'en haut sur la lèvre de dessous : FA.

MONSIEUR JOURDAIN.

FA, FA. C'est la vérité. Ah! mon père et ma mère, que je vous veux de mal!

LE MAÎTRE DE PHILOSOPHIE.

Et l'R, en portant le bout de la langue jusqu'au haut

du palais ; de sorte qu'étant frôlée par l'air qui sort avec force, elle lui cède, et revient toujours au même endroit, faisant une manière de tremblement : R, RA ⁽¹⁾.

MONSIEUR JOURDAIN.

R, R, RA, R, R, R, R, R, RA. Cela est vrai. Ah !

---

(1) Toutes ces explications sur le mécanisme qui produit les voix et les articulations sont tirées presque mot pour mot d'un ouvrage de M. de Cordemoy, de l'Académie françoise, intitulé, *Discours physique de la parole*, et publié en 1668, c'est-à-dire deux ans avant la représentation du *Bourgeois gentilhomme*. On en jugera par ces citations, où j'aurai soin de souligner les phrases empruntées par Molière.

« Si, par exemple, on ouvre la bouche autant qu'on la peut ouvrir en « criant, on ne sauroit former qu'une voix en A.

« Que si l'on ouvre un peu moins la bouche, *en avançant la mâchoire* « *d'en bas vers celle d'en haut*, on formera une autre voix terminée en E.

« Et *si l'on approche encore un peu davantage les mâchoires l'une de* « *l'autre*, sans toutefois que les dents se touchent, on formera une troi- « sième voix en I.

« Mais si, au contraire, on vient à ouvrir les mâchoires, et à *rappro-* « *cher en même temps les lèvres par les deux coins, le haut et le bas*, sans « néanmoins les fermer tout-à-fait, on formera une voix en O.

« Enfin, si l'on *rapproche les dents sans les joindre entièrement*, et si, « en même instant, *on alonge les deux lèvres, sans les joindre tout-à-fait,* « on formera une voix en U.

« Le D se prononce en approchant *le bout de la langue au-dessus des* « *dents d'en haut*.

« La lettre F se prononce quand on joint la lèvre de dessous aux dents « de dessus.

« *Et la lettre R en portant le bout de la langue jusqu'au haut du palais,* « *de manière qu'étant frôlée par l'air qui sort avec force, elle lui cède, et* « *revient souvent au même endroit.* »

Molière s'est évidemment moqué d'une démonstration assez inutile, et qui seroit tout au plus bonne pour les sourds-muets, si on vouloit leur apprendre mécaniquement à former des sons qu'ils ne peuvent répéter d'eux-mêmes, faute de les entendre. Depuis *le Bourgeois gentilhomme*, tous les grammairiens se sont abstenus de ces explications, excepté Beauzée, qui ne reculoit devant aucun ridicule, quand il s'agissoit de grammaire.

l'habile homme que vous êtes, et que j'ai perdu de temps! R, R, R, RA.

LE MAÎTRE DE PHILOSOPHIE.

Je vous expliquerai à fond toutes ces curiosités.

MONSIEUR JOURDAIN.

Je vous en prie. Au reste, il faut que je vous fasse une confidence. Je suis amoureux d'une personne de grande qualité, et je souhaiterois que vous m'aidassiez à lui écrire quelque chose dans un petit billet que je veux laisser tomber à ses pieds.

LE MAÎTRE DE PHILOSOPHIE.

Fort bien!

MONSIEUR JOURDAIN.

Cela sera galant, oui.

LE MAÎTRE DE PHILOSOPHIE.

Sans doute. Sont-ce des vers que vous lui voulez écrire?

MONSIEUR JOURDAIN.

Non, non; point de vers.

LE MAÎTRE DE PHILOSOPHIE.

Vous ne voulez que de la prose?

MONSIEUR JOURDAIN.

Non, je ne veux ni prose ni vers.

LE MAÎTRE DE PHILOSOPHIE.

Il faut bien que ce soit l'un ou l'autre.

MONSIEUR JOURDAIN.

Pourquoi?

LE MAÎTRE DE PHILOSOPHIE.

Par la raison, monsieur, qu'il n'y a, pour s'exprimer, que la prose ou les vers.

MONSIEUR JOURDAIN.

Il n'y a que la prose ou les vers?

LE MAÎTRE DE PHILOSOPHIE.

Non, monsieur. Tout ce qui n'est point prose est vers; et tout ce qui n'est point vers est prose.

MONSIEUR JOURDAIN.

Et comme l'on parle, qu'est-ce que c'est donc que cela?

LE MAÎTRE DE PHILOSOPHIE.

De la prose.

MONSIEUR JOURDAIN.

Quoi! quand je dis: Nicole, apportez-moi mes pantoufles, et me donnez mon bonnet de nuit, c'est de la prose?

LE MAÎTRE DE PHILOSOPHIE.

Oui, monsieur.

MONSIEUR JOURDAIN.

Par ma foi, il y a plus de quarante ans que je dis de la prose, sans que j'en susse rien [1]; et je vous suis le plus obligé du monde, de m'avoir appris cela. Je voudrois donc lui mettre dans un billet: *Belle marquise, vos beaux yeux me font mourir d'amour;* mais je vou-

---

[1] Cette naïveté si plaisante n'a pas été imaginée par Molière. C'étoit un mot échappé anciennement au comte de Soissons, mort en 1641, homme d'une grande bravoure, mais d'un esprit plus que médiocre. Le fait est attesté par ce début d'une lettre de madame de Sévigné, du 12 juin 1681: « Comment! ma fille, j'ai donc fait un sermon sans y penser! « J'en suis aussi étonnée que monsieur le comte de Soissons, quand on lui « découvrit qu'il faisoit de la prose. »

drois que cela fût mis d'une manière galante; que cela fût tourné gentiment.

LE MAÎTRE DE PHILOSOPHIE.

Mettre que les feux de ses yeux réduisent votre cœur en cendres; que vous souffrez nuit et jour pour elle les violences d'un...

MONSIEUR JOURDAIN.

Non, non, non; je ne veux point tout cela. Je ne veux que ce que je vous ai dit : *Belle marquise, vos beaux yeux me font mourir d'amour.*

LE MAÎTRE DE PHILOSOPHIE.

Il faut bien étendre un peu la chose.

MONSIEUR JOURDAIN.

Non, vous dis-je. Je ne veux que ces seules paroles-là dans le billet, mais tournées à la mode, bien arrangées comme il faut. Je vous prie de me dire un peu, pour voir, les diverses manières dont on les peut mettre.

LE MAÎTRE DE PHILOSOPHIE.

On les peut mettre premièrement comme vous avez dit : *Belle marquise, vos beaux yeux me font mourir d'amour.* Ou bien : *D'amour mourir me font, belle marquise, vos beaux yeux.* Ou bien : *Vos yeux beaux d'amour me font, belle marquise, mourir.* Ou bien : *Mourir vos beaux yeux, belle marquise, d'amour me font.* Ou bien : *Me font vos yeux beaux mourir, belle marquise, d'amour.*

MONSIEUR JOURDAIN.

Mais de toutes ces façons-là, laquelle est la meilleure?

LE MAÎTRE DE PHILOSOPHIE.

Celle que vous avez dite : *Belle marquise, vos beaux yeux me font mourir d'amour.*

MONSIEUR JOURDAIN.

Cependant je n'ai point étudié, et j'ai fait cela tout du premier coup. Je vous remercie de tout mon cœur, et je vous prie de venir demain de bonne heure.

LE MAÎTRE DE PHILOSOPHIE.

Je n'y manquerai pas (1).

SCÈNE VII.

MONSIEUR JOURDAIN, UN LAQUAIS.

MONSIEUR JOURDAIN, *à son laquais.*

Comment ! mon habit n'est point encore arrivé ?

---

(1) Dans cette scène, quelle foule de traits comiques, dont la plupart sont devenus proverbes ! Les remarquer les uns après les autres, pour en faire sentir la finesse, c'eût été faire injure à la facile et prompte intelligence de tout lecteur françois. Mais ce qu'il n'est peut-être pas inutile de faire observer, c'est cette adresse avec laquelle Molière continue à suppléer le défaut d'action par la peinture animée des ridicules accessoires dont il entoure celui de M. Jourdain. Ici, la sottise et l'ignorance de ce personnage reparaissent, mais escortées, et, pour ainsi dire, éclipsées par la pédanterie et le charlatanisme d'un maître de philosophie. La définition de la logique dans le jargon barbare de l'école, et l'explication du mécanisme de la parole, sont des traits de satire qui, pour avoir perdu leur à-propos, n'en sont pas moins d'excellentes plaisanteries. Le P. Brumoy, traducteur du théâtre des Grecs, a remarqué entre cette scène et une scène de la comédie des *Nuées* d'Aristophane un rapport trop frappant et trop étendu pour n'être pas une imitation, ou du moins une réminiscence. Strepsiade, bourgeois grossier et stupide, va trouver Socrate pour le prier de l'instruire, de l'endoctriner. Le philosophe lui propose plusieurs sciences, qu'il repousse par des raisons tout aussi saugrenues que celles de M. Jourdain. Socrate finit par lui donner une leçon de grammaire qui n'est pas moins ridicule par sa subtilité fausse, que l'est par son inutilité pédantesque la leçon de prononciation du maître de philosophie. L'imitation continue dans l'acte suivant : je le ferai remarquer en son lieu.

LE LAQUAIS.

Non, monsieur.

MONSIEUR JOURDAIN.

Ce maudit tailleur me fait bien attendre pour un jour où j'ai tant d'affaires. J'enrage. Que la fièvre quartaine puisse serrer bien fort le bourreau de tailleur! Au diable le tailleur! La peste étouffe le tailleur! Si je le tenois maintenant, ce tailleur détestable, ce chien de tailleur-là, ce traître de tailleur, je...

SCÈNE VIII.

MONSIEUR JOURDAIN, UN MAITRE TAILLEUR; UN GARÇON TAILLEUR, *portant l'habit de monsieur Jourdain;* UN LAQUAIS.

MONSIEUR JOURDAIN.

Ah! vous voilà! Je m'allois mettre en colère contre vous (1).

LE MAÎTRE TAILLEUR.

Je n'ai pas pu venir plus tôt, et j'ai mis vingt garçons après votre habit.

MONSIEUR JOURDAIN.

Vous m'avez envoyé des bas de soie si étroits, que j'ai eu toutes les peines du monde à les mettre; et il y a déja deux mailles de rompues.

---

(1) Jamais une occasion de comique n'échappe à Molière. Ces mots, *Je m'allois mettre en colère contre vous*, après les injures furibondes qu'il vient de proférer, ne doivent-ils pas faire rire aux éclats? M. Jourdain nous avoit bien dit qu'il étoit *bilieux comme tous les diables.*

LE MAÎTRE TAILLEUR.

Ils ne s'élargiront que trop.

MONSIEUR JOURDAIN.

Oui, si je romps toujours des mailles. Vous m'avez aussi fait faire des souliers qui me blessent furieusement.

LE MAÎTRE TAILLEUR.

Point du tout, monsieur.

MONSIEUR JOURDAIN.

Comment! point du tout?

LE MAÎTRE TAILLEUR.

Non, ils ne vous blessent point (1).

MONSIEUR JOURDAIN.

Je vous dis qu'ils me blessent, moi.

LE MAÎTRE TAILLEUR.

Vous vous imaginez cela.

MONSIEUR JOURDAIN.

Je me l'imagine parce que je le sens. Voyez la belle raison!

LE MAÎTRE TAILLEUR.

Tenez, voilà le plus bel habit de la cour, et le mieux assorti. C'est un chef-d'œuvre que d'avoir inventé un habit sérieux qui ne fût pas noir; et je le donne en six coups aux tailleurs les plus éclairés.

MONSIEUR JOURDAIN.

Qu'est-ce que c'est que ceci? Vous avez mis les fleurs en en bas.

------

(1) Quel cordonnier n'en a pas dit autant à toutes ses pratiques?

ACTE II, SCÈNE VIII.

LE MAÎTRE TAILLEUR.

Vous ne m'avez pas dit que vous les vouliez en en haut.

MONSIEUR JOURDAIN.

Est-ce qu'il faut dire cela?

LE MAÎTRE TAILLEUR.

Oui, vraiment. Toutes les personnes de qualité les portent de la sorte.

MONSIEUR JOURDAIN.

Les personnes de qualité portent les fleurs en en bas?

LE MAÎTRE TAILLEUR.

Oui, monsieur.

MONSIEUR JOURDAIN.

Oh! voilà qui est donc bien?

LE MAÎTRE TAILLEUR.

Si vous voulez, je les mettrai en en haut.

MONSIEUR JOURDAIN.

Non, non.

LE MAÎTRE TAILLEUR.

Vous n'avez qu'à dire.

MONSIEUR JOURDAIN.

Non, vous dis-je; vous avez bien fait. Croyez-vous que l'habit m'aille bien?

LE MAÎTRE TAILLEUR.

Belle demande! Je défie un peintre, avec son pinceau, de vous faire rien de plus juste. J'ai chez moi un garçon qui, pour monter une ringrave, est le plus grand génie du monde; et un autre qui, pour assembler un pourpoint, est le héros de notre temps [1].

---

[1] Le naïf enthousiasme avec lequel certains tailleurs ou coiffeurs à la

MONSIEUR JOURDAIN.

La perruque et les plumes sont-elles comme il faut?

LE MAÎTRE TAILLEUR.

Tout est bien.

MONSIEUR JOURDAIN, *regardant le maître tailleur.*

Ah! ah! monsieur le tailleur, voilà de mon étoffe du dernier habit que vous m'avez fait. Je la reconnois bien.

LE MAÎTRE TAILLEUR.

C'est que l'étoffe me sembla si belle, que j'en ai voulu lever un habit pour moi.

MONSIEUR JOURDAIN.

Oui: mais il ne falloit pas le lever avec le mien.

LE MAÎTRE TAILLEUR.

Voulez-vous mettre votre habit?

MONSIEUR JOURDAIN.

Oui: donnez-le-moi.

LE MAÎTRE TAILLEUR.

Attendez. Cela ne va pas comme cela. J'ai amené des gens pour vous habiller en cadence, et ces sortes d'habits se mettent avec cérémonie. Holà! entrez, vous autres [1].

---

mode parlent de leur art, n'est pas, comme on voit, un ridicule de nos jours. Dans ce genre même, nous ne pouvons pas nous flatter de faire du nouveau.

[1] Des garçons tailleurs qui habillent un homme en cadence au son des instrumens, ce n'est plus là de la comédie, ce n'est pas même de la farce. Mais il falloit un intermède, une entrée de ballet: en ce genre, l'absurde est permis, et ne tire point à conséquence.

SCÈNE IX.

MONSIEUR JOURDAIN, LE MAITRE TAILLEUR, LE GARÇON TAILLEUR, GARÇONS TAILLEURS DANSANS, UN LAQUAIS.

LE MAÎTRE TAILLEUR, *à ses garçons.*

Mettez cet habit à monsieur, de la manière que vous faites aux personnes de qualité.

PREMIÈRE ENTRÉE DE BALLET.

Les quatre garçons tailleurs dansans s'approchent de M. Jourdain. Deux lui arrachent le haut-de-chausses de ses exercices ; les deux autres lui ôtent la camisole ; après quoi, toujours en cadence, ils lui mettent son habit neuf. M. Jourdain se promène au milieu d'eux, et leur montre son habit, pour voir s'il est bien.

GARÇON TAILLEUR.

Mon gentilhomme, donnez, s'il vous plaît, aux garçons quelque chose pour boire.

MONSIEUR JOURDAIN.

Comment m'appelez-vous ?

GARÇON TAILLEUR.

Mon gentilhomme.

MONSIEUR JOURDAIN.

Mon gentilhomme! Voilà ce que c'est que de se mettre en personne de qualité! Allez-vous-en demeurer toujours habillé en bourgeois, on ne vous dira point,

Mon gentilhomme. (*donnant de l'argent.*) Tenez, voilà pour, Mon gentilhomme.

GARÇON TAILLEUR.

Monseigneur, nous vous sommes bien obligés.

MONSIEUR JOURDAIN.

Monseigneur! Oh! oh! Monseigneur! Attendez, mon ami; Monseigneur mérite quelque chose, et ce n'est pas une petite parole que Monseigneur! Tenez, voilà ce que monseigneur vous donne.

GARÇON TAILLEUR.

Monseigneur, nous allons boire tous à la santé de votre grandeur.

MONSIEUR JOURDAIN.

Votre grandeur! Oh! oh! oh! Attendez; ne vous en allez pas. A moi, Votre grandeur! (*bas, à part.*) Ma foi, s'il va jusqu'à l'altesse, il aura toute la bourse. (*haut.*) Tenez, voilà pour ma grandeur.

GARÇON TAILLEUR.

Monseigneur, nous la remercions très-humblement de ses libéralités.

MONSIEUR JOURDAIN.

Il a bien fait; je lui allois tout donner [1].

---

[1] Scène excellente, qui n'appartient pas spécialement à cette pièce; car elle appartient à l'humanité tout entière. Flatter les foiblesses d'autrui pour en tirer parti, c'est le fond de la moitié des discours et des affaires de ce monde. Pour entrer dans le sujet particulier de la scène, quel marchand, quel artisan, quel ouvrier ne caresse la vanité de ses pratiques, de ses chalands, afin d'obtenir d'eux un meilleur prix? et qui oseroit dire qu'il ne s'est jamais laissé prendre à ces cajoleries, et ne s'est pas, en con-

SCÈNE X.

DEUXIÈME ENTRÉE DE BALLET.

Les quatre garçons tailleurs se réjouissent, en dansant, de la libéralité de M. Jourdain.

---

séquence, relâché plus ou moins de ses intérêts? Le piége où donne M. Jourdain est plus grossier que celui où d'autres sont attrapés : voilà toute la différence.

FIN DU SECOND ACTE.

ACTE III.

SCÈNE PREMIÈRE.

MONSIEUR JOURDAIN, DEUX LAQUAIS.

MONSIEUR JOURDAIN.

Suivez-moi, que j'aille un peu montrer mon habit par la ville ; et surtout ayez soin tous deux de marcher immédiatement sur mes pas, afin qu'on voie bien que vous êtes à moi.

LAQUAIS.

Oui, monsieur.

MONSIEUR JOURDAIN.

Appelez-moi Nicole, que je lui donne quelques ordres. Ne bougez : la voilà.

SCÈNE II.

MONSIEUR JOURDAIN, NICOLE, DEUX LAQUAIS.

MONSIEUR JOURDAIN.

Nicole !

NICOLE.

Plaît-il ?

MONSIEUR JOURDAIN.

Écoutez.

ACTE III, SCÈNE II.

NICOLE, *riant.*

Hi, hi, hi, hi, hi.

MONSIEUR JOURDAIN.

Qu'as-tu à rire?

NICOLE.

Hi, hi, hi, hi, hi, hi.

MONSIEUR JOURDAIN.

Que veut dire cette coquine-là?

NICOLE.

Hi, hi, hi. Comme vous voilà bâti! Hi, hi, hi.

MONSIEUR JOURDAIN.

Comment donc?

NICOLE.

Ah! ah! mon dieu! Hi, hi, hi, hi, hi.

MONSIEUR JOURDAIN.

Quelle friponne est-ce là? Te moques-tu de moi?

NICOLE.

Nenni, monsieur; j'en serois bien fâchée. Hi, hi, hi, hi, hi, hi.

MONSIEUR JOURDAIN.

Je te baillerai sur le nez, si tu ris davantage.

NICOLE.

Monsieur, je ne puis pas m'en empêcher. Hi, hi, hi, hi, hi, hi.

MONSIEUR JOURDAIN.

Tu ne t'arrêteras pas?

NICOLE.

Monsieur, je vous demande pardon; mais vous êtes si plaisant, que je ne saurois me tenir de rire. Hi, hi, hi.

LE BOURGEOIS GENTILHOMME.

MONSIEUR JOURDAIN.

Mais voyez quelle insolence!

NICOLE.

Vous êtes tout-à-fait drôle comme cela. Hi, hi.

MONSIEUR JOURDAIN.

Je te...

NICOLE.

Je vous prie de m'excuser. Hi, hi, hi, hi.

MONSIEUR JOURDAIN.

Tiens, si tu ris encore le moins du monde, je te jure que je t'appliquerai sur la joue le plus grand soufflet qui se soit jamais donné.

NICOLE.

Hé bien! monsieur, voilà qui est fait : je ne rirai plus.

MONSIEUR JOURDAIN.

Prends-y bien garde. Il faut que, pour tantôt, tu nettoies...

NICOLE.

Hi, hi.

MONSIEUR JOURDAIN.

Que tu nettoies comme il faut...

NICOLE.

Hi, hi.

MONSIEUR JOURDAIN.

Il faut, dis-je, que tu nettoies la salle, et...

NICOLE.

Hi, hi.

MONSIEUR JOURDAIN.

Encore?

NICOLE, *tombant à force de rire.*

Tenez, monsieur, battez-moi plutôt, et me laissez rire tout mon saoul; cela me fera plus de bien. Hi, hi, hi, hi, hi.

MONSIEUR JOURDAIN.

J'enrage!

NICOLE.

De grace, monsieur, je vous prie de me laisser rire. Hi, hi, hi.

MONSIEUR JOURDAIN.

Si je te prends...

NICOLE.

Monsieur, eur, je creverai, ai, si je ne ris. Hi, hi, hi [1].

MONSIEUR JOURDAIN.

Mais a-t-on jamais vu une pendarde comme celle-là, qui me vient rire insolemment au nez, au lieu de recevoir mes ordres?

---

[1] Quel tableau comique! Le fou rire qui prend à Nicole en apercevant son maître, ne peut se comparer qu'au rire universel qui accompagne M. de Pourceaugnac jusqu'à son entrée sur la scène. C'est une même manière, pour le poëte, d'exprimer combien la personne de chacun de ces deux originaux est ridicule; et c'est aussi la plus significative. Mais il faut que les spectateurs fassent chorus avec les acteurs: rien n'est plus froid au théâtre, qu'un rire qui ne passe pas la rampe et n'est pas répété par toute la salle. Il n'en est pas ainsi quand on joue cette scène. D'un côté, cette fille qui rit jusqu'à tomber par terre et à s'y rouler; de l'autre, ce sot bourgeois si plaisamment accoutré, que cette manière de lui répondre fait étouffer de colère et écumer de rage: qui pourrait résister au double effet de la sympathie et du ridicule? Aussi, tant que durent les rires de Nicole, le parterre rit, les loges rient, tout le monde rit dans la salle, hors un seul homme qui est là première cause de cette risée universelle. C'est assurément le plus beau triomphe du rire.

NICOLE.

Que voulez-vous que je fasse, monsieur?

MONSIEUR JOURDAIN.

Que tu songes, coquine, à préparer ma maison pour la compagnie qui doit venir tantôt.

NICOLE, *se relevant.*

Ah! par ma foi, je n'ai plus envie de rire; et toutes vos compagnies font tant de désordres céans, que ce mot est assez pour me mettre en mauvaise humeur [1].

MONSIEUR JOURDAIN.

Ne dois-je point pour toi fermer ma porte à tout le monde?

NICOLE.

Vous devriez au moins la fermer à certaines gens.

SCÈNE III.

MADAME JOURDAIN, MONSIEUR JOURDAIN, NICOLE, DEUX LAQUAIS.

MADAME JOURDAIN.

Ah! ah! voici une nouvelle histoire! Qu'est-ce que c'est donc, mon mari, que cet équipage-là? Vous moquez-vous du monde, de vous être fait enharnacher de

---

[1] Dans toute comédie bien faite, chaque personnage doit avoir son intérêt particulier et distinct. L'intérêt qui anime madame Jourdain par rapport aux folies de son mari, n'est pas de la même nature que celui qui anime Nicole. Celle-ci, en sa qualité de servante, ne voit que le désordre du ménage, et ce qu'il lui en coûte de peine pour le réparer. Nous la verrons revenir souvent sur ce chapitre.

la sorte? et avez-vous envie qu'on se raille partout de vous?

MONSIEUR JOURDAIN.

Il n'y a que des sots et des sottes, ma femme, qui se railleront de moi.

MADAME JOURDAIN.

Vraiment, on n'a pas attendu jusqu'à cette heure; et il y a long-temps que vos façons de faire donnent à rire à tout le monde.

MONSIEUR JOURDAIN.

Qui est donc tout ce monde-là, s'il vous plaît?

MADAME JOURDAIN.

Tout ce monde-là est un monde qui a raison, et qui est plus sage que vous. Pour moi, je suis scandalisée de la vie que vous menez. Je ne sais plus ce que c'est que notre maison. On diroit qu'il est céans carême-prenant tous les jours; et, dès le matin, de peur d'y manquer, on y entend des vacarmes de violons et de chanteurs, dont tout le voisinage se trouve incommodé (1).

NICOLE.

Madame parle bien. Je ne saurois plus voir mon ménage propre avec cet attirail de gens que vous faites venir chez vous. Ils ont des pieds qui vont chercher de la boue dans tous les quartiers de la ville pour l'apporter ici; et la pauvre Françoise est presque sur les dents,

---

(1) Il n'en est pas ici, comme dans nombre de pièces où il semble qu'on ne s'aperçoive qu'au moment même du vice d'un personnage ou du trouble d'une famille. On voit qu'il y a déja du temps que madame Jourdain gémit du travers de son mari et du désordre de sa maison.

à frotter les planchers que vos biaux maîtres viennent crotter régulièrement tous les jours.

MONSIEUR JOURDAIN.

Ouais! notre servante Nicole, vous avez le caquet bien affilé, pour une paysanne!

MADAME JOURDAIN.

Nicole a raison; et son sens est meilleur que le vôtre [1]. Je voudrois bien savoir ce que vous pensez faire d'un maître à danser, à l'âge que vous avez.

NICOLE.

Et d'un grand maître tireur d'armes, qui vient, avec ses battemens de pied, ébranler toute la maison, et nous déraciner tous les carriaux de notre salle.

MONSIEUR JOURDAIN.

Taisez-vous, ma servante et ma femme.

MADAME JOURDAIN.

Est-ce que vous voulez apprendre à danser pour quand vous n'aurez plus de jambes?

NICOLE.

Est-ce que vous avez envie de tuer quelqu'un?

MONSIEUR JOURDAIN.

Taisez-vous, vous dis-je: vous êtes des ignorantes l'une et l'autre; et vous ne savez pas les prérogatives de tout cela.

---

(1) De même que Martine, des *Femmes savantes*, soutient Chrysale contre sa femme et est soutenue par lui à son tour, Nicole, qui est son véritable pendant, prend contre M. Jourdain la défense de sa femme, par qui elle est défendue elle-même. C'est la ligue de la foiblesse contre la force, et plus encore celle de la raison contre la folie.

MADAME JOURDAIN.

Vous devriez bien plutôt songer à marier votre fille, qui est en âge d'être pourvue [1].

MONSIEUR JOURDAIN.

Je songerai à marier ma fille quand il se présentera un parti pour elle; mais je veux songer aussi à apprendre les belles choses.

NICOLE.

J'ai encore ouï dire, madame, qu'il a pris aujourd'hui, pour renfort de potage [2], un maître de philosophie.

MONSIEUR JOURDAIN.

Fort bien. Je veux avoir de l'esprit, et savoir raisonner des choses parmi les honnêtes gens.

MADAME JOURDAIN.

N'irez-vous point, l'un de ces jours, au collége vous faire donner le fouet, à votre âge?

MONSIEUR JOURDAIN.

Pourquoi non? Plût à Dieu l'avoir tout à l'heure, le fouet, devant tout le monde, et savoir ce qu'on apprend au collége!

NICOLE.

Oui, ma foi! cela vous rendroit la jambe bien mieux faite.

MONSIEUR JOURDAIN.

Sans doute.

---

[1] Ceci est une préparation à l'intrigue d'amour qui va se lier à l'action principale.

[2] Dans le langage proverbial, *pour tout potage*, signifie, en tout, uniquement; et, *pour renfort de potage*, signifie, pour surcroît.

MADAME JOURDAIN.

Tout cela est fort nécessaire pour conduire votre maison!

MONSIEUR JOURDAIN.

Assurément. Vous parlez toutes deux comme des bêtes, et j'ai honte de votre ignorance. (*à madame Jourdain.*) Par exemple, savez-vous, vous, ce que c'est que vous dites à cette heure?

MADAME JOURDAIN.

Oui. Je sais que ce que je dis est fort bien dit, et que vous devriez songer à vivre d'autre sorte.

MONSIEUR JOURDAIN.

Je ne parle pas de cela. Je vous demande ce que c'est que les paroles que vous dites ici.

MADAME JOURDAIN.

Ce sont des paroles bien sensées, et votre conduite ne l'est guère.

MONSIEUR JOURDAIN.

Je ne parle pas de cela, vous dis-je. Je vous demande, ce que je parle avec vous [1], ce que je vous dis à cette heure, qu'est-ce que c'est?

MADAME JOURDAIN.

Des chansons.

---

[1] *Ce que je parle avec vous*, pour dire, *le langage dont je me sers avec vous, que je parle avec vous*, n'est assurément pas fort correct; mais faut-il y regarder de si près avec M. Jourdain, qui veut apprendre l'orthographe, et qui n'a encore reçu qu'une leçon sur la prononciation des voyelles?

ACTE III, SCÈNE III.

MONSIEUR JOURDAIN.

Hé! non, ce n'est pas cela. Ce que nous disons tous deux, le langage que nous parlons à cette heure.

MADAME JOURDAIN.

Hé bien ?

MONSIEUR JOURDAIN.

Comment est-ce que cela s'appelle ?

MADAME JOURDAIN.

Cela s'appelle comme on veut l'appeler.

MONSIEUR JOURDAIN.

C'est de la prose, ignorante.

MADAME JOURDAIN.

De la prose ?

MONSIEUR JOURDAIN.

Oui, de la prose. Tout ce qui est prose n'est point vers; et tout ce qui n'est point vers est prose. Hé! voilà ce que c'est que d'étudier. (*à Nicole.*) Et toi, sais-tu bien comme il faut faire pour dire un U ?

NICOLE.

Comment ?

MONSIEUR JOURDAIN.

Oui. Qu'est-ce que tu fais quand tu dis U ?

NICOLE.

Quoi ?

MONSIEUR JOURDAIN.

Dis un peu U, pour voir.

NICOLE.

Hé bien ! U.

MONSIEUR JOURDAIN.

Qu'est-ce que tu fais?

NICOLE.

Je dis U.

MONSIEUR JOURDAIN.

Oui : mais, quand tu dis U, qu'est-ce que tu fais?

NICOLE.

Je fais ce que vous me dites.

MONSIEUR JOURDAIN.

Oh! l'étrange chose, que d'avoir affaire à des bêtes[1]! Tu allonges les lèvres en dehors, et approches la mâchoire d'en haut de celle d'en bas; U, vois-tu? Je fais la moue : U.

NICOLE.

Oui, cela est biau.

MADAME JOURDAIN.

Voilà qui est admirable!

MONSIEUR JOURDAIN.

C'est bien autre chose, si vous aviez vu O, et DA, DA, et FA, FA!

---

(1) Rien n'est plus divertissant que ce dialogue, où M. Jourdain, pour faire parade de son nouveau savoir devant sa femme et sa servante, leur adresse des questions qu'il tourne de dix manières différentes, sans pouvoir se faire comprendre, sans tirer autre chose que des réponses dont l'incongruité le désespère. *Dis U, pour voir. — Hé bien! U. — Quand tu dis U, qu'est-ce que tu fais? — Je fais ce que vous me dites.* Nicole peut-elle répondre autrement? Il y a encore ici de la ressemblance entre Nicole et Martine, qui ne répond pas d'une manière plus satisfaisante aux questions pédantesques de Philaminte et de Bélise.

ACTE III, SCÈNE III.

MADAME JOURDAIN.

Qu'est-ce que c'est que tout ce galimatias-là (1) ?

NICOLE.

De quoi est-ce que tout cela guérit ?

MONSIEUR JOURDAIN.

J'enrage, quand je vois des femmes ignorantes.

MADAME JOURDAIN.

Allez, vous devriez envoyer promener tous ces gens-là, avec leurs fariboles.

NICOLE.

Et surtout ce grand escogriffe de maître d'armes, qui remplit de poudre tout mon ménage.

MONSIEUR JOURDAIN.

Ouais ! ce maître d'armes vous tient au cœur* ! Je te veux faire voir ton impertinence tout à l'heure (2). (*après avoir fait apporter des fleurets, et en avoir donné un à Nicole.*) Tiens, raison démonstrative, la ligne du corps. Quand on pousse en quarte, on n'a qu'à faire cela ; et, quand on pousse en tierce, on n'a qu'à faire cela. Voilà le moyen de n'être jamais tué ; et cela n'est-

---

VARIANTE. * *Vous tient bien au cœur.*

---

(1) Dans *les Nuées* d'Aristophane, Strepsiade, qui, ainsi que je l'ai déja dit, est allé chez Socrate pour se faire instruire de toutes les sciences, et en a reçu, comme M. Jourdain, une simple leçon de grammaire, veut aussi comme lui étaler et communiquer son érudition récente. Il répète à son fils les choses que lui a dites Socrate ; mais il les répète avec la même gaucherie que M. Jourdain ; et le fils voit avec le même mépris que madame Jourdain les fadaises dont son père est infatué. L'imitation est exacte en tout point, et ne peut être révoquée en doute.

(2) Peut-on amener plus adroitement l'excellent jeu de scène que nous allons voir ?

5.

il pas beau, d'être assuré de son fait quand on se bat contre quelqu'un? Là, pousse-moi un peu, pour voir.

NICOLE.

Hé bien! quoi!

(*Nicole pousse plusieurs bottes à M. Jourdain.*)

MONSIEUR JOURDAIN.

Tout beau! Holà! ho! Doucement! Diantre soit la coquine!

NICOLE.

Vous me dites de pousser.

MONSIEUR JOURDAIN.

Oui; mais tu me pousses en tierce avant que de pousser en quarte, et tu n'as pas la patience que je pare [1].

MADAME JOURDAIN.

Vous êtes fou, mon mari, avec toutes vos fantaisies; et cela vous est venu depuis que vous vous mêlez de hanter la noblesse.

MONSIEUR JOURDAIN.

Lorsque je hante la noblesse, je fais paroître mon jugement; et cela est plus beau que de hanter votre bourgeoisie.

MADAME JOURDAIN.

Çamon [2] vraiment! il y a fort à gagner à fréquenter

---

(1) Que cela est gai! Voilà M. Jourdain bien avancé avec sa *raison démonstrative*, sa *ligne du corps*, sa *tierce* et sa *quarte!* Une servante le bourre de six coups de fleuret, avant qu'il ait pu en écarter un seul. Il espère apparemment que ceux contre qui il se battra, si jamais il se bat, l'avertiront des bottes qu'ils voudront lui porter, et attendront qu'il les pare.

(2) *Çamon* est une corruption de *c'est mon*, qu'on trouve dans le dic-

vos nobles, et vous avez bien opéré avec ce beau monsieur le comte, dont vous vous êtes embéguiné !

MONSIEUR JOURDAIN.

Paix; songez à ce que vous dites. Savez-vous bien, ma femme, que vous ne savez pas de qui vous parlez, quand vous parlez de lui? C'est une personne d'importance plus que vous ne pensez, un seigneur que l'on considère à la cour, et qui parle au roi tout comme je vous parle. N'est-ce pas une chose qui m'est tout-à-fait honorable, que l'on voie venir chez moi si souvent une personne de cette qualité, qui m'appelle son cher ami, et me traite comme si j'étois son égal ? Il a pour moi des bontés qu'on ne devineroit jamais ; et, devant tout le monde, il me fait des caresses dont je suis moi-même confus.

MADAME JOURDAIN.

Oui, il a des bontés pour vous, et vous fait des caresses ; mais il vous emprunte votre argent.

MONSIEUR JOURDAIN.

Hé bien! ne m'est-ce pas de l'honneur, de prêter de l'argent à un homme de cette condition-là ? et puis-je faire moins pour un seigneur qui m'appelle son cher ami ?

MADAME JOURDAIN.

Et ce seigneur, que fait-il pour vous ?

---

tionnaire de Cotgrave et dans les *Essais* de Montaigne, et qui signifioit, assurément, certainement. Niçot et Henri Estienne écrivent *c'est mont*, et ils font venir *mont* de *multùm*. Dans de plus anciens livres, on trouve écrit *say mont*, qui, d'après cette étymologie, auroit signifié, je sais bien.

MONSIEUR JOURDAIN.

Des choses dont on seroit étonné, si on les savoit [1].

MADAME JOURDAIN.

Et quoi?

MONSIEUR JOURDAIN.

Baste! je ne puis pas m'expliquer. Il suffit que, si je lui ai prêté de l'argent, il me le rendra bien, et avant qu'il soit peu.

MADAME JOURDAIN.

Oui. Attendez-vous à cela.

MONSIEUR JOURDAIN.

Assurément. Ne me l'a-t-il pas dit?

MADAME JOURDAIN.

Oui, oui, il ne manquera pas d'y faillir [2].

MONSIEUR JOURDAIN.

Il m'a juré sa foi de gentilhomme.

MADAME JOURDAIN.

Chansons!

MONSIEUR JOURDAIN.

Ouais! Vous êtes bien obstinée, ma femme! Je vous dis qu'il me tiendra sa parole; j'en suis sûr.

---

[1] Nous les saurons bientôt, ces *choses*; et vraiment il y aura de quoi être étonné, pour le moins.

[2] Le bon sens, l'excellent jugement de madame Jourdain s'exprime souvent en quolibets; et c'est un trait de vérité de plus dans la peinture de ce personnage si naturel. Les gens de la petite bourgeoisie de Paris ornoient leurs discours de quolibets et de proverbes, avant qu'ils eussent des prétentions au beau langage et aux belles manières, prétentions mille fois plus ridicules que leur ancienne grossièreté.

ACTE III, SCÈNE IV.

MADAME JOURDAIN.

Et moi, je suis sûre que non, et que toutes les caresses qu'il vous fait ne sont que pour vous enjôler.

MONSIEUR JOURDAIN.

Taisez-vous. Le voici.

MADAME JOURDAIN.

Il ne nous faut plus que cela. Il vient peut-être encore vous faire quelque emprunt; et il me semble que j'ai dîné quand je le vois.

MONSIEUR JOURDAIN.

Taisez-vous, vous dis-je [1].

SCÈNE IV.

DORANTE, MONSIEUR JOURDAIN, MADAME JOURDAIN, NICOLE.

DORANTE.

Mon cher ami monsieur Jourdain, comment vous portez-vous?

MONSIEUR JOURDAIN.

Fort bien, monsieur, pour vous rendre mes petits services.

---

[1] Les deux premiers actes sont épisodiques, et, pour ainsi dire, formés de scènes à tiroir, où ne figurent que des personnages du dehors qui ne doivent plus reparoître. L'action commence avec le troisième acte par l'opposition intérieure, domestique, de madame Jourdain et de Nicole. On ne peut en imaginer une plus naturelle, ni plus propre à mettre en évidence et en jeu les travers du principal personnage. Cette opposition va se développer avec autant de force que de comique dans les scènes suivantes.

DORANTE.

Et madame Jourdain, que voilà, comment se porte-t-elle ?

MADAME JOURDAIN.

Madame Jourdain se porte comme elle peut.

DORANTE.

Comment ! monsieur Jourdain, vous voilà le plus propre du monde !

MONSIEUR JOURDAIN.

Vous voyez.

DORANTE.

Vous avez tout-à-fait bon air avec cet habit; et nous n'avons point* de jeunes gens à la cour qui soient mieux faits que vous.

MONSIEUR JOURDAIN.

Hai, hai.

MADAME JOURDAIN, *à part.*

Il le gratte par où il se démange [1].

DORANTE.

Tournez-vous. Cela est tout-à-fait galant.

MADAME JOURDAIN, *à part.*

Oui, aussi sot par-derrière que par-devant.

DORANTE.

Ma foi, monsieur Jourdain, j'avois une impatience étrange de vous voir. Vous êtes l'homme du monde que

VARIANTE. * *Avec cet habit; nous n'avons point...*

---

[1] On ne dit point, *se démanger. Démanger* est un verbe neutre; et le véritable proverbe est : *Il le gratte où il lui démange.*

j'estime le plus; et je parlois encore de vous, ce matin, dans la chambre du roi.

MONSIEUR JOURDAIN.

Vous me faites beaucoup d'honneur, monsieur. (*à madame Jourdain.*) Dans la chambre du roi!

DORANTE.

Allons, mettez [1].

MONSIEUR JOURDAIN.

Monsieur, je sais le respect que je vous dois.

DORANTE.

Mon dieu! mettez. Point de cérémonie entre nous, je vous prie.

MONSIEUR JOURDAIN.

Monsieur...

DORANTE.

Mettez, vous dis-je, monsieur Jourdain : vous êtes mon ami.

MONSIEUR JOURDAIN.

Monsieur, je suis votre serviteur.

DORANTE.

Je ne me couvrirai point, si vous ne vous couvrez.

MONSIEUR JOURDAIN, *se couvrant.*

J'aime mieux être incivil qu'importun.

DORANTE.

Je suis votre débiteur, comme vous le savez.

MADAME JOURDAIN, *à part.*

Oui : nous ne le savons que trop.

---

[1] *Mettez, mettez dessus,* et, en langage populaire, *Boutez, boutez dessus,* étoient des phrases elliptiques dont on se servoit pour inviter les gens à mettre leur chapeau sur leur tête. On dit aujourd'hui, Couvrez-vous.

DORANTE.

Vous m'avez généreusement prêté de l'argent en plusieurs occasions, et m'avez obligé* de la meilleure grace du monde, assurément.

MONSIEUR JOURDAIN.

Monsieur, vous vous moquez.

DORANTE.

Mais je sais rendre ce qu'on me prête, et reconnoître les plaisirs qu'on me fait.

MONSIEUR JOURDAIN.

Je n'en doute point, monsieur.

DORANTE.

Je veux sortir d'affaire avec vous; et je viens ici pour faire nos comptes ensemble.

MONSIEUR JOURDAIN, *bas, à madame Jourdain.*

Hé bien! vous voyez votre impertinence, ma femme.

DORANTE.

Je suis homme qui aime à m'acquitter le plus tôt que je puis.

MONSIEUR JOURDAIN, *bas, à madame Jourdain.*

Je vous le disois bien.

DORANTE.

Voyons un peu ce que je vous dois.

MONSIEUR JOURDAIN, *bas, à madame Jourdain.*

Vous voilà, avec vos soupçons ridicules.

DORANTE.

Vous souvenez-vous bien de tout l'argent que vous m'avez prêté?

VARIANTE. * *Et vous m'avez obligé.*

ACTE III, SCÈNE IV.

MONSIEUR JOURDAIN.

Je crois que oui. J'en ai fait un petit mémoire. Le voici. Donné à vous une fois deux cents louis.

DORANTE.

Cela est vrai.

MONSIEUR JOURDAIN.

Un eautre fois six-vingts [1].

DORANTE.

Oui.

MONSIEUR JOURDAIN.

Et une autre fois cent quarante.

DORANTE.

Vous avez raison.

MONSIEUR JOURDAIN.

Ces trois articles font quatre cent soixante louis, qui valent cinq mille soixante livres [2].

DORANTE.

Le compte est fort bon. Cinq mille soixante livres.

MONSIEUR JOURDAIN.

Mille huit cent trente-deux livres à votre plumassier.

DORANTE.

Justement.

MONSIEUR JOURDAIN.

Deux mille sept cent quatre-vingts livres à votre tailleur.

---

[1] On a dit long-temps, *six-vingts*, *sept-vingts*, *huit-vingts*, et même *quinze-vingts*, pour *cent vingt*, *cent quarante*, *cent soixante* et *trois cents*. *Quatre-vingts* est le seul qui soit resté.

[2] On voit, par ce compte, que le louis valoit alors onze livres.

DORANTE.

Il est vrai.

MONSIEUR JOURDAIN.

Quatre mille trois cent septante-neuf livres douze sols huit deniers à votre marchand [1].

DORANTE.

Fort bien. Douze sols huit deniers; le compte est juste.

MONSIEUR JOURDAIN.

Et mille sept cent quarante-huit livres sept sols quatre deniers à votre sellier.

DORANTE.

Tout cela est véritable. Qu'est-ce que cela fait?

MONSIEUR JOURDAIN.

Somme totale, quinze mille huit cents livres.

DORANTE.

Somme totale est juste. Quinze mille huit cents livres. Mettez encore deux cents pistoles* que vous m'allez donner : cela fera justement dix-huit mille francs, que je vous paierai au premier jour [2].

VARIANTE. * *Deux cents louis.*

---

[1] Ce *marchand*, venant après le tailleur, doit être le marchand de drap.

[2] Comme il manque 2,200 francs à Dorante pour faire la somme de 18,000, des éditeurs modernes ont cru que *deux cents pistoles* ne feroient pas le compte, et ils ont mis *deux cents louis*, qui, à onze francs pièce, font, en effet, 2,200 livres. Mais ils ont ignoré qu'alors on disoit indifféremment louis pour pistole, et pistole pour louis; ce qui n'empêchoit pas la pistole d'être aussi une monnoie de compte, valant dix francs.

L'effronterie de Dorante, qui, venant pour régler ses comptes, et, à ce

ACTE III, SCÈNE IV.

MADAME JOURDAIN, *bas, à M. Jourdain.*

Hé bien ! ne l'avois-je pas bien deviné ?

MONSIEUR JOURDAIN, *bas, à madame Jourdain.*

Paix.

DORANTE.

Cela vous incommodera-t-il, de me donner ce que je vous dis ?

MONSIEUR JOURDAIN.

Hé ! non.

MADAME JOURDAIN, *bas, à M. Jourdain.*

Cet homme-là fait de vous une vache à lait.

MONSIEUR JOURDAIN, *bas, à madame Jourdain.*

Taisez-vous.

DORANTE.

Si cela vous incommode, j'en irai chercher ailleurs.

MONSIEUR JOURDAIN.

Non, monsieur.

MADAME JOURDAIN, *bas, à M. Jourdain.*

Il ne sera pas content qu'il ne vous ait ruiné.

MONSIEUR JOURDAIN, *bas, à madame Jourdain.*

Taisez-vous, vous dis-je.

DORANTE.

Vous n'avez qu'à me dire si cela vous embarrasse.

---

qu'il semble, s'acquitter avec M. Jourdain, lui demande une nouvelle somme à emprunter, ne peut se comparer qu'à ce trait d'un autre emprunteur moins qualifié et plus modeste dans ses demandes. *Prête-moi un louis, dit-il à un de ses amis. — Je ne peux pas, je n'en ai que la moitié sur moi. — Prête toujours, tu me redevras douze francs.*

MONSIEUR JOURDAIN.

Point, monsieur.

MADAME JOURDAIN, *bas, à M. Jourdain.*

C'est un vrai enjôleur.

MONSIEUR JOURDAIN, *bas, à madame Jourdain.*

Taisez-vous donc.

MADAME JOURDAIN, *bas, à M. Jourdain.*

Il vous sucera jusqu'au dernier sou.

MONSIEUR JOURDAIN, *bas, à madame Jourdain.*

Vous tairez-vous ?

DORANTE.

J'ai force gens qui m'en prêteroient avec joie ; mais, comme vous êtes mon meilleur ami, j'ai cru que je vous ferois tort, si j'en demandois à quelque autre.

MONSIEUR JOURDAIN.

C'est trop d'honneur, monsieur, que vous me faites. Je vais querir votre affaire.

MADAME JOURDAIN, *bas, à M. Jourdain.*

Quoi ! vous allez encore lui donner cela ?

MONSIEUR JOURDAIN, *bas, à madame Jourdain.*

Que faire ? Voulez-vous que je refuse un homme de cette condition-là, qui a parlé de moi ce matin dans la chambre du roi ?

MADAME JOURDAIN, *bas, à M. Jourdain.*

Allez, vous êtes une vraie dupe [1].

---

[1] Dorante est un des personnages les plus vils que Molière ait mis au théâtre, et il est allé le prendre dans la classe la plus élevée de la société. Ce n'est point un roturier qui fait le gentilhomme, ou un gentillâtre qui fait le grand seigneur ; c'est un homme de qualité qui a ses entrées chez

SCÈNE V.

DORANTE, MADAME JOURDAIN, NICOLE.

DORANTE.

Vous me semblez toute mélancolique. Qu'avez-vous, madame Jourdain?

MADAME JOURDAIN.

J'ai la tête plus grosse que le poing, et si elle n'est pas enflée.

DORANTE.

Mademoiselle votre fille, où est-elle, que je ne la vois point?

---

le roi. Une marquise, qui ne paroît pas être une marquise de contrebande, reçoit ses soins, et nous la verrons se décider à l'épouser. Quelle est cependant la conduite de ce comte, de cet homme de cœur! Mais n'anticipons pas sur les événemens. Dans cette scène, Dorante ne se montre encore que comme un jeune seigneur ruiné qui fait des dettes pour ne pas les payer, et emprunte pour ne jamais rendre. Il n'y a encore rien là qui déroge. C'étoit alors, et ç'a été long temps encore après, la méthode des gens de condition, des grands seigneurs. Quelle excellente scène toutefois! Dorante, qui prouve sa fidélité à rendre ce qu'on lui a prêté en faisant un nouvel emprunt; M. Jourdain, qui triomphe d'abord en voyant les soupçons de sa femme confondus devant elle-même; et madame Jourdain, qui triomphe à son tour, mais en enrageant, d'avoir deviné si juste : il est difficile d'imaginer une situation, ou plutôt une suite de situations plus vraies, plus franchement comiques.

C'est peut-être ici le lieu de faire remarquer que l'amour de M. Jourdain pour la noblesse, son engouement pour Dorante, et son empressement à lui donner tout l'argent qu'il demande, ont inspiré à l'abbé d'Allainval l'idée de sa charmante comédie de *l'École des Bourgeois*. L'auteur lui-même a reconnu la dette : un des personnages de son prologue dit que sa pièce sera *le Bourgeois gentilhomme* retourné; et il ne s'en défend pas. En effet, madame Abraham n'est qu'un M. Jourdain en jupon, et Moncade est un Dorante, un peu moins vil seulement que celui de Molière.

MADAME JOURDAIN.

Mademoiselle ma fille est bien où elle est.

DORANTE.

Comment se porte-t-elle?

MADAME JOURDAIN.

Elle se porte sur ses deux jambes (1).

DORANTE.

Ne voulez-vous point, un de ces jours, venir voir avec elle le ballet et la comédie que l'on fait chez le roi (2)?

MADAME JOURDAIN.

Oui, vraiment! nous avons fort envie de rire, fort envie de rire nous avons (3).

DORANTE.

Je pense, madame Jourdain, que vous avez eu bien des amans dans votre jeune âge, belle et d'agréable humeur comme vous étiez.

---

(1) Molière semble avoir emprunté à Térence cette réponse brusque et chagrine de madame Jourdain. Dans *l'Eunuque*, le parasite Gnaton aborde l'esclave Parmenon, le salue, et lui demande comment il se porte. *Statur*, répond l'esclave, qui a de l'humeur contre le parasite. L'abbé Lemonnier a traduit les paroles de Térence par les expressions mêmes de Molière : « Comment se porte-t-il? — Sur ses jambes. »

(2) On ne dit plus, *faire un ballet, faire une comédie*, pour dire, danser un ballet, jouer une comédie. Si l'on vouloit se servir d'un seul verbe qui convînt aux deux substantifs, on diroit, *le ballet et la comédie que l'on donne chez le roi.*

(3) Cette manière de répéter une phrase, en renversant l'ordre des mots, est un agrément de style, un trope particulier à l'usage des gens du peuple. On lit dans *le Festin de Pierre* : « Comme dit l'autre, je les ai le pre-« mier avisés, avisés le premier je les ai. »

MADAME JOURDAIN.

Tredame⁽¹⁾! monsieur, est-ce que madame Jourdain est décrépite, et la tête lui grouille-t-elle déja?

DORANTE.

Ah! ma foi, madame Jourdain, je vous demande pardon! Je ne songeois pas que vous êtes jeune; et je rêve le plus souvent. Je vous prie d'excuser mon impertinence⁽²⁾.

SCÈNE VI.

MONSIEUR JOURDAIN, MADAME JOURDAIN, DORANTE, NICOLE.

MONSIEUR JOURDAIN, *à Dorante.*

Voilà deux cents louis bien comptés.

DORANTE.

Je vous assure, monsieur Jourdain, que je suis tout

---

(1) *Tredame*, abréviation de *notre dame*, est une sorte d'interjection ou d'exclamation assez familière alors aux personnes du menu peuple.

(2) Dorante, qui voit bien que ce seroit peine perdue pour lui que de chercher à ramener madame Jourdain, s'amuse du moins à se moquer d'elle, en attendant que son mari revienne; et il lui dit de ces impertinences de bon ton dont les grands seigneurs sembloient avoir le secret et le privilége. Moncade, de *l'École des Bourgeois*, se montre encore en ce point l'imitateur de Dorante. Il complimente madame Abraham, sa future belle-mère, sur ses retours de jeunesse, lui demande l'âge qu'elle a, et, comme elle prétend compter encore par trente, lui soutient qu'elle peut hardiment se donner la cinquantaine. « On s'en fâcheroit d'un autre, dit à part madame Abraham; mais il donne à tout ce qu'il dit une tournure si polie! » Remarquons que madame Jourdain, femme, d'ailleurs, si raisonnable, a aussi son petit travers : mère d'une fille à marier, elle s'offense de ce qu'on lui parle de son jeune âge comme d'une chose passée. Molière ne perd jamais de vue les foiblesses de l'humanité et les droits de la comédie.

à vous, et que je brûle de vous rendre un service à la cour.

MONSIEUR JOURDAIN.

Je vous suis trop obligé.

DORANTE.

Si madame Jourdain veut voir le divertissement royal(1), je lui ferai donner les meilleures places de la salle.

MADAME JOURDAIN.

Madame Jourdain vous baise les mains.

DORANTE, *bas, à M. Jourdain.*

Notre belle marquise, comme je vous ai mandé par mon billet, viendra tantôt ici pour le ballet et le repas; et je l'ai fait consentir enfin au cadeau(2) que vous lui voulez donner.

MONSIEUR JOURDAIN.

Tirons-nous un peu plus loin, pour cause.

DORANTE.

Il y a huit jours que je ne vous ai vu; et je ne vous ai point mandé de nouvelles du diamant que vous me mîtes entre les mains pour lui en faire présent de votre part; mais c'est que j'ai eu toutes les peines du monde à vaincre son scrupule; et ce n'est que d'aujourd'hui qu'elle s'est résolue à l'accepter.

---

(1) On appeloit *divertissement royal* chacune de ces fêtes où la comédie, la musique et la danse s'associoient pour contribuer aux plaisirs du roi et de sa cour.

(2) *Cadeau*, il faut bien le dire encore, ne signifioit pas alors, comme aujourd'hui, un présent; il signifioit, un repas, un régal donné à une femme.

MONSIEUR JOURDAIN.

Comment l'a-t-elle trouvé?

DORANTE.

Merveilleux; et je me trompe fort, ou la beauté de ce diamant fera pour vous sur son esprit un effet admirable.

MONSIEUR JOURDAIN.

Plût au ciel!

MADAME JOURDAIN, *à Nicole.*

Quand il est une fois avec lui, il ne peut le quitter.

DORANTE.

Je lui ai fait valoir comme il faut la richesse de ce présent, et la grandeur de votre amour.

MONSIEUR JOURDAIN.

Ce sont, monsieur, des bontés qui m'accablent; et je suis dans une confusion la plus grande du monde, de voir une personne de votre qualité s'abaisser pour moi à ce que vous faites [1].

DORANTE.

Vous moquez-vous? Est-ce qu'entre amis on s'arrête à ces sortes de scrupules? et ne feriez-vous pas pour moi la même chose, si l'occasion s'en offroit?

MONSIEUR JOURDAIN.

Oh! assurément, et de très-grand cœur!

MADAME JOURDAIN, *à Nicole.*

Que sa présence me pèse sur les épaules!

---

[1] *S'abaisser.* Ce terme, qui échappe à la naïveté de M. Jourdain, est si vrai, si juste, que Dorante devroit en rougir dans l'ame, s'il pouvoit rougir de quelque chose.

DORANTE.

Pour moi, je ne regarde rien, quand il faut servir un ami; et, lorsque vous me fîtes confidence de l'ardeur que vous aviez prise pour cette marquise agréable, chez qui j'avois commerce, vous vîtes que d'abord je m'offris de moi-même à servir votre amour [1].

MONSIEUR JOURDAIN.

Il est vrai. Ce sont des bontés qui me confondent.

MADAME JOURDAIN, *à Nicole*.

Est-ce qu'il ne s'en ira point?

NICOLE.

Ils se trouvent bien ensemble.

DORANTE.

Vous avez pris le bon biais pour toucher son cœur. Les femmes aiment surtout les dépenses qu'on fait pour elles; et vos fréquentes sérénades, et vos bouquets continuels, ce superbe feu d'artifice qu'elle trouva sur l'eau, le diamant qu'elle a reçu de votre part, et le cadeau que

---

[1] Sans doute ce n'est pas sérieusement que Dorante s'entremet pour servir l'amour de M. Jourdain, puisque l'objet de cette passion est *la marquise agréable* que lui-même recherche et doit épouser. Il ne veut que pousser notre imbécille bourgeois à des dépenses folles, pour en profiter, pour s'en faire honneur auprès de sa maîtresse. Mais, s'il échappe à une qualification tellement infâme, qu'il n'est pas même permis de l'énoncer, il ne peut se soustraire à celle d'escroc qui lui est trop bien due. Les personnes qui connoissent le moins le théâtre, ne peuvent manquer de s'apercevoir ici d'une grande ressemblance entre *le Bourgeois gentilhomme* et *Turcaret*. M. Turcaret, amoureux d'une baronne dont un chevalier est l'amant, dépense son argent au profit de tous deux. La seule différence, c'est que la marquise de M. Jourdain n'est pas dans la confidence du vil manége de Dorante, tandis que la baronne de M. Turcaret est elle-même en tête de la friponnerie.

ACTE III, SCÈNE VI.

vous lui préparez ; tout cela lui parle bien mieux en faveur de votre amour, que toutes les paroles que vous auriez pu lui dire vous-même [1].

MONSIEUR JOURDAIN.

Il n'y a point de dépenses que je ne fisse, si par là je pouvois trouver le chemin de son cœur. Une femme de qualité a pour moi des charmes ravissans ; et c'est un honneur que j'acheterois au prix de toutes choses.

MADAME JOURDAIN, *bas, à Nicole.*

Que peuvent-ils tant dire ensemble ? Va-t'en un peu tout doucement prêter l'oreille.

DORANTE.

Ce sera tantôt que vous jouirez à votre aise du plaisir de sa vue ; et vos yeux auront tout le temps de se satisfaire.

MONSIEUR JOURDAIN.

Pour être en pleine liberté, j'ai fait en sorte que ma femme ira dîner chez ma sœur, où elle passera toute l'après-dînée.

DORANTE.

Vous avez fait prudemment, et votre femme auroit pu nous embarrasser. J'ai donné pour vous l'ordre qu'il faut au cuisinier, et à toutes les choses qui sont nécessaires pour le ballet [2]. Il est de mon invention ; et,

---

[1] Dorante donne ici, en passant, à M. Jourdain un avis excellent pour lui-même. Il lui importe, en effet, beaucoup que notre bourgeois se borne à faire des présens par une main tierce, et ne se mette pas en frais de *paroles*. Un seul mot pourroit tout découvrir.

[2] *J'ai donné pour vous l'ordre qu'il faut au cuisinier, et à toutes les choses...* — Le premier membre de phrase est régulier ; le second ne l'est

pourvu que l'exécution puisse répondre à l'idée, je suis sûr qu'il sera trouvé...

MONSIEUR JOURDAIN, *s'apercevant que Nicole écoute, et lui donnant un soufflet.*

Ouais! vous êtes bien impertinente! (*à Dorante.*) Sortons, s'il vous plaît.

SCÈNE VII.

MADAME JOURDAIN, NICOLE.

NICOLE.

Ma foi, madame, la curiosité m'a coûté quelque chose : mais je crois qu'il y a quelque anguille sous roche ; et ils parlent de quelque affaire où ils ne veulent pas que vous soyez [1].

MADAME JOURDAIN.

Ce n'est pas d'aujourd'hui, Nicole, que j'ai conçu des soupçons de mon mari. Je suis la plus trompée du monde, ou il y a quelque amour en campagne ; et je travaille à découvrir ce que ce peut être. Mais songeons à ma fille. Tu sais l'amour que Cléonte a pour elle : c'est

---

pas. On ne dit point, *donner l'ordre à une chose,* pour dire, y pourvoir ; on dit, *donner ordre :* c'est une de ces phrases faites où le substantif ne peut pas être précédé de l'article.

(1) Le peu que Nicole a entendu, et qu'elle rapporte à sa maîtresse, suffit pour éveiller les soupçons de madame Jourdain, et rendre vaine la précaution que son mari avoit prise de l'envoyer dehors pour toute l'après-dînée. Sans cela, son retour au milieu du repas donné à Dorimène n'auroit pas été un incident préparé.

un homme qui me revient; et je veux aider sa recherche, et lui donner Lucile, si je puis.

NICOLE.

En vérité, madame, je suis la plus ravie du monde, de vous voir dans ces sentimens; car, si le maître vous revient, le valet ne me revient pas moins; et je souhaiterois que notre mariage se pût faire à l'ombre du leur.

MADAME JOURDAIN.

Va-t'en lui parler de ma part, et lui dire que tout à l'heure il me vienne trouver, pour faire ensemble, à mon mari, la demande de ma fille.

NICOLE.

J'y cours, madame, avec joie, et je ne pouvois recevoir une commission plus agréable. (*seule.*) Je vais, je pense, bien réjouir les gens.

SCÈNE VIII.

CLÉONTE, COVIELLE, NICOLE.

NICOLE, *à Cléonte.*

Ah! vous voilà tout à propos! Je suis une ambassadrice de joie [1], et je viens...

CLÉONTE.

Retire-toi, perfide, et ne me viens point amuser avec tes traîtresses paroles.

---

(1) *Ambassadrice de joie*, comme on dit, dans un sens contraire, *messager de malheur*, est un peu trop relevé, trop élégant pour Nicole, qui dit, *vos biaux maîtres*, et *les carriaux de notre salle*.

NICOLE.

Est-ce ainsi que vous recevez...

CLÉONTE.

Retire-toi, te dis-je, et va-t'en dire, de ce pas, à ton infidèle maîtresse qu'elle n'abusera de sa vie le trop simple Cléonte.

NICOLE.

Quel vertigo est-ce donc là? Mon pauvre Covielle, dis-moi un peu ce que cela veut dire.

COVIELLE.

Ton pauvre Covielle, petite scélérate! Allons, vite, ôte-toi de mes yeux, vilaine, et me laisse en repos.

NICOLE.

Quoi! tu me viens aussi...

COVIELLE.

Ote-toi de mes yeux, te dis-je, et ne me parle de ta vie.

NICOLE, *à part.*

Ouais! Quelle mouche les a piqués tous deux? Allons de cette belle histoire informer ma maîtresse [1].

---

[1] Ici, Molière se prépare à traiter, pour la troisième fois, une situation qu'on a déjà vue dans *le Dépit amoureux* et dans *le Tartuffe*, celle de la brouillerie et du raccommodement de deux amans. La scène du *Dépit amoureux* est annoncée, amenée exactement comme celle-ci. Marinette, chargée d'un doux message pour Éraste, est reçue de même par le maître et par le valet; et elle dit de même dans son étonnement: *Quelle mouche le pique?*

SCÈNE IX.

CLÉONTE, COVIELLE.

CLÉONTE.

Quoi! traiter un amant de la sorte, et un amant le plus fidèle et le plus passionné de tous les amans!

COVIELLE.

C'est une chose épouvantable, que ce qu'on nous fait à tous deux.

CLÉONTE.

Je fais voir pour une personne toute l'ardeur et toute la tendresse qu'on peut imaginer; je n'aime rien au monde qu'elle, et je n'ai qu'elle dans l'esprit; elle fait tous mes soins, tous mes desirs, toute ma joie; je ne parle que d'elle, je ne pense qu'à elle, je ne fais des songes que d'elle, je ne respire que par elle, mon cœur vit tout en elle; et voilà de tant d'amitié la digne récompense [1]! Je suis deux jours sans la voir, qui sont pour moi deux siècles effroyables: je la rencontre par hasard; mon cœur, à cette vue, se sent tout transporté, ma joie éclate sur mon visage, je vole avec ravissement vers elle; et l'infidèle détourne de moi ses regards, et passe brusquement, comme si de sa vie elle ne m'avoit vu.

---

[1] *Voilà de tant d'amitié la digne récompense.* — Cette inversion, dans la bouche de Cléonte, est un peu moins surprenante que celle qu'on vient d'entendre sortir de la bouche de Nicole: *Allons de cette belle histoire informer ma maîtresse.* Souvent Molière, dans sa prose, ou cherchoit ou n'évitoit pas assez les tournures affectées à la poésie.

COVIELLE.

Je dis les mêmes choses que vous.

CLÉONTE.

Peut-on rien voir d'égal, Covielle, à cette perfidie de l'ingrate Lucile ?

COVIELLE.

Et à celle, monsieur, de la pendarde de Nicole ?

CLÉONTE.

Après tant de sacrifices ardens, de soupirs et de vœux que j'ai faits à ses charmes !

COVIELLE.

Après tant d'assidus hommages, de soins et de services que je lui ai rendus dans sa cuisine !

CLÉONTE.

Tant de larmes que j'ai versées à ses genoux !

COVIELLE.

Tant de seaux d'eau que j'ai tirés au puits pour elle !

CLÉONTE.

Tant d'ardeur que j'ai fait paroître à la chérir plus que moi-même !

COVIELLE.

Tant de chaleur que j'ai soufferte à tourner la broche à sa place !

CLÉONTE.

Elle me fuit avec mépris !

COVIELLE.

Elle me tourne le dos avec effronterie !

CLÉONTE.

C'est une perfidie digne des plus grands châtimens.

ACTE III, SCÈNE IX.

COVIELLE.

C'est une trahison à mériter mille soufflets [1].

CLÉONTE.

Ne t'avise point, je te prie, de me parler jamais pour elle [2].

COVIELLE.

Moi, monsieur, Dieu m'en garde !

CLÉONTE.

Ne vient point m'excuser l'action de cette infidèle.

COVIELLE.

N'ayez pas peur.

CLÉONTE.

Non, vois-tu, tous tes discours pour la défendre ne serviront de rien.

COVIELLE.

Qui songe à cela ?

CLÉONTE.

Je veux contre elle conserver mon ressentiment, et rompre ensemble tout commerce.

---

(1) Dans *le Dépit amoureux*, après qu'Éraste et Lucile se sont rendu des lettres, des bijoux, Gros-René et Marinette se rendent aussi les petits présens qu'ils se sont faits : c'est un demi-cent d'épingles, un couteau de six blancs, une paire de ciseaux, etc. Ici, nous voyons une parodie du même genre, quoiqu'elle ne porte pas sur les mêmes objets. Le maître et le valet expriment l'un après l'autre, et chacun à sa manière, les reproches qu'ils croient avoir à faire à leurs maîtresses. De cette symétrie dans le fond et de cette différence dans la forme, résulte un jeu de dialogue qui peut exciter le rire, mais que la raison et le goût ne sauroient approuver.

(2) Dans *le Dépit amoureux*, Lucile dit de même à Marinette :

Je te défends surtout de me parler pour lui.

COVIELLE.

J'y consens.

CLÉONTE.

Ce monsieur le comte qui va chez elle lui donne peut-être dans la vue; et son esprit, je le vois bien, se laisse éblouir à la qualité. Mais il me faut, pour mon honneur, prévenir l'éclat de son inconstance. Je veux faire autant de pas qu'elle au changement où je la vois courir [1], et ne lui laisser pas toute la gloire de me quitter.

COVIELLE.

C'est fort bien dit, et j'entre pour mon compte dans tous vos sentimens.

CLÉONTE.

Donne la main à mon dépit, et soutiens ma résolution contre tous les restes d'amour qui me pourroient parler pour elle. Dis-m'en, je t'en conjure, tout le mal que tu pourras. Fais-moi de sa personne une peinture qui me la rende méprisable; et marque-moi bien, pour m'en dégoûter, tous les défauts que tu peux voir en elle.

COVIELLE.

Elle, monsieur? voilà une belle mijaurée, une pimpesouée [2] bien bâtie, pour vous donner tant d'amour! Je ne lui vois rien que de très-médiocre; et vous trou-

---

[1] *Courir au changement*, ou *au change*, est une expression dont Molière s'est souvent servi. On ne l'emploieroit plus aujourd'hui.

[2] *Mijaurée*, femme qui fait la délicate et la précieuse. *Pimpesouée*, femme qui montre des prétentions, avec de petites manières affectées et ridicules. *Pimpesouée* vient probablement du vieux verbe *pimper*, qui signifie, parer, attifer, et dont il nous reste *pimpant*; et du vieil adjectif *souef*, *souefve*, qui vouloit dire, doux, agréable.

ACTE III, SCÈNE IX.

verez cent personnes qui seront plus dignes de vous. Premièrement, elle a les yeux petits.

CLÉONTE.

Cela est vrai, elle a les yeux petits; mais elle les a pleins de feu, les plus brillans, les plus perçans du monde, les plus touchans qu'on puisse voir.

COVIELLE.

Elle a la bouche grande.

CLÉONTE.

Oui; mais on y voit des graces qu'on ne voit point aux autres bouches; et cette bouche, en la voyant, inspire des desirs, est la plus attrayante *, la plus amoureuse du monde.

COVIELLE.

Pour sa taille, elle n'est pas grande.

CLÉONTE.

Non; mais elle est aisée et bien prise.

COVIELLE.

Elle affecte une nonchalance dans son parler et dans ses actions **.

CLÉONTE.

Il est vrai; mais elle a grace à tout cela; et ses manières sont engageantes, ont je ne sais quel charme à s'insinuer dans les cœurs.

COVIELLE.

Pour de l'esprit...

CLÉONTE.

Ah! elle en a, Covielle, du plus fin, du plus délicat.

VARIANTES. * *Elle est la plus attrayante.* — ** *Elle affecte une nonchalance dans son parler et dans ses actions...*

COVIELLE.

Sa conversation...

CLÉONTE.

Sa conversation est charmante.

COVIELLE.

Elle est toujours sérieuse.

CLÉONTE.

Veux-tu de ces enjouemens épanouis, de ces joies toujours ouvertes? et vois-tu rien de plus impertinent que des femmes qui rient à tout propos?

COVIELLE.

Mais enfin, elle est capricieuse autant que personne du monde.

CLÉONTE.

Oui, elle est capricieuse, j'en demeure d'accord; mais tout sied bien aux belles; on souffre tout des belles [1].

COVIELLE.

Puisque cela va comme cela, je vois bien que vous avez envie de l'aimer toujours.

---

[1] On prétend que Molière s'est plû à tracer, dans les réponses de Cléonte, le portrait de sa femme, telle qu'elle étoit, ou du moins telle qu'il la voyoit. Rien n'empêche de le croire; et ce qui viendroit à l'appui de l'anecdote, c'est que madame Molière fut chargée du rôle même de Lucile. Mais cette particularité, vraie ou fausse, nous importe moins que l'admirable vérité de passion qui brille dans les sentimens opposés, dans les discours contradictoires de Cléonte. Il prie son valet de lui dire de Lucile tout le mal qu'il pourra. Le valet s'en acquitte de son mieux; mais, à chacune de ses critiques, l'amant prend la défense de celle qu'on attaque. Il ne nie pas tous les défauts qu'on remarque dans sa personne ou dans son caractère; il fait plus, il les change en autant d'agrémens. *Mais tout sied bien aux belles; on souffre tout des belles.* Que La Harpe a bien raison de s'écrier, en répétant un mot de Sadi : *Voilà celui qui sait comme on aime!*

ACTE III, SCÈNE X.

CLÉONTE.

Moi ? j'aimerois mieux mourir ; et je vais la haïr autant que je l'ai aimée.

COVIELLE.

Le moyen, si vous la trouvez si parfaite ?

CLÉONTE.

C'est en quoi ma vengeance sera plus éclatante, en quoi je veux faire mieux voir la force de mon cœur à la haïr, à la quitter, toute belle, toute pleine d'attraits, tout aimable que je la trouve. La voici.

SCÈNE X.

LUCILE, CLÉONTE, COVIELLE, NICOLE.

NICOLE, *à Lucile.*

Pour moi, j'en ai été toute scandalisée.

LUCILE.

Ce ne peut être, Nicole, que ce que je te dis*. Mais le voilà.

CLÉONTE, *à Covielle.*

Je ne veux pas seulement lui parler.

COVIELLE.

Je veux vous imiter.

LUCILE.

Qu'est-ce donc, Cléonte ? qu'avez-vous ?

NICOLE.

Qu'as-tu donc, Covielle ?

VARIANTE. * *Que ce que je dis.*

LUCILE.

Quel chagrin vous possède?

NICOLE.

Quelle mauvaise humeur te tient?

LUCILE.

Êtes-vous muet, Cléonte?

NICOLE.

As-tu perdu la parole, Covielle?

CLÉONTE.

Que voilà qui est scélérat!

COVIELLE.

Que cela est Judas!

LUCILE.

Je vois bien que la rencontre de tantôt a troublé votre esprit.

CLÉONTE, *à Covielle.*

Ah! ah! On voit ce qu'on a fait.

NICOLE.

Notre accueil de ce matin t'a fait prendre la chèvre.

COVIELLE, *à Cléonte.*

On a deviné l'enclouûre.

LUCILE.

N'est-il pas vrai, Cléonte, que c'est là le sujet de votre dépit?

CLÉONTE.

Oui, perfide, ce l'est, puisqu'il faut parler; et j'ai à vous dire que vous ne triompherez pas, comme vous pensez *, de votre infidélité; que je veux être le premier

VARIANTE. * *Comme vous le pensez.*

à rompre avec vous; et que vous n'aurez pas l'avantage de me chasser. J'aurai de la peine, sans doute, à vaincre l'amour que j'ai pour vous; cela me causera des chagrins; je souffrirai un temps; mais j'en viendrai à bout, et je me percerai plutôt le cœur, que d'avoir la foiblesse de retourner à vous.

COVIELLE, *à Nicole.*

Queussi, queumi.

LUCILE.

Voilà bien du bruit pour un rien! Je veux vous dire, Cléonte, le sujet qui m'a fait ce matin éviter votre abord.

CLÉONTE, *voulant s'en aller pour éviter Lucile.*

Non, je ne veux rien écouter.

NICOLE, *à Covielle.*

Je te veux apprendre la cause qui nous a fait passer si vite.

COVIELLE, *voulant aussi s'en aller pour éviter Nicole.*

Je ne veux rien entendre.

LUCILE, *suivant Cléonte.*

Sachez que ce matin...

CLÉONTE, *marchant toujours sans regarder Lucile.*

Non, vous dis-je.

NICOLE, *suivant Covielle.*

Apprends que...

COVIELLE, *marchant aussi sans regarder Nicole.*

Non, traîtresse!

LUCILE.

Écoutez.

CLÉONTE.

Point d'affaire.

NICOLE.

Laisse-moi dire.

COVIELLE.

Je suis sourd.

LUCILE.

Cléonte !

CLÉONTE.

Non.

NICOLE.

Covielle !

COVIELLE.

Point.

LUCILE.

Arrêtez.

CLÉONTE.

Chansons.

NICOLE.

Entends-moi.

COVIELLE.

Bagatelle.

LUCILE.

Un moment.

CLÉONTE.

Point du tout.

NICOLE.

Un peu de patience.

COVIELLE.

Tarare.

LUCILE.

Deux paroles.

ACTE III, SCÈNE X.

CLÉONTE.

Non : c'en est fait.

NICOLE.

Un mot.

COVILLLE.

Plus de commerce.

LUCILE, *s'arrêtant.*

Hé bien! puisque vous ne voulez pas m'écouter, demeurez dans votre pensée, et faites ce qu'il vous plaira.

NICOLE, *s'arrêtant aussi.*

Puisque tu fais comme cela, prends-le tout comme tu voudras.

CLÉONTE, *se tournant vers Lucile.*

Sachons donc le sujet d'un si bel accueil.

LUCILE, *s'en allant à son tour pour éviter Cléonte.*

Il ne me plaît plus de le dire.

COVIELLE, *se tournant vers Nicole.*

Apprends-nous un peu cette histoire.

NICOLE, *s'en allant aussi pour éviter Covielle.*

Je ne veux plus, moi, te l'apprendre.

CLÉONTE, *suivant Lucile.*

Dites-moi...

LUCILE, *marchant toujours sans regarder Cléonte.*

Non, je ne veux rien dire.

COVIELLE, *suivant Nicole.*

Conte-moi...

NICOLE, *marchant aussi sans regarder Covielle.*

Non, je ne conte rien.

CLÉONTE.

De grace.

LUCILE.

Non, vous dis-je.

COVIELLE.

Par charité.

NICOLE.

Point d'affaire.

CLÉONTE.

Je vous en prie.

LUCILE.

Laissez-moi.

COVIELLE.

Je t'en conjure.

NICOLE.

Ote-toi de là.

CLÉONTE.

Lucile !

LUCILE.

Non.

COVIELLE.

Nicole !

NICOLE.

Point.

CLÉONTE.

Au nom des dieux.

LUCILE.

Je ne veux pas.

COVIELLE.

Parle-moi.

NICOLE.

Point du tout.

ACTE III, SCÈNE X.

CLÉONTE.

Éclaircissez mes doutes.

LUCILE.

Non : je n'en ferai rien.

COVIELLE.

Guéris-moi l'esprit.

NICOLE.

Non : il ne me plaît pas.

CLÉONTE.

Hé bien! puisque vous vous souciez si peu de me tirer de peine, et de vous justifier du traitement indigne que vous avez fait à ma flamme, vous me voyez, ingrate, pour la dernière fois; et je vais, loin de vous, mourir de douleur et d'amour.

COVIELLE, *à Nicole.*

Et moi, je vais suivre ses pas.

LUCILE, *à Cléonte, qui veut sortir.*

Cléonte!

NICOLE, *à Covielle, qui suit son maître.*

Covielle!

CLÉONTE, *s'arrêtant.*

Hé?

COVIELLE, *s'arrêtant aussi.*

Plaît-il?

LUCILE.

Où allez-vous?

CLÉONTE.

Où je vous ai dit.

COVIELLE.

Nous allons mourir.

LUCILE.

Vous allez mourir, Cléonte?

CLÉONTE.

Oui, cruelle, puisque vous le voulez.

LUCILE.

Moi! je veux que vous mouriez?

CLÉONTE.

Oui, vous le voulez.

LUCILE.

Qui vous le dit?

CLÉONTE, *s'approchant de Lucile.*

N'est-ce pas le vouloir, que de ne vouloir pas éclaircir mes soupçons?

LUCILE.

Est-ce ma faute? et, si vous aviez voulu m'écouter, ne vous aurois-je pas dit que l'aventure dont vous vous plaignez a été causée ce matin par la présence d'une vieille tante, qui veut à toute force que la seule approche d'un homme déshonore une fille, qui perpétuellement nous sermonne sur ce chapitre, et nous figure tous les hommes comme des diables qu'il faut fuir?

NICOLE, *à Covielle.*

Voilà le secret de l'affaire.

CLÉONTE.

Ne me trompez-vous point, Lucile?

COVIELLE, *à Nicole.*

Ne m'en donnes-tu point à garder?

LUCILE, *à Cléonte.*

Il n'est rien de plus vrai.

ACTE III, SCÈNE X.

NICOLE, *à Covielle.*

C'est la chose comme elle est.

COVIELLE, *à Cléonte.*

Nous rendrons-nous à cela?

CLÉONTE.

Ah! Lucile, qu'avec un mot de votre bouche, vous savez apaiser de choses dans mon cœur; et que facilement on se laisse persuader aux personnes qu'on aime!

COVIELLE.

Qu'on est aisément amadoué par ces diantres d'animaux-là (1)!

---

(1) Après leur rapatriage, Gros-René et Marinette s'écrient de même :

Mon dieu! qu'à tes appas je suis acoquiné! —
Que Marinette est sotte après son Gros-René!

Encore, dans toute cette scène, la symétrie et l'opposition que j'ai déja remarquées, symétrie dans le sens des discours, opposition dans le ton des expressions. Mais ici le *duo* (qu'on me passe le terme) devient un *quatuor*, où, Nicole répétant ce qu'a dit Lucile, comme Covielle ce qu'a dit Cléonte, leurs paroles s'entrelacent exactement à la manière des morceaux lyriques dans lesquels quatre personnes dialoguent entre elles. Ajoutons à cela que les mouvemens, les changemens d'humeur et de résolution des deux hommes sont répétés par les deux femmes, et réciproquement; c'est-à-dire que l'un de ces deux couples tient rigueur, quand l'autre supplie, et que ce dernier tient rigueur à son tour, lorsque le premier s'adoucit : d'où résultent, sur le théâtre même, plusieurs marches et contremarches qu'on croiroit avoir été dessinées par un maître de ballets. Tout cela, sans doute, n'est pas infiniment naturel; mais que de vérité, d'ailleurs, et d'agrément dans le fond de la situation!

Cette scène, quoique fort jolie, est peut-être la plus foible des trois où Molière a peint la brouillerie et la réconciliation de deux amans. Celle du *Dépit amoureux* est la seule qui tienne à l'action, qui soit effet et cause dans la chaîne des évènemens dont se compose la pièce; et celle du *Bourgeois gentilhomme* est encore moins inhérente au sujet que celle du *Tartuffe*, qui l'est fort peu. Ces deux dernières sont purement épisodiques; il n'y

SCÈNE XI.

MADAME JOURDAIN, CLÉONTE, LUCILE, COVIELLE, NICOLE.

MADAME JOURDAIN.

Je suis bien aise de vous voir, Cléonte; et vous voilà tout à propos. Mon mari vient : prenez vite votre temps pour lui demander Lucile en mariage.

CLÉONTE.

Ah! madame, que cette parole m'est douce, et qu'elle flatte mes désirs! Pouvois-je recevoir un ordre plus charmant, une faveur plus précieuse?

SCÈNE XII.

CLÉONTE, MONSIEUR JOURDAIN, MADAME JOURDAIN, LUCILE, COVIELLE, NICOLE.

CLÉONTE.

Monsieur, je n'ai voulu prendre personne pour vous faire une demande que je médite il y a long-temps. Elle me touche assez pour m'en charger moi-même; et, sans autre détour, je vous dirai que l'honneur d'être votre gendre est une faveur glorieuse que je vous prie de m'accorder.

---

a querelle et raccommodement entre les deux amans, que parce que l'auteur l'a voulu ainsi, sans autre motif que de fortifier un acte et de faire une scène agréable.

ACTE III, SCÈNE XII.

MONSIEUR JOURDAIN.

Avant que de vous rendre réponse, monsieur, je vous prie de me dire si vous êtes gentilhomme.

CLÉONTE.

Monsieur, la plupart des gens, sur cette question, n'hésitent pas beaucoup. On tranche le mot aisément. Ce nom ne fait aucun scrupule à prendre; et l'usage aujourd'hui semble en autoriser le vol. Pour moi, je vous l'avoue, j'ai les sentimens, sur cette matière, un peu plus délicats. Je trouve que toute imposture est indigne d'un honnête homme, et qu'il y a de la lâcheté à déguiser ce que le ciel nous a fait naître, à se parer aux yeux du monde d'un titre dérobé, à se vouloir donner pour ce qu'on n'est pas. Je suis né de parens, sans doute, qui ont tenu des charges honorables; je me suis acquis, dans les armes, l'honneur de six ans de service, et je me trouve assez de bien, pour tenir dans le monde un rang assez passable : mais, avec tout cela, je ne veux point me donner un nom, où d'autres, en ma place, croiroient pouvoir prétendre; et je vous dirai franchement que je ne suis point gentilhomme [1].

MONSIEUR JOURDAIN.

Touchez là, monsieur : ma fille n'est pas pour vous.

CLÉONTE.

Comment?

---

[1] Cette réponse franche et noble de Cléonte lui concilie d'abord l'estime et l'intérêt des spectateurs; mais il est aisé de prévoir qu'elle produira un effet tout contraire sur M. Jourdain. Peut-être Cléonte pouvoit-il, sans trahir la vérité, ménager davantage une manie qu'il ne peut manquer de connoître.

MONSIEUR JOURDAIN.

Vous n'êtes point gentilhomme : vous n'aurez pas ma fille (1).

MADAME JOURDAIN.

Que voulez-vous donc dire avec votre gentilhomme? Est-ce que nous sommes, nous autres, de la côte de saint Louis (2) ?

MONSIEUR JOURDAIN.

Taisez-vous, ma femme : je vous vois venir.

MADAME JOURDAIN.

Descendons-nous tous deux que de bonne bourgeoisie ?

MONSIEUR JOURDAIN.

Voilà pas le coup de langue (3) ?

MADAME JOURDAIN.

Et votre père n'étoit-il pas marchand aussi-bien que le mien ?

MONSIEUR JOURDAIN.

Peste soit de la femme ! Elle n'y a jamais manqué. Si votre père a été marchand, tant pis pour lui ; mais, pour

---

(1) Cette phrase est devenue proverbe ; on dit souvent pour exprimer gaîment un refus : *Touchez là, vous n'aurez pas ma fille.*

(2) On dit proverbialement d'un homme qui se pique mal à propos d'une haute noblesse, *Il croit être de la côte de saint Louis.* Dans cette phrase, *côte* signifie, extraction, race, par allusion à la côte d'Adam, dont la Bible nous apprend qu'Ève fut formée.

(3) La Harpe a bien raison de remarquer ce trait si plaisant, au milieu de tous ceux qui échappent à la naïveté de M. Jourdain. « Il faut être « M. Jourdain, dit-il, pour se plaindre d'un coup de langue, quand on « lui rappelle qu'il est fils de son père. »

ACTE III, SCÈNE XII.

le mien, ce sont des mal avisés qui disent cela [1]. Tout ce que j'ai à vous dire, moi, c'est que je veux avoir un gendre gentilhomme.

MADAME JOURDAIN.

Il faut à votre fille un mari qui lui soit propre ; et il vaut mieux, pour elle, un honnête homme riche et bien fait, qu'un gentilhomme gueux et mal bâti.

NICOLE.

Cela est vrai. Nous avons le fils du gentilhomme de notre village, qui est le plus grand malitorne [2], et le plus sot dadais que j'aie jamais vu.

MONSIEUR JOURDAIN, *à Nicole.*

Taisez-vous, impertinente. Vous vous fourrez toujours dans la conversation. J'ai du bien assez pour ma fille : je n'ai besoin que d'honneurs ; et je la veux faire marquise.

MADAME JOURDAIN.

Marquise ?

MONSIEUR JOURDAIN.

Oui, marquise.

---

[1] M. Jourdain a-t-il oublié que son père étoit marchand ? ou veut-il seulement faire croire aux autres qu'il ne l'étoit pas ? L'un seroit d'un fou ; l'autre est d'un stupide, car il ne peut espérer de tromper sur ce point sa femme, sa servante, et l'homme qui recherche sa fille. Tout ce qu'on peut dire, c'est que ce trait est d'une force qui excède les bornes mêmes de l'exagération théâtrale. Mais Molière semble se presser ici de renforcer la dose de folie et de bêtise dont il a doué le personnage, afin que la farce dont il va être tout à l'heure le héros et la dupe paroisse un peu moins invraisemblable.

[2] *Malitorne*, de *malè tornatus*, mal tourné, signifie, un homme grossièrement maladroit et gauche.

MADAME JOURDAIN.

Hélas! Dieu m'en garde!

MONSIEUR JOURDAIN.

C'est une chose que j'ai résolue.

MADAME JOURDAIN.

C'est une chose, moi, où je ne consentirai point. Les alliances avec plus grand que soi sont sujettes toujours à de fâcheux inconvéniens. Je ne veux point qu'un gendre puisse à ma fille reprocher ses parens, et qu'elle ait des enfans qui aient honte de m'appeler leur grand'maman. S'il falloit qu'elle me vînt visiter en équipage de grand'dame, et qu'elle manquât, par mégarde, à saluer quelqu'un du quartier, on ne manqueroit pas aussitôt de dire cent sottises. Voyez-vous, diroit-on, cette madame la marquise qui fait tant la glorieuse? C'est la fille de monsieur Jourdain, qui étoit trop heureuse, étant petite, de jouer à la madame avec nous [1]. Elle n'a pas toujours été si relevée que la voilà; et ses deux grands-pères vendoient du drap auprès de la porte Saint-Innocent [2]. Ils ont amassé du bien à leurs enfans, qu'ils paient maintenant peut-être bien cher en l'autre monde; et l'on ne devient guère si riche à être honnêtes gens. Je ne veux point tous ces caquets, et je veux un homme,

---

(1) *Jouer à la madame*, entre petites filles, c'est contrefaire les dames qui se font des visites et des complimens les unes aux autres.

(2) Aucun des historiens de Paris n'a parlé de *la porte Saint-Innocent*, ou plutôt des *Saints-Innocens*: ce n'étoit pas une porte de la ville, comme les *portes Saint-Denis, Saint-Martin, Saint-Honoré, de Bussy*, etc.; c'étoit sans doute la porte du fameux cimetière des Saints-Innocens, dont le terrain est occupé aujourd'hui par la Halle.

en un mot, qui m'ait obligation de ma fille, et à qui je puisse dire : Mettez-vous là, mon gendre, et dînez avec moi (1).

MONSIEUR JOURDAIN.

Voilà bien les sentimens d'un petit esprit, de vouloir demeurer toujours dans la bassesse. Ne me répliquez pas davantage : ma fille sera marquise, en dépit de tout le monde; et, si vous me mettez en colère, je la ferai duchesse.

---

(1) Quelle verve de raison! Molière est admirable quand il fait parler des personnages ridicules; mais il est peut-être plus étonnant encore quand il fait parler des personnages raisonnables. Ce n'est plus un autre alors qui parle, c'est lui-même; ce ne sont pas alors des sentimens et un langage qu'il imagine, ce sont les siens qu'il exprime et qu'il emploie.

Dans le chapitre V de la seconde partie de *Don Quichotte*, il y a un entretien de Sancho Pança et de sa femme, qui ressemble parfaitement à celui de M. et de madame Jourdain. Sancho veut faire de sa fille une grande dame, en la mariant à quelque seigneur. Thérèse Pauça combat ce projet de toutes ses forces, et elle fait valoir exactement les mêmes raisons que madame Jourdain; elle démontre, comme elle, les inconvéniens d'une union inégale, les mépris que vous prodiguent ceux dont vous avez recherché l'alliance, et les railleries que ne vous épargnent pas ceux dont vous avez abandonné la condition; et elle y oppose, encore comme madame Jourdain, les douceurs d'un mariage proportionné, où l'on ne se doit rien, où l'on ne se reproche rien de part ni d'autre. La scène et le chapitre se ressemblant par le fond seulement, j'ai pensé qu'il suffisoit d'indiquer ce rapport, sans surcharger cette note d'une longue citation qui n'en apprendroit pas davantage. D'ailleurs, qui n'a pas lu *Don Quihcotte*? et qui n'a pas un *Don Quichotte* sous la main?

SCÈNE XIII.

MADAME JOURDAIN, LUCILE, CLÉONTE, NICOLE, COVIELLE.

MADAME JOURDAIN.

Cléonte, ne perdez point courage encore. (*à Lucile.*) Suivez-moi, ma fille; et venez dire résolument à votre père que, si vous ne l'avez, vous ne voulez épouser personne.

SCÈNE XIV.

CLÉONTE, COVIELLE.

COVIELLE.

Vous avez fait de belles affaires avec vos beaux sentimens.

CLÉONTE.

Que veux-tu? J'ai un scrupule là-dessus que l'exemple ne sauroit vaincre.

COVIELLE.

Vous moquez-vous, de le prendre sérieusement avec un homme comme cela? Ne voyez-vous pas qu'il est fou? et vous coûtoit-il quelque chose de vous accommoder à ses chimères [1]?

---

[1] Covielle a raison, et Cléonte va en convenir lui-même; mais on aime au théâtre les imprudences dont la franchise est la cause; et d'ailleurs, il falloit que Cléonte s'attirât un refus bien positif de la part de M. Jourdain, pour se résoudre à prendre un rôle dans la pièce qu'on va lui jouer.

ACTE III, SCÈNE XIV.

CLÉONTE.

Tu as raison; mais je ne croyois pas qu'il fallût faire ses preuves de noblesse pour être gendre de monsieur Jourdain.

COVIELLE, *riant*.

Ah! ah! ah!

CLÉONTE.

De quoi ris-tu?

COVIELLE.

D'une pensée qui me vient pour jouer notre homme, et vous faire obtenir ce que vous souhaitez.

CLÉONTE.

Comment?

COVIELLE.

L'idée est tout-à-fait plaisante.

CLÉONTE.

Quoi donc?

COVIELLE.

Il s'est fait depuis peu une certaine mascarade qui vient le mieux du monde ici, et que je prétends faire entrer dans une bourle [1]* que je veux faire à notre ridicule. Tout cela sent un peu sa comédie; mais, avec lui, on peut hasarder toute chose, il n'y faut point cher-

VARIANTE. * *Dans une bourde.*

---

[1] L'édition originale porte *bourle* : c'est le vrai mot; il vient de l'italien *burla*, qui signifie, plaisanterie, niche, et dont *burlesque* est un des dérivés. *Bourde*, qu'on a substitué à *bourle* dans ce passage, signifie, mensonge, défaite : sens qui ne peut convenir à la phrase de Covielle. D'ailleurs on ne *fait* point, on *donne des bourdes;* au lieu qu'on *fait une bourle*, de même qu'on *fait une niche*. Il est vrai que *bourle* n'est plus usité.

cher tant de façons, et il est homme à y jouer son rôle à merveille, à donner aisément dans toutes les fariboles qu'on s'avisera de lui dire. J'ai les acteurs, j'ai les habits tout prêts; laissez-moi faire seulement (1).

CLÉONTE.

Mais apprends-moi...

COVIELLE.

Je vais vous instruire de tout. Retirons-nous; le voilà qui revient.

SCÈNE XV.

MONSIEUR JOURDAIN, *seul*.

Que diable est-ce là? Ils n'ont rien que les grands seigneurs à me reprocher; et moi, je ne vois rien de si beau que de hanter les grands seigneurs : il n'y a qu'honneur et que civilité avec eux; et je voudrois qu'il m'eût coûté deux doigts de la main, et être né comte ou marquis (2).

---

(1) Ici, s'annonce et se prépare la grande mystification qui va remplir les deux derniers actes de la pièce, et faire dégénérer en une farce une excellente comédie. La double nécessité d'exécuter à point nommé les ordres du roi, et de disposer sa pièce de manière à recevoir des divertissemens de danse et de musique, a contraint Molière à imaginer la métamorphose bouffonne de M. Jourdain en mamamouchi. Du reste, il fait bon marché de son invention, et la donne pour ce qu'elle vaut. Covielle convient que cela *sent un peu la comédie* (il pouvoit dire *beaucoup*), et il prétend que ce n'est que la répétitition d'une mascarade faite depuis peu.

(2) Il recevroit le fouet devant tout le monde pour être savant; mais, comme à ses yeux la noblesse vaut beaucoup mieux encore que la science, il feroit, pour la posséder, un bien plus grand sacrifice. Tout cela est dans l'ordre.

SCÈNE XVI.

MONSIEUR JOURDAIN, UN LAQUAIS.

LE LAQUAIS.

Monsieur, voici monsieur le comte, et une dame qu'il mène par la main.

MONSIEUR JOURDAIN.

Hé! mon dieu! j'ai quelques ordres à donner. Dis-leur que je vais venir ici tout à l'heure.

SCÈNE XVII.

DORIMÈNE, DORANTE, UN LAQUAIS.

LE LAQUAIS.

Monsieur dit comme cela qu'il va venir ici tout à l'heure [1].

DORANTE.

Voilà qui est bien.

---

[1] Dans Plaute et dans Térence, les esclaves parlent comme les maîtres. Parloient-ils, en effet, aussi correctement qu'eux? ou bien les auteurs croyoient-ils devoir conserver la pureté de la langue, quelle que fût la condition des personnages? on l'ignore. Boileau reprochoit à Molière le patois de ses paysans et de quelques-uns de ses valets. Je crois qu'il avoit tort. Qui ne s'étonneroit d'entendre Lubin, Alain, Pierrot, parler comme des gens de la ville? et qui pourroit vouloir que Martine eût un aussi beau langage que Philaminte et Armande? Un laquais de M. Jourdain doit-il parler le françois pur, quand son maître lui-même en ignore les premières règles?

SCÈNE XVIII.

DORIMÈNE, DORANTE.

DORIMÈNE.

Je ne sais pas, Dorante; je fais encore ici une étrange démarche, de me laisser amener par vous dans une maison où je ne connois personne.

DORANTE.

Quel lieu voulez-vous donc, madame, que mon amour choisisse pour vous régaler [1], puisque, pour fuir l'éclat, vous ne voulez ni votre maison, ni la mienne?

DORIMÈNE.

Mais vous ne dites pas que je m'engage insensiblement chaque jour à recevoir de trop grands témoignages de votre passion. J'ai beau me défendre des choses, vous fatiguez ma résistance, et vous avez une civile opiniâtreté qui me fait venir doucement à tout ce qu'il vous plaît. Les visites fréquentes ont commencé, les déclarations sont venues ensuite, qui, après elles, ont traîné les sérénades et les cadeaux, que les présens ont suivis. Je me suis opposée à tout cela, mais vous ne vous rebutez point; et, pied à pied, vous gagnez mes résolutions [2]. Pour moi, je ne puis plus répondre de rien;

---

[1] *Régaler*: on éviteroit aujourd'hui de se servir de cette expression, comme trop bourgeoise et même trop populaire.

[2] *Vous gagnez pied à pied mes résolutions*, c'est-à-dire, vous me faites désister de mes résolutions, l'une après l'autre. Cette phrase métaphorique semble tirée de certaines choses qui font des progrès, qui s'em-

et je crois qu'à la fin vous me ferez venir au mariage, dont je me suis tant éloignée.

DORANTE.

Ma foi, madame, vous y devriez déja être. Vous êtes veuve, et ne dépendez que de vous. Je suis maître de moi, et vous aime plus que ma vie. A quoi tient-il que, dès aujourd'hui, vous ne fassiez tout mon bonheur?

DORIMÈNE.

Mon dieu, Dorante, il faut des deux parts bien des qualités pour vivre heureusement ensemble; et les deux plus raisonnables personnes du monde ont souvent peine à composer une union [1] dont ils soient satisfaits.

DORANTE.

Vous vous moquez, madame, de vous y figurer tant de difficultés; et l'expérience que vous avez faite, ne conclut rien pour tous les autres.

DORIMÈNE.

Enfin, j'en reviens toujours là. Les dépenses que je vous vois faire pour moi m'inquiètent par deux raisons : l'une, qu'elles n'engagent plus que je ne voudrois; et l'autre, que je suis sûre, sans vous déplaire, que vous ne les faites point que vous ne vous incommodiez; et je ne veux point cela.

---

parent successivement de ce qui se trouve devant elles, comme l'eau, le feu, etc. Il y a un peu de recherche, ou plutôt de négligence dans l'expression.

(1) Une *union*, c'est un ensemble, un *composé* de plusieurs choses : *composer une union* est donc une sorte de pléonasme; on diroit mieux, *former une union*.

DORANTE.

Ah! madame, ce sont des bagatelles, et ce n'est pas par là...

DORIMÈNE.

Je sais ce que je dis; et, entre autres, le diamant que vous m'avez forcée à prendre est d'un prix [1]...

DORANTE.

Hé! madame, de grace, ne faites point tant valoir une chose que mon amour trouve indigne de vous; et souffrez... Voici le maître du logis.

SCÈNE XIX.

MONSIEUR JOURDAIN, DORIMÈNE, DORANTE.

MONSIEUR JOURDAIN, *après avoir fait deux révérences, se trouvant trop près de Dorimène.*

Un peu plus loin, madame.

DORIMÈNE.

Comment?

MONSIEUR JOURDAIN.

Un pas, s'il vous plaît.

DORIMÈNE.

Quoi donc?

---

[1] Au théâtre, on répugne à voir une femme avilie. Aussi est-on bien aise d'avoir ici la preuve que Dorimène ne trempe nullement dans les friponneries de Dorante. Mais, si l'on n'a pas le droit de la mépriser, n'a-t-on pas, à cause de cela même, sujet de la plaindre, en songeant qu'elle va unir son sort à celui d'un escroc qui se fait honneur auprès de sa maitresse de ce qu'il a dérobé, et la pare des dépouilles d'autrui?

ACTE III, SCÈNE XIX.

MONSIEUR JOURDAIN.

Reculez un peu pour la troisième [1].

DORANTE.

Madame, monsieur Jourdain sait son monde.

MONSIEUR JOURDAIN.

Madame, ce m'est une gloire bien grande, de me voir assez fortuné, pour être si heureux, que d'avoir le bonheur, que vous ayez eu la bonté de m'accorder la grace, de me faire l'honneur de m'honorer de la faveur de votre présence ; et, si j'avois aussi le mérite pour mériter un mérite comme le vôtre, et que le ciel... envieux de mon bien... m'eût accordé... l'avantage de me voir digne... des [2]...

DORANTE.

Monsieur Jourdain, en voilà assez. Madame n'aime pas les grands complimens ; et elle sait que vous êtes homme d'esprit. (*bas, à Dorimène.*) C'est un bon bourgeois assez ridicule, comme vous voyez, dans toutes ses manières.

DORIMÈNE, *bas, à Dorante.*

Il n'est pas mal aisé de s'en apercevoir.

DORANTE.

Madame, voilà le meilleur de mes amis.

---

[1] Il est pour la révérence avec Dorimène, comme pour l'escrime avec Nicole. Il prie la marquise de se reculer pour qu'il fasse sa troisième révérence, de même qu'il a dit à sa servante d'avoir patience, afin qu'il puisse parer.

[2] M. Turcaret s'empêtre de même dans un compliment qu'il veut faire au chevalier ; et la baronne le prie, comme Dorante M. Jourdain, de faire trêve à ses beaux discours. L'imitation est visible.

DORANTE.

Ah! madame, ce sont des bagatelles, et ce n'est pas par là...

DORIMÈNE.

Je sais ce que je dis; et, entre autres, le diamant que vous m'avez forcée à prendre est d'un prix [1]...

DORANTE.

Hé! madame, de grace, ne faites point tant valoir une chose que mon amour trouve indigne de vous; et souffrez... Voici le maître du logis.

SCÈNE XIX.

MONSIEUR JOURDAIN, DORIMÈNE, DORANTE.

MONSIEUR JOURDAIN, *après avoir fait deux révérences, se trouvant trop près de Dorimène.*

Un peu plus loin, madame.

DORIMÈNE.

Comment?

MONSIEUR JOURDAIN.

Un pas, s'il vous plaît.

DORIMÈNE.

Quoi donc?

---

[1] Au théâtre, on répugne à voir une femme avilie. Aussi est-on bien aise d'avoir ici la preuve que Dorimène ne trempe nullement dans les friponneries de Dorante. Mais, si l'on n'a pas le droit de la mépriser, n'a-t-on pas, à cause de cela même, sujet de la plaindre, en songeant qu'elle va unir son sort à celui d'un escroc qui se fait honneur auprès de sa maîtresse de ce qu'il a dérobé, et la pare des dépouilles d'autrui?

ACTE III, SCÈNE XIX.

MONSIEUR JOURDAIN.

Reculez un peu pour la troisième [1].

DORANTE.

Madame, monsieur Jourdain sait son monde.

MONSIEUR JOURDAIN.

Madame, ce m'est une gloire bien grande, de me voir assez fortuné, pour être si heureux, que d'avoir le bonheur, que vous ayez eu la bonté de m'accorder la grace, de me faire l'honneur de m'honorer de la faveur de votre présence ; et, si j'avois aussi le mérite pour mériter un mérite comme le vôtre, et que le ciel... envieux de mon bien... m'eût accordé... l'avantage de me voir digne... des [2]...

DORANTE.

Monsieur Jourdain, en voilà assez. Madame n'aime pas les grands complimens ; et elle sait que vous êtes homme d'esprit. (*bas, à Dorimène.*) C'est un bon bourgeois assez ridicule, comme vous voyez, dans toutes ses manières.

DORIMÈNE, *bas, à Dorante.*

Il n'est pas mal aisé de s'en apercevoir.

DORANTE.

Madame, voilà le meilleur de mes amis.

---

[1] Il est pour la révérence avec Dorimène, comme pour l'escrime avec Nicole. Il prie la marquise de se reculer pour qu'il fasse sa troisième révérence, de même qu'il a dit à sa servante d'avoir patience, afin qu'il puisse parer.

[2] M. Turcaret s'empêtre de même dans un compliment qu'il veut faire au chevalier ; et la baronne le prie, comme Dorante M. Jourdain, de faire trève à ses beaux discours. L'imitation est visible.

MONSIEUR JOURDAIN.

C'est trop d'honneur que vous me faites.

DORANTE.

Galant homme tout-à-fait.

DORIMÈNE.

J'ai beaucoup d'estime pour lui.

MONSIEUR JOURDAIN.

Je n'ai rien fait encore, madame, pour mériter cette grace.

DORANTE, *bas, à M. Jourdain.*

Prenez bien garde, au moins, à ne lui point parler du diamant que vous lui avez donné.

MONSIEUR JOURDAIN, *bas, à Dorante.*

Ne pourrois-je pas seulement lui demander comment elle le trouve?

DORANTE, *bas, à M. Jourdain.*

Comment? Gardez-vous-en bien. Cela seroit vilain à vous; et, pour agir en galant homme, il faut que vous fassiez comme si ce n'étoit pas vous qui lui eussiez fait ce présent. (*haut.*) Monsieur Jourdain, madame, dit qu'il est ravi de vous voir chez lui.

DORIMÈNE.

Il m'honore beaucoup.

MONSIEUR JOURDAIN, *bas, à Dorante.*

Que je vous suis obligé, monsieur, de lui parler ainsi pour moi!

DORANTE, *bas, à M. Jourdain.*

J'ai eu une peine effroyable à la faire venir ici.

ACTE III, SCÈNE XX.

MONSIEUR JOURDAIN, *bas, à Dorante.*

Je ne sais quelles graces vous en rendre.

DORANTE.

Il dit, madame, qu'il vous trouve la plus belle personne du monde.

DORIMÈNE.

C'est bien de la grace qu'il me fait.

MONSIEUR JOURDAIN.

Madame, c'est vous qui faites les graces, et...

DORANTE.

Songeons à manger [1].

SCÈNE XX.

MONSIEUR JOURDAIN, DORIMÈNE, DORANTE, UN LAQUAIS.

LE LAQUAIS, *à M. Jourdain.*

Tout est prêt, monsieur.

DORANTE.

Allons donc nous mettre à table; et qu'on fasse venir les musiciens [2].

---

[1] Il faut admirer dans cette scène la présence d'esprit et l'impudence de Dorante, accablant tout haut de civilités et de complimens l'imbécille bourgeois qu'il charge tout bas de ridicules; toujours veillant à ce qu'il ne se fasse point connoître pour celui qui fait les présens et donne les régals; l'endoctrinant en conséquence, sans que Dorimène s'en aperçoive; interrompant tous les discours qu'il commence, ou lui en prêtant d'autres que ceux qu'il a tenus. Dorante est véritablement le modèle du persifleur et de l'escroc de bonne compagnie.

[2] Le sujet et l'action de la pièce sont presque entièrement renfermés

SCÈNE XXI.

ENTRÉE DE BALLET.

Six cuisiniers, qui ont préparé le festin, dansent ensemble, et font le troisième intermède; après quoi, ils apportent une table couverte de plusieurs mets [1].

---

dans ce troisième acte. Nous commençons par voir M. Jourdain dans son intérieur, bafoué par sa servante et gourmandé par sa femme; nous le voyons bientôt après dans les mains de l'aigrefin Dorante, qui vient lui tirer une nouvelle somme, en lui parlant de restitution; à ce tableau de sottise et de bassesse succède l'intéressant amour de Cléonte et de Lucile, troublé d'abord par leur propre mésintelligence, contrarié ensuite bien plus sérieusement par la ridicule opposition de M. Jourdain; de là le projet formé d'une farce qui doit servir les deux amans, en flattant la manie du personnage; et l'acte se termine par l'arrivée de cette belle marquise dont l'imbécille bourgeois est amoureux, qu'il est fier de recevoir chez lui, et que Dorante va y régaler à ses dépens. Voilà une suite de situations variées, piquantes et bien enchaînées, qui forment un des actes les mieux remplis et les plus forts qui soient au théâtre.

(1) Ces cuisiniers qui apportent une table en dansant, ne sont guère plus naturels que les garçons tailleurs qui habillent un homme en cadence; mais l'excuse est la même pour les deux intermèdes; il falloit des entrées de ballet, et alors la vérité de la comédie a dû disparoître, pour faire place aux absurdités convenues de la chorégraphie.

FIN DU TROISIÈME ACTE.

ACTE IV.

SCÈNE PREMIÈRE.

DORIMÈNE, MONSIEUR JOURDAIN, DORANTE, TROIS MUSICIENS, UN LAQUAIS.

DORIMÈNE.

Comment! Dorante? voilà un repas tout-à-fait magnifique!

MONSIEUR JOURDAIN.

Vous vous moquez, madame, et je voudrois qu'il fût plus digne de vous être offert.

(Dorimène, M. Jourdain, Dorante, et les trois musiciens se mettent à table.)

DORANTE.

Monsieur Jourdain a raison, madame, de parler de la sorte, et il m'oblige de vous faire si bien les honneurs de chez lui. Je demeure d'accord avec lui que le repas n'est pas digne de vous. Comme c'est moi qui l'ai ordonné, et que je n'ai pas sur cette matière les lumières de nos amis, vous n'avez pas ici un repas fort savant, et vous y trouverez des incongruités de bonne chère, et des barbarismes de bon goût. Si Damis s'en étoit mêlé, tout seroit dans les règles; il y auroit partout de l'élégance et de l'érudition, et il ne manqueroit pas de vous exagérer lui-même toutes les pièces du repas qu'il vous donneroit, et de vous faire tomber d'accord de sa haute capacité dans la science des bons morceaux; de vous parler d'un pain de rive à biseau doré, relevé de croûte partout [1], croquant tendrement sous la dent; d'un vin à sève veloutée, armé d'un vert qui n'est point trop commandant; d'un carré de mouton gourmandé de persil [2]; d'une longe de veau de rivière [3], longue comme cela, blanche, délicate, et qui, sous les dents, est une vraie pâte d'amande; de perdrix relevées d'un fumet surprenant; et pour son opéra, d'une soupe à bouillon perlé [4], soutenue d'un jeune gros dindon cantonné [5] de pigeonneaux, et couronné d'oignons blancs mariés avec la chicorée. Mais, pour moi, je vous avoue mon ignorance; et, comme monsieur Jourdain a fort bien dit, je voudrois que le repas fût plus digne de vous être offert [6].

---

(1) *Un pain de rive*, est un pain qui, ayant été placé au bord du four, et, par conséquent, n'ayant pas été en contact avec les autres pains, est bien cuit sur les bords, et a un *biseau doré*, au lieu de cette *baisure* qui ressemble à de la mie.

(2) *Gourmandé*, veut dire ici, lardé.

(3) *Veau de rivière*, veau élevé en Normandie, dans des prairies voisines de la Seine.

(4) *Bouillon perlé*, bouillon sur lequel le jus et le suc de la viande forment de petits yeux qui ressemblent à de la semence de perles.

(5) *Cantonné*, est une expression empruntée au blason, et qui signifie, ayant à ses quatre coins. On dit, *une croix cantonnée de quatre étoiles*.

(6) Il faut admirer d'abord, dans cette tirade de Dorante, l'adresse avec laquelle il détourne et prend à son compte le propos de M. Jourdain. Comme c'est lui qui a ordonné le repas, il est assez naturel qu'il en parle avec la même modestie que M. Jourdain, qui en fait les frais; et Dorimène

ACTE IV, SCÈNE I.

DORIMÈNE.

Je ne réponds à ce compliment, qu'en mangeant comme je fais.

MONSIEUR JOURDAIN.

Ah! que voilà de belles mains!

DORIMÈNE.

Les mains sont médiocres, monsieur Jourdain; mais vous voulez parler du diamant, qui est fort beau.

MONSIEUR JOURDAIN.

Moi, madame, Dieu me garde d'en vouloir parler; ce ne seroit pas agir en galant homme [1], et le diamant est fort peu de chose.

DORIMÈNE.

Vous êtes bien dégoûté.

---

doit continuer d'être dupe. Quant aux discours qu'il prête à Damis, ce grand maître dans la *science des bons morceaux*, c'est un trait de satire qui trouve encore aujourd'hui son application. Cette science, qu'on nomme plus fastueusement *gastronomie*, n'a-t-elle pas, plus que jamais, ses règles et son vocabulaire particulier? N'y a-t-il pas toujours des puristes en ce genre, qui trouvent de l'incorrection dans un ragoût, et de l'élégance dans une sauce? Ils vous parleront, au premier jour, du style d'un cuisinier. Ces *épulons*, comme dit Chapelle, étoient assez nombreux au siècle de Louis XIV: les plus célèbres étoient ces *profès dans l'ordre des côteaux*, dont parle Boileau, dans une de ses satires. Un évêque du Mans, M. de Lavardin, se mit sur les rangs pour entrer parmi eux; mais il fut effrayé de la rigidité de leurs principes; il auroit désiré un peu de relâchement dans la discipline: « Ces messieurs, disoit-il, outrent tout, à force de « vouloir raffiner sur tout. Ils ne sauroient manger que du *veau de rivière*; « il faut que leurs perdrix viennent d'Auvergne, etc. »

[1] C'est ce que Dorante lui a dit, en propres termes. Il a bien retenu la leçon, car il la répète mot pour mot; mais Dorante n'a pas lieu d'être aussi charmé de son intelligence que de sa mémoire.

MONSIEUR JOURDAIN.

Vous avez trop de bonté...

DORANTE, *après avoir fait signe à M. Jourdain.*

Allons, qu'on donne du vin à monsieur Jourdain et à ces messieurs, qui nous feront la grace de nous chanter un air à boire.

DORIMÈNE.

C'est merveilleusement assaisonner la bonne chère, que d'y mêler la musique, et je me vois ici admirablement régalée.

MONSIEUR JOURDAIN.

Madame, ce n'est pas...

DORANTE.

Monsieur Jourdain, prêtons silence à ces messieurs; ce qu'ils nous diront vaudra mieux que tout ce que nous pourrions dire [1].

PREMIER ET SECOND MUSICIENS ENSEMBLE,
un verre à la main.

Un petit doigt, Philis, pour commencer le tour :
Ah! qu'un verre en vos mains a d'agréables charmes!
 Vous et le vin vous vous prêtez des armes,
Et je sens pour tous deux redoubler mon amour :
Entre lui, vous et moi, jurons, jurons, ma belle,
  Une ardeur éternelle.

---

[1] Toujours M. Jourdain, qui, modestement glorieux de sa dépense remercie Dorimène de ses complimens, qui ne s'adressent pas à lui; e toujours Dorante, qui, effrayé des indiscrétions de sa dupe, détourne se paroles, ou lui ferme tout-à-fait la bouche.

ACTE IV, SCÈNE I.

Qu'en mouillant votre bouche il en reçoit d'attraits !
Et que l'on voit par lui votre bouche embellie !
   Ah ! l'un de l'autre ils me donnent envie,
Et de vous et de lui je m'enivre à longs traits.
Entre lui, vous et moi, jurons, jurons, ma belle,
     Une ardeur éternelle.

SECOND ET TROISIÈME MUSICIENS ENSEMBLE.

    Buvons, chers amis, buvons,
  Le temps qui fuit nous y convie :
     Profitons de la vie
    Autant que nous pouvons.

  Quand on a passé l'onde noire,
  Adieu le bon vin, nos amours.
    Dépêchons-nous de boire ;
    On ne boit pas toujours.

   Laissons raisonner les sots
  Sur le vrai bonheur de la vie ;
    Notre philosophie
   Le met parmi les pots.

  Les biens, le savoir et la gloire,
  N'ôtent point les soucis fâcheux ;
   Et ce n'est qu'à bien boire
   Que l'on peut être heureux.

TOUS TROIS ENSEMBLE.

Sus, sus ; du vin partout : versez, garçon, versez,
Versez, versez toujours, tant qu'on vous dise assez.

DORIMÈNE.

Je ne crois pas qu'on puisse mieux chanter ; et cela est tout-à-fait beau.

MONSIEUR JOURDAIN.

Je vois encore ici, madame, quelque chose de plus beau.

DORIMÈNE.

Ouais! monsieur Jourdain est galant plus que je ne pensois.

DORANTE.

Comment, madame! pour qui prenez-vous monsieur Jourdain?

MONSIEUR JOURDAIN.

Je voudrois bien qu'elle me prît pour ce que je dirois.

DORIMÈNE.

Encore?

DORANTE, *à Dorimène.*

Vous ne le connoissez pas.

MONSIEUR JOURDAIN.

Elle me connoîtra quand il lui plaira.

DORIMÈNE.

Oh! je le quitte.

DORANTE.

Il est homme qui a toujours la riposte en main. Mais vous ne voyez pas que monsieur Jourdain, madame, mange tous les morceaux que vous touchez *.

DORIMÈNE.

Monsieur Jourdain est un homme qui me ravit.

MONSIEUR JOURDAIN.

Si je pouvois ravir votre cœur, je serois [1]...

VARIANTE. * *Que vous avez touchés.*

---

(1) Que ces trois personnages sont bien en situation! Un grand seigneur

SCÈNE II.

MADAME JOURDAIN, MONSIEUR JOURDAIN, DORIMÈNE, DORANTE, MUSICIENS, LAQUAIS.

MADAME JOURDAIN.

Ah! ah! je trouve ici bonne compagnie, et je vois bien qu'on ne m'y attendoit pas. C'est donc pour cette belle affaire-ci, monsieur mon mari, que vous avez eu tant d'empressement à m'envoyer dîner chez ma sœur? Je viens de voir un théâtre là-bas [1], et je vois ici un banquet à faire noces. Voilà comme vous dépensez votre bien; et c'est ainsi * que vous festinez les dames en mon absence, et que vous leur donnez la musique et la comédie, tandis que vous m'envoyez promener [2].

DORANTE.

Que voulez-vous dire, madame Jourdain? et quelles fantaisies sont les vôtres, de vous aller mettre en tête

VARIANTE. * *Vous dépensez votre bien; c'est ainsi...*

---

effronté qui régale sa maîtresse aux dépens d'un bourgeois; ce bourgeois, qui croit traiter et courtiser une grande dame, et qui fait tous ces frais-là pour un autre; cette grande dame, enfin, qui boit, mange et s'amuse, sans se douter de la fourberie de celui-ci et de la duperie de celui-là: n'est-ce pas un tableau bien plaisant? et la subite arrivée de madame Jourdain ne doit-elle pas en faire une scène bien comique?

(1) Ce *théâtre* est celui que Covielle a fait dresser pour la réception de M. Jourdain, en qualité de mamamouchi. Comme madame Jourdain n'est pas dans la confidence de cette farce, il est tout simple qu'elle voie dans les préparatifs une nouvelle folie de son mari.

(2) Il y a, dans l'*Asinaire* de Plaute, une situation presque semblable: Artémone surprend son mari Déménète, à table, chez la courtisane Philénie; elle apostrophe vertement la courtisane; et, comme de raison, traite encore plus mal le galant suranné.

que votre mari dépense son bien, et que c'est lui qui donne ce régale à madame? Apprenez que c'est moi, je vous prie; qu'il ne fait seulement que me prêter sa maison, et que vous devriez un peu mieux regarder aux choses que vous dites (1).

MONSIEUR JOURDAIN.

Oui, impertinente, c'est monsieur le comte qui donne tout ceci à madame, qui est une personne de qualité. Il me fait l'honneur de prendre ma maison, et de vouloir que je sois avec lui.

MADAME JOURDAIN.

Ce sont des chansons que cela; je sais ce que je sais.

DORANTE.

Prenez, madame Jourdain, prenez de meilleures lunettes.

MADAME JOURDAIN.

Je n'ai que faire de lunettes, monsieur, et je vois assez clair. Il y a long-temps que je sens les choses, et je ne suis pas une bête. Cela est fort vilain à vous, pour un grand seigneur, de prêter la main comme vous faites aux sottises de mon mari. Et vous, madame, pour une grand' dame*, cela n'est ni beau, ni honnête à vous, de mettre de la dissension dans un ménage, et de souffrir que mon mari soit amoureux de vous.

VARIANTE. * *Pour une grande dame.*

---

(1) La réponse de Dorante est excellente. Il dit à peu près la vérité; car c'est lui qui donne le régal à Dorimène, quoique aux dépens de M. Jourdain. Dorimène est satisfaite de cette déclaration, qui la venge de l'impertinente algarade de madame Jourdain; et M. Jourdain en est plus content qu'elle encore, parce qu'il y voit un officieux mensonge qui le protége contre les reproches de sa femme : aussi va-t-il le soutenir de toutes ses forces.

ACTE IV, SCÈNE III.

DORIMÈNE.

Que veut donc dire tout ceci? Allez, Dorante, vous vous moquez, de m'exposer aux sottes visions de cette extravagante (1).

DORANTE, *suivant Dorimène qui sort.*

Madame, holà! madame, où courez-vous?

MONSIEUR JOURDAIN.

Madame... Monsieur le comte, faites-lui mes excuses, et tâchez de la ramener.

SCÈNE III.

MADAME JOURDAIN, MONSIEUR JOURDAIN, LAQUAIS.

MONSIEUR JOURDAIN.

Ah! impertinente que vous êtes, voilà de vos beaux faits! Vous me venez faire des affronts devant tout le monde; et vous chassez de chez moi des personnes de qualité!

MADAME JOURDAIN.

Je me moque de leur qualité.

MONSIEUR JOURDAIN.

Je ne sais qui me tient, maudite, que je ne vous fende

---

(1) Dorimène parle et se retire avec l'humeur d'une femme honnête qui se voit compromise. J'avoue que le commerce qu'elle entretient avec Dorante, forme un préjugé contre sa délicatesse; mais il n'y a rien dans tout son rôle qui le confirme.

la tête avec les pièces du repas que vous êtes venue troubler.

(*Les laquais emportent la table.*)

MADAME JOURDAIN, *sortant.*

Je me moque de cela. Ce sont mes droits que je défends, et j'aurai pour moi toutes les femmes [1].

MONSIEUR JOURDAIN.

Vous faites bien d'éviter ma colère.

SCÈNE IV.

MONSIEUR JOURDAIN, *seul.*

Elle est arrivée bien malheureusement. J'étois en humeur de dire de jolies choses; et jamais je ne m'étois senti tant d'esprit. Qu'est-ce que c'est que cela?

SCÈNE V.

MONSIEUR JOURDAIN; COVIELLE, *déguisé* [2].

COVIELLE.

Monsieur, je ne sais pas si j'ai l'honneur d'être connu de vous.

MONSIEUR JOURDAIN.

Non, monsieur.

---

[1] Voilà une femme qui connoît son sexe, et qui sait toute la puissance de l'esprit de corps.

[2] Ici, on peut le dire, la comédie finit, et la farce commence, pour durer jusqu'à la fin de la pièce.

ACTE IV, SCÈNE V.

COVIELLE, *étendant la main à un pied de terre.*

Je vous ai vu que vous n'étiez pas plus grand que cela (1).

MONSIEUR JOURDAIN.

Moi?

COVIELLE.

Oui. Vous étiez le plus bel enfant du monde, et toutes les dames vous prenoient dans leurs bras pour vous baiser.

MONSIEUR JOURDAIN.

Pour me baiser?

COVIELLE.

Oui. J'étois grand ami de feu monsieur votre père.

MONSIEUR JOURDAIN.

De feu monsieur mon père?

COVIELLE.

Oui. C'étoit un fort honnête gentilhomme.

MONSIEUR JOURDAIN.

Comment dites-vous?

COVIELLE.

Je dis que c'étoit un fort honnête gentilhomme.

---

(1) Mot qu'on entend dire chaque jour dans le monde, et que le théâtre a souvent répété. Dans *l'École des Femmes*, Arnolphe dit à Horace:

<blockquote>
J'admire de le voir au point où le voilà,
Après que je l'ai vu pas plus grand que cela.
</blockquote>

Et, dans *le Méchant*, Géronte dit à Valère:

<blockquote>
Comme le voilà grand! Parbleu! je l'ai vu là,
Je m'en souviens toujours, pas plus grand que cela.
</blockquote>

MONSIEUR JOURDAIN.

Mon père?

COVIELLE.

Oui.

MONSIEUR JOURDAIN.

Vous l'avez fort connu?

COVIELLE.

Assurément.

MONSIEUR JOURDAIN.

Et vous l'avez connu pour gentilhomme?

COVIELLE.

Sans doute.

MONSIEUR JOURDAIN.

Je ne sais donc pas comment le monde est fait!

COVIELLE.

Comment?

MONSIEUR JOURDAIN.

Il y a de sottes gens qui me veulent dire qu'il a été marchand.

COVIELLE.

Lui, marchand? C'est pure médisance, il ne l'a jamais été. Tout ce qu'il faisoit, c'est qu'il étoit fort obligeant, fort officieux; et, comme il se connoissoit fort bien en étoffes, il en alloit choisir de tous les côtés, les faisoit apporter chez lui, et en donnoit à ses amis pour de l'argent [1].

---

[1] Cette explication est certainement fort plaisante. On ne peut pas se jouer plus gaiement d'une manie ridicule. Mais, il faut l'avouer, M. Jourdain est encore plus stupide que Covielle n'est malin et spirituel. Si, tout

ACTE IV, SCÈNE V.

MONSIEUR JOURDAIN.

Je suis ravi de vous connoître, afin que vous rendiez ce témoignage-là, que mon père étoit gentilhomme.

COVIELLE.

Je le soutiendrai devant tout le monde.

MONSIEUR JOURDAIN.

Vous m'obligerez. Quel sujet vous amène?

COVIELLE.

Depuis avoir connu [1] feu monsieur votre père, honnête gentilhomme, comme je vous ai dit, j'ai voyagé par tout le monde.

MONSIEUR JOURDAIN.

Par tout le monde?

COVIELLE.

Oui.

MONSIEUR JOURDAIN.

Je pense qu'il y a bien loin en ce pays-là [2].

---

en sachant bien que son père étoit marchand, il feignoit seulement de croire l'homme qui lui dit le contraire, il ne seroit qu'un vaniteux ordinaire, qui essaie de tromper les autres sur son extraction. Mais il est de bonne foi; il se persuade que Covielle lui dit la vérité; et, s'il vient à se souvenir de la boutique de son père, il croit sans doute que sa mémoire l'abuse. Un homme arrivé à ce point est plus qu'un sot, une dupe; c'est un maniaque, un fou dans toute la force du terme.

(1) *Depuis avoir connu*, est une phrase barbare: *depuis* ne se construit pas, comme *après*, avec un infinitif. Il falloit, *depuis que j'ai fait*, ou, plus correctement, *depuis que j'ai eu fait connoissance avec feu monsieur votre père, j'ai voyagé*, etc.

(2) On dit, *il y a bien loin d'ici là, de ce pays à cet autre*, et non, *il y a bien loin là, bien loin dans ce pays*. Pour le fond et pour la forme, la phrase de M. Jourdain n'est pas indigne du Cassandre de nos tréteaux.

COVIELLE.

Assurément. Je ne suis revenu de tous mes longs voyages que depuis quatre jours; et, par l'intérêt que je prends à tout ce qui vous touche, je viens vous annoncer la meilleure nouvelle du monde.

MONSIEUR JOURDAIN.

Quelle?

COVIELLE.

Vous savez que le fils du grand turc est ici?

MONSIEUR JOURDAIN.

Moi? Non.

COVIELLE.

Comment! Il a un train tout-à-fait magnifique; tout le monde le va voir, et il a été reçu en ce pays comme un seigneur d'importance.

MONSIEUR JOURDAIN.

Par ma foi, je ne savois pas cela.

COVIELLE.

Ce qu'il y a d'avantageux pour vous, c'est qu'il est amoureux de votre fille.

MONSIEUR JOURDAIN.

Le fils du grand turc?

COVIELLE.

Oui; et il veut être votre gendre.

MONSIEUR JOURDAIN.

Mon gendre, le fils du grand turc?

COVIELLE.

Le fils du grand turc votre gendre. Comme je le fus voir, et que j'entends parfaitement sa langue, il s'entre-

ACTE IV, SCÈNE V.

tint avec moi ; et, après quelques autres discours, il me dit : *Acciam croc soler onch alla moustaph gidelum amanahem varahini oussere carbulath*, c'est-à-dire, N'as-tu point vu une jeune belle personne, qui est la fille de monsieur Jourdain, gentilhomme parisien [1] ?

MONSIEUR JOURDAIN.

Le fils du grand turc dit cela de moi ?

COVIELLE.

Oui. Comme je lui eus répondu que je vous connoissois particulièrement, et que j'avois vu votre fille : Ah! me dit-il, *Marababa sahem!* c'est-à-dire, Ah! que je suis amoureux d'elle !

MONSIEUR JOURDAIN.

Marababa sahem, veut dire, Ah! que je suis amoureux d'elle !

COVIELLE.

Oui.

---

[1] Le turc de Covielle ressemble à l'anglois de certains plaisans qui s'amusent à baragouiner cette langue sans en savoir un mot, et qui en imitent plus ou moins bien les inflexions et les désinences. On y remarque pourtant quelques mots qui paroissent turcs ou arabes, quoique défigurés par une très-vicieuse orthographe, tels que *acciam* (peut-être *actchem*, ou par une mauvaise prononciation, *actcham*) qui signifie, mon argent; *Alla* (probablement *Allah*), qui signifie, Dieu ; *Moustaph*, qui est le nom propre *Moustapha*, et *gidelum* (*guidélum*), qui veut dire, allons-nous-en, partons (*). Molière, qui se seroit donné une peine très-inutile, en se procurant des phrases correctes et significatives, a pris la plupart de ses prétendus mots turcs dans une comédie de Rotrou, intitulée ; *la Sœur;* mais il y a pris mieux que cela, comme nous le verrons bientôt.

(*) Je n'ai pas, je crois, besoin d'avertir que cette érudition turque ne m'appartient pas; je la dois à la complaisance du plus savant des orientalistes, mon confrère à l'Institut : c'est assez le désigner.

MONSIEUR JOURDAIN.

Par ma foi, vous faites bien de me le dire ; car, pour moi, je n'aurois jamais cru que *marababa sahem* eût voulu dire : Ah ! que je suis amoureux d'elle ! Voilà une langue admirable que ce turc !

COVIELLE.

Plus admirable qu'on ne peut croire. Savez-vous bien ce que veut dire *cacaracamouchen ?*

MONSIEUR JOURDAIN.

Cacaracamouchen ? Non.

COVIELLE.

C'est-à-dire, Ma chère ame.

MONSIEUR JOURDAIN.

Cacaracamouchen, veut dire, Ma chère ame ?

COVIELLE.

Oui.

MONSIEUR JOURDAIN.

Voilà qui est merveilleux ! *Cacaracamouchen*, Ma chère ame. Diroit-on jamais cela ? Voilà qui me confond.

COVIELLE.

Enfin, pour achever mon ambassade, il vient vous demander votre fille en mariage ; et, pour avoir un beau-père qui soit digne de lui, il veut vous faire *mamamouchi* [1], qui est une certaine grande dignité de son pays.

---

[1] *Mamamouchi* est un mot forgé par Molière, qui n'a de rapport avec aucun mot turc ou arabe ; mais il a pris place dans notre langage populaire, où il désigne un homme habillé à la turque : le peuple dit, *se déguiser en mamamouchi.*

ACTE IV, SCÈNE V.

MONSIEUR JOURDAIN.

Mamamouchi ?

COVIELLE.

Oui, *mamamouchi* : c'est-à-dire, en notre langue, paladin. Paladin, ce sont de ces anciens... Paladin, enfin. Il n'y a rien de plus noble que cela dans le monde; et vous irez de pair avec les plus grands seigneurs de la terre.

MONSIEUR JOURDAIN.

Le fils du grand turc m'honore beaucoup; et je vous prie de me mener chez lui, pour lui en faire mes remerciemens.

COVIELLE.

Comment! le voilà qui va venir ici.

MONSIEUR JOURDAIN.

Il va venir ici?

COVIELLE.

Oui; et il amène toutes choses pour la cérémonie de votre dignité.

MONSIEUR JOURDAIN.

Voilà qui est bien prompt.

COVIELLE.

Son amour ne peut souffrir aucun retardement.

MONSIEUR JOURDAIN.

Tout ce qui m'embarrasse ici, c'est que ma fille est une opiniâtre qui s'est allé mettre dans la tête *(1) un

VARIANTE. * *Qui s'est allée mettre en tête.*

---

(1) *Qui s'est allé mettre dans la tête.* — Voilà ce que portent l'édition

certain Cléonte; et elle jure de n'épouser personne que celui-là.

COVIELLE.

Elle changera de sentiment, quand elle verra le fils du grand turc; et puis il se rencontre ici une aventure merveilleuse, c'est que le fils du grand turc ressemble à ce Cléonte, à peu de chose près. Je viens de le voir; on me l'a montré, et l'amour qu'elle a pour l'un, pourra passer aisément à l'autre [1], et... Je l'entends venir; le voilà.

---

originale, et celle de 1682. On n'auroit pas écrit alors plus qu'aujourd'hui, *elle est* ALLÉ *se mettre dans la tête;* mais en plaçant le pronom personnel avant le verbe auxiliaire, on se croyoit dispensé de faire accorder le participe avec le sujet de la proposition, et l'on écrivoit, *elle s'est allé mettre dans la tête,* comme on eût écrit: *elle s'est laissé mettre dans la tête,* bien que les deux cas soient tout-à-fait différens.

[1] Lucile reconnoîtra Cléonte, malgré son déguisement; mais elle a les yeux d'une amante. Madame Jourdain, qui *voit clair,* comme elle s'en vante, ne le reconnoîtra pas, ni même son valet Covielle, après que celui-ci lui aura long-temps parlé. M. Jourdain, crédule et prévenu comme il l'est, n'auroit sûrement pas été frappé non plus de la ressemblance du fils du grand turc avec Cléonte. On diroit que Covielle ne l'en prévient que pour qu'il la remarque, et afin qu'il soit encore un peu plus baffoué, s'il est possible. Si cette précaution regardoit les spectateurs, si elle avoit pour objet d'aller au-devant d'une invraisemblance, je dirois que c'étoit un soin assez superflu; car, dans une farce aussi folle, jouée à un homme aussi fou, la raison, la vérité, ne sont plus de rien.

SCÈNE VI.

CLÉONTE, *en Turc;* TROIS PAGES, *portant la veste de Cléonte;* MONSIEUR JOURDAIN, COVIELLE.

CLÉONTE.

Ambousahim oqui boraf, Jordina, Salamalequi (1).

COVIELLE, *à M. Jourdain.*

C'est-à-dire : Monsieur Jourdain, votre cœur soit toute l'année comme un rosier fleuri. Ce sont façons de parler obligeantes de ces pays-là.

MONSIEUR JOURDAIN.

Je suis très-humble serviteur de son altesse turque.

COVIELLE.

Carigar camboto oustin moraf.

CLÉONTE.

Oustin yoc catamalequi basum base alla moran.

COVIELLE.

Il dit, Que le ciel vous donne la force des lions, et la prudence des serpens.

MONSIEUR JOURDAIN.

Son altesse turque m'honore trop; et je lui souhaite toutes sortes de prospérités.

---

(1) Dans ce mot de *salamalequi*, il est impossible de ne pas apercevoir les mots arabes, *salâm aléïqui*, qui signifient, que le salut soit sur ta tête, et qui sont une formule dont les musulmans se servent pour saluer ceux qu'ils rencontrent. On sait que nous en avons fait le mot *salamalec*, qui, dans notre langage familier, veut dire, révérence profonde.

COVIELLE.

Ossa binamen sadoc baballi oracaf ouram.

CLÉONTE.

Bel-men [1].

COVIELLE.

Il a dit que vous alliez vite avec lui vous préparer pour la cérémonie, afin de voir ensuite votre fille, et de conclure le mariage.

MONSIEUR JOURDAIN.

Tant de choses en deux mots?

COVIELLE.

Oui. La langue turque est comme cela, elle dit beaucoup en peu de paroles [2]. Allez vite où il souhaite.

---

(1) *Bel-men*, peut-être, *bilmen*, qui, en turc, signifie, je ne sais pas.

(2) Dans *la Sœur*, cette comédie de Rotrou, dont j'ai parlé plus haut, un valet fourbe interprète encore plus longuement, c'est-à-dire, en six vers, les deux mots, *vare hec*; ce qui fait dire au bonhomme que l'on trompe :

T'en a-t-il pu tant dire en si peu de propos?

Le faux truchement répond :

Oui, le langage turc dit beaucoup en deux mots.

Hauteroche, dans *le Feint Polonois*, a introduit un amant et son valet qui se travestissent et jargonnent comme Cléonte et Covielle. Un personnage de la pièce, à qui l'on explique en beaucoup de paroles quelques mots, non de turc, mais de polonois, n'est pas moins étonné que M. Jourdain, et dit à peu près comme lui: « Cette langue est admirable ; elle dit vingt « choses en trois paroles. »

SCÈNE VII.

COVIELLE, *seul*.

Ah! ah! ah! Ma foi, cela est tout-à-fait drôle. Quelle dupe! Quand il auroit appris son rôle par cœur, il ne pourroit pas le mieux jouer. Ah! ah!

SCÈNE VIII.

DORANTE, COVIELLE.

COVIELLE.

Je vous prie, monsieur, de nous vouloir aider céans dans une affaire qui s'y passe.

DORANTE.

Ah! ah! Covielle, qui t'auroit reconnu? Comme te voilà ajusté!

COVIELLE.

Vous voyez. Ah! ah!

DORANTE.

De quoi ris-tu?

COVIELLE.

D'une chose, monsieur, qui le mérite bien.

DORANTE.

Comment?

COVIELLE.

Je vous le donnerois en bien des fois, monsieur, à deviner le stratagême dont nous nous servons auprès de monsieur Jourdain, pour porter son esprit à donner sa fille à mon maître [1].

DORANTE.

Je ne devine point le stratagême; mais je devine qu'il ne manquera pas de faire son effet, puisque tu l'entreprends.

COVIELLE.

Je sais, monsieur, que la bête vous est connue.

DORANTE.

Apprends-moi ce que c'est.

COVIELLE.

Prenez la peine de vous tirer un peu plus loin, pour faire place à ce que j'aperçois venir. Vous pourrez voir une partie de l'histoire, tandis que je vous conterai le reste [2].

---

(1) *Pour porter son esprit à donner sa fille.* — Il ne peut pas y avoir d'équivoque de sens dans cette phrase; mais il y a du moins une amphibologie grammaticale que Molière pouvoit éviter facilement.

(2) D'où Covielle connoît-il Dorante, et est-il connu de lui? On ne nous le dit pas ici; mais plus loin nous verrons que Dorante, et même Dorimène, parlent de Cléonte comme d'un homme qu'ils connoissent et à qui ils prennent intérêt : *C'est un fort galant homme,* dit Dorante. Je crois à l'honnêteté de Cléonte; mais je voudrois une meilleure caution que celle de monsieur le comte.

SCÈNE IX.

CÉRÉMONIE TURQUE.

LE MUPHTI, DERVIS, TURCS, *assistans du muphti, chantans et dansans.*

PREMIÈRE ENTRÉE DE BALLET.

Six Turcs entrent gravement deux à deux, au son des instrumens. Ils portent trois tapis qu'ils lèvent fort haut, après en avoir fait, en dansant, plusieurs figures. Les Turcs chantans passent par-dessous ces tapis, pour s'aller ranger aux deux côtés du théâtre. Le muphti, accompagné des dervis, ferme cette marche.
Alors les Turcs étendent les tapis par terre, et se mettent dessus à genoux. Le muphti et les dervis restent debout au milieu d'eux; et, pendant que le muphti invoque Mahomet, en faisant beaucoup de contorsions et de grimaces, sans proférer une seule parole, les Turcs assistans se prosternent jusqu'à terre, chantant Alli, *lèvent les bras au ciel, en chantant* Alla [1]; *ce qu'ils continuent jusqu'à la fin de l'invocation, après laquelle ils se lèvent tous, chantant* Alla eckber [2]; *et deux dervis vont chercher M. Jourdain.*

---

[1] *Alli* et *Alla*, qui s'écrit *Allah*, signifient, Dieu.
[2] *Alla eckber*, signifie, Dieu est grand.

SCÈNE X.

LE MUPHTI, DERVIS, TURCS, chantans et dansans ; MONSIEUR JOURDAIN, *vêtu à la turque, la tête rasée, sans turban et sans sabre.*

LE MUPHTI, *à M. Jourdain.*

Se ti sabir,
Ti respondir ;
Se non sabir,
Tazir, tazir.

Mi star muphti,
Ti qui star si ?
Non intendir ;
Tazir, tazir [1].

(*Deux dervis font retirer M. Jourdain.*)

---

[1] Ces deux petits couplets chantés par le muphti sont en langue franque. On sait que cette langue, parlée dans les états barbaresques, est un mélange corrompu d'italien, d'espagnol, de portugais, etc., dans lequel les verbes sont employés à l'infinitif seulement, comme dans le jargon des nègres de nos colonies. Voici l'explication des deux couplets : « Si tu sais, « réponds ; si tu ne sais pas, tais-toi. Je suis le muphti. Toi, qui es-tu ? « Tu ne comprends pas ; tais-toi. » Tout ce qui se dit dans le reste de l'acte, est également en langue franque, à l'exception de quelques mots turcs qui seront traduits à mesure.

SCÈNE XI.

LE MUPHTI, DERVIS, TURCS chantans
et dansans.

LE MUPHTI.

Dice, Turque, qui star quista? Anabatista? anabatista [1]?

LES TURCS.

Ioc [2].

LE MUPHTI.

Zuinglista [3]?

LES TURCS.

Ioc.

LE MUPHTI.

Coffita [4]?

LES TURCS.

Ioc.

LE MUPHTI.

Hussita? Morista? Fronista [5]?

LES TURCS.

Ioc, ioc, ioc.

---

(1) « Dis, Turc, qui est celui-ci? Est-il anabaptiste? »

(2) *Ioc*, ou plutôt *yoc*, mot turc qui signifie, non.

(3) *Zuinglista*, zuinglien, ou de la secte de Zuingle.

(4) *Coffita*, cophtite ou cophte, chrétien d'Égypte, de la secte des jacobites.

(5) *Hussita*, hussite, ou de la secte de Jean Hus. *Morista*, more. *Fronista*, probablement, phrontiste, ou contemplatif.

LE MUPHTI.

Ioc, ioc, ioc. Star pagana [1] ?

LES TURCS.

Ioc.

LE MUPHTI.

Luterana [2] ?

LES TURCS.

Ioc.

LE MUPHTI.

Puritana [3] ?

LES TURCS.

Ioc.

LE MUPHTI.

Bramina ? Moffina ? Zurina [4] ?

LES TURCS.

Ioc, ioc, ioc.

LE MUPHTI.

Ioc, ioc, ioc. Mahametana ? Mahametana ?

LES TURCS.

Hi Valla. Hi Valla * [5].

VARIANTE. * *Hey valla.*

---

[1] « Est-il païen ? »

[2] *Luterana*, luthérien.

[3] *Puritana*, puritain.

[4] *Bramina*, bramine. Quant à *Moffina*, et à *Zurina*, ce sont probablement des noms d'invention. Du moins ne les ai-je trouvés dans aucun des livres qui traitent des religions et des sectes religieuses.

[5] *Hi Valla*, mots arabes, qui devroient être écrits, *Eï Vallah*, et qui signifient, Oui, par Dieu.

ACTE IV, SCÈNE XI.

LE MUPHTI.

Como chamara? Como chamara (1)?

LES TURCS.

Giourdina, Giourdina.

LE MUPHTI, *sautant.*

Giourdina, Giourdina.

LES TURCS.

Giourdina, Giourdina (2).

LE MUPHTI.

Mahameta, per Giourdina,
Mi pregar, sera e matina.
Voler far un paladina
De Giourdina, de Giourdina;
Dar turbanta, e dar scarrina,
Con galera, e brigantina,
Per deffender Palestina.
Mahameta, per Giourdina,
Mi pregar sera e matina.

(*Aux Turcs.*)

Star bon Turca Giourdina (3)?

---

(1) « Comment se nomme-t-il? »

(2) Les questions du muphti aux turcs, et les réponses de ceux-ci, ont été imprimées, pour la première fois, dans l'édition de 1682. L'édition originale porte seulement ces mots, qui les indiquent : « Le muphti demande « en même langue, aux Turcs assistans, de quelle religion est le Bourgeois « et ils l'assurent qu'il est mahométan. » Les éditeurs de 1682 ont fait entrer dans leur texte ce qui se disoit à la représentation.

(3) « Je prierai soir et matin Mahomet pour Jourdain. Je veux faire de « Jourdain un paladin. Je lui donnerai turban et sabre, avec galère et bri-« gantin, pour défendre la Palestine. Je prierai soir et matin Mahomet « pour Jourdain. (*aux Turcs.*) Jourdain est-il bon Turc? »

LE BOURGEOIS GENTILHOMME.

LES TURCS.

Hi valla. Hi valla (1).

LE MUPHTI, *chantant et dansant.*

Ha la ba, ba la chou, ba la ba, ba la da (2).

LES TURCS.

Ha la ba, ba la chou, ba la ba, ba la da.

SCÈNE XII.

TURCS CHANTANS ET DANSANS.

DEUXIÈME ENTRÉE DE BALLET.

SCÈNE XIII.

LE MUPHTI, DERVIS, MONSIEUR JOURDAIN, TURCS CHANTANS ET DANSANS.

Le muphti revient coiffé avec son turban de cérémonie, qui est d'une grosseur démesurée, et garni de bougies allumées à quatre ou cinq rangs; il est accompagné de deux dervis qui portent l'Alcoran, et qui ont des bonnets pointus, garnis aussi de bougies allumées.
Les deux autres dervis amènent M. Jourdain, et le font

---

(1) Comme on l'a vu plus haut, *Hi Valla*, ou plutôt, *Ei Vallah*, signifie, en turc, Oui, par Dieu.

(1) Ces syllabes, ainsi détachées, n'ont aucun sens. Mais, en les rapprochant, et en rectifiant ce qu'elles ont d'incorrect, on en forme aisément ces mots: *Allah, baba, hou, Allah, baba,* qui sont véritablement turcs, et qui signifient, Dieu, mon père, Dieu, Dieu, mon père.

ACTE IV, SCÈNE XIII.

mettre à genoux, les mains par terre; de façon que son dos, sur lequel est mis l'Alcoran, sert de pupitre au muphti, qui fait une seconde invocation burlesque, fronçant le sourcil, frappant de temps en temps sur l'Alcoran, et tournant les feuillets avec précipitation; après quoi, en levant les bras au ciel, le muphti crie à haute voix, Hou (1).

Pendant cette seconde invocation, les Turcs assistans, s'inclinant et se relevant alternativement, chantent aussi Hou, hou, hou.

MONSIEUR JOURDAIN, *après qu'on lui a ôté l'Alcoran de dessus le dos.*

Ouf.

LE MUPHTI, *à M. Jourdain.*

Ti non star furba (2)?

LES TURCS.

No, no, no.

LE MUPHTI.

Non star forfanta (3)?

LES TURCS.

No, no, no.

LE MUPHTI, *aux Turcs.*

Donar turbanta (4).

---

(1) *Hou*, mot arabe qui signifie, *lui*, est un des noms que les musulmans donnent à Dieu: ils ne le prononcent qu'avec une crainte respectueuse.

(2) « Tu n'es point fourbe? »

(3) « Tu n'es point imposteur? »

(4) « Donnez le turban. »

LES TURCS.

Ti non star furba?
No, no, no.
Non star forfanta?
No, no, no.
Donar turbanta.

TROISIÈME ENTRÉE DE BALLET.

Les Turcs dansans mettent le turban sur la tête de M. Jourdain au son des instrumens.

LE MUPHTI, *donnant le sabre à M. Jourdain.*

Ti star nobile, non star fabbola.
Pigliar schiabbola (1).

LES TURCS, *mettant le sabre à la main.*

Ti star nobile, non star fabbola.
Pigliar schiabbola.

QUATRIÈME ENTRÉE DE BALLET.

Les Turcs dansans donnent en cadence plusieurs coups de sabre à M. Jourdain.

LE MUPHTI.

Dara, dara
Bastonnara (2).

---

(1) « Tu es noble, ce n'est point une fable. Prends ce sabre. »

(2) « Donnez, donnez la bastonnade. » *Bastonata* seroit sûrement plus exact que *bastonara*; mais il falloit rimer avec *dara*.

ACTE IV, SCÈNE XIII.

LES TURCS.

Dara, dara
Bastonnara.

CINQUIÈME ENTRÉE DE BALLET.

Les Turcs dansans donnent à M. Jourdain des coups de bâton en cadence.

LE MUPHTI.

Non tener honta,
Questa star l'ultima affronta (1).

LES TURCS.

Non tener honta,
Questa star l'ultima affronta.

Le muphti commence une troisième invocation. Les dervis le soutiennent par-dessous les bras avec respect; après quoi, les Turcs, chantans et dansans, sautant autour du muphti, se retirent avec lui, et emmènent M. Jourdain (2).

---

(1) « N'aie point honte, c'est le dernier affront. »

(2) Que dire de cette farce? Qu'elle est plus folle que gaie, plus bouffonne que plaisante, et que M. Jourdain y est trop bête, trop fou pour y être bien amusant. Les médecins du *Malade imaginaire* valent mille fois mieux que les Turcs du *Bourgeois gentilhomme*. M. Argan, reçu docteur, est une caricature d'un genre plus naturel et moins grotesque que M. Jourdain, fait mamamouchi. D'ailleurs, la première de ces deux cérémonies fait l'intermède final, celui qui termine la pièce; tandis que la seconde coupe et interrompt l'action : elle est froide, et elle refroidit l'ouvrage.

FIN DU QUATRIÈME ACTE.

ACTE V.

SCÈNE PREMIÈRE.

MADAME JOURDAIN, MONSIEUR JOURDAIN.

MADAME JOURDAIN.

Ah! mon Dieu, miséricorde! Qu'est-ce que c'est donc que cela? Quelle figure! Est-ce un momon que vous allez porter; et est-il temps d'aller en masque [1]? Parlez donc, qu'est-ce que c'est que ceci *? Qui vous a fagoté comme cela [2]?

VARIANTE. * *Parlez donc, et qu'est-ce que c'est que ceci?*

---

(1) Dans *la Sœur*, comédie de Rotrou, Anselme dit, de même, à son vieil ami Géronte:

A quoi (à quoi bon) ces habits turcs? Dansez-vous un ballet?
Portez-vous un momon?

(2) Puisque Covielle a bien pu mettre Dorante dans le secret de la farce jouée à M. Jourdain, il ne lui en auroit pas coûté davantage d'y mettre madame Jourdain et Lucile. Avoit-on à craindre qu'elles ne s'opposassent à la mystification? Elles y donnent les mains de trop bonne grace, dès qu'elles en sont instruites, pour qu'il eût été bien difficile de les déterminer à s'y prêter dans le principe. Ce qui étoit vraiment à appréhender, c'est que n'étant pas dans la confidence, elles ne vinssent tout déconcerter, tout déranger. Mais c'est justement ce que vouloit Molière. Il avoit besoin, pour soutenir cette fin d'acte, de la surprise de la mère et de la fille, et de leur résistance momentanée aux volontés folles de M. Jourdain. Si tout le monde eût été d'accord pour berner ce pauvre imbécile, la farce, déja peu amusante, eût été d'une extrême insipidité.

ACTE V, SCÈNE I.

MONSIEUR JOURDAIN.

Voyez l'impertinente, de parler de la sorte à un *mamamouchi*.

MADAME JOURDAIN.

Comment donc?

MONSIEUR JOURDAIN.

Oui, il me faut porter du respect maintenant, et l'on vient de me faire *mamamouchi*.

MADAME JOURDAIN.

Que voulez-vous dire, avec votre *mamamouchi*?

MONSIEUR JOURDAIN.

Mamamouchi, vous dis-je. Je suis *mamamouchi*.

MADAME JOURDAIN.

Quelle bête est-ce là?

MONSIEUR JOURDAIN.

Mamamouchi, c'est-à-dire, en notre langue, paladin.

MADAME JOURDAIN.

Baladin[1]! Êtes-vous en âge de danser des ballets?

MONSIEUR JOURDAIN.

Quelle ignorante! Je dis paladin: c'est une dignité dont on vient de me faire la cérémonie.

MADAME JOURDAIN.

Quelle cérémonie donc?

---

[1] *Paladin* est un mot que madame Jourdain ne connoît pas, et *baladin* est un nom qui semble parfaitement convenir à M. Jourdain, *fagoté* comme il l'est. Il est tout naturel que madame Jourdain prenne l'un pour l'autre.

MONSIEUR JOURDAIN.

Mahameta per Jordina.

MADAME JOURDAIN.

Qu'est-ce que cela veut dire ?

MONSIEUR JOURDAIN.

Jordina, c'est-à-dire, Jourdain.

MADAME JOURDAIN.

Hé bien ! quoi, Jourdain ?

MONSIEUR JOURDAIN.

Voler far un paladina de Jordina.

MADAME JOURDAIN.

Comment ?

MONSIEUR JOURDAIN.

Dar turbanta con galera.

MADAME JOURDAIN.

Qu'est-ce à dire, cela ?

MONSIEUR JOURDAIN.

Per deffender Palestina.

MADAME JOURDAIN.

Que voulez-vous donc dire ?

MONSIEUR JOURDAIN.

Dara, dara, bastonnara.

MADAME JOURDAIN.

Qu'est-ce donc que ce jargon-là ?

MONSIEUR JOURDAIN.

Non tener honta, questa star l'ultima affronta.

MADAME JOURDAIN.

Qu'est-ce que c'est donc que tout cela * ?

VARIANTE. * *Qu'est-ce donc que tout cela ?*

ACTE V, SCÈNE II.

MONSIEUR JOURDAIN, *chantant et dansant.*

Hou la ba, ba la chou, ba la ba, ba la da.

(*Il tombe par terre*).

MADAME JOURDAIN.

Hélas! mon Dieu, mon mari est devenu fou [1]!

MONSIEUR JOURDAIN, *se relevant et s'en allant.*

Paix, insolente. Portez respect à monsieur le *mamamouchi*.

MADAME JOURDAIN, *seule.*

Où est-ce donc qu'il a perdu l'esprit? Courons l'empêcher de sortir. (*apercevant Dorimène et Dorante.*) Ah! ah! voici justement le reste de notre écu! Je ne vois que chagrin de tous côtés.

SCÈNE II.

DORANTE, DORIMÈNE [2].

DORANTE.

Oui, madame, vous verrez la plus plaisante chose qu'on puisse voir; et je ne crois pas que dans tout le

---

(1) D'après tout ce qu'elle voit, tout ce qu'elle entend, il lui est certainement bien permis de croire que son mari est devenu fou, mais fou à lier, fou à faire enfermer dans le jour même, par avis de parens. Au reste, il s'en faut de bien peu.

(2) On a quelque sujet d'être surpris en voyant Dorimène revenir dans cette maison, après l'affront qu'elle y a reçu et qui l'a forcée d'en sortir. Mais Molière avoit besoin de ramener et de rendre présens au dénouement deux personnages qui avoient eu autant de part dans l'action que Dorimène et Dorante. Il a bien senti que ce retour étoit peu naturel : aussi a-t-il pris

monde, il soit possible de trouver encore un homme aussi fou que celui-là. Et puis, madame, il faut tâcher de servir l'amour de Cléonte, et d'appuyer toute sa mascarade. C'est un fort galant homme, et qui mérite que l'on s'intéresse pour lui.

DORIMÈNE.

J'en fais beaucoup de cas, et il est digne d'une bonne fortune.

DORANTE.

Outre cela, nous avons ici, madame, un ballet qui nous revient, que nous ne devons pas laisser perdre; et il faut bien voir si mon idée pourra réussir.

DORIMÈNE.

J'ai vu là des apprêts magnifiques, et ce sont des choses, Dorante, que je ne puis plus souffrir. Oui, je veux enfin vous empêcher vos profusions [1]; et, pour rompre le cours à toutes les dépenses [2] que je vous vois faire pour moi, j'ai résolu de me marier promptement avec vous. C'en est le vrai secret; et toutes ces choses finissent avec le mariage.

---

grand soin de l'expliquer. Dorante va en donner trois raisons l'une après l'autre, le désir de s'amuser de la pièce jouée à M. Jourdain, celui de servir l'amour de Cléonte, et enfin l'envie de ne pas perdre un ballet dont il a donné l'idée, s'il n'en a pas fait les frais. Ces motifs, suffisans pour lui-même, ont pu déterminer aussi sa maîtresse.

(1) *Vous empêcher vos profusions.* — Il faudroit, *vous empêcher de faire des profusions,* ou plus simplement, *empêcher, arrêter vos profusions.*

(2) *Rompre le cours à toutes les dépenses.* — On diroit mieux, *rompre,* ou, *arrêter le cours de toutes les dépenses.*

ACTE V, SCÈNE III.

DORANTE.

Ah! madame, est-il possible que vous ayez pu prendre pour moi une si douce résolution?

DORIMÈNE.

Ce n'est que pour vous empêcher de vous ruiner; et, sans cela, je vois bien qu'avant qu'il fût peu, vous n'auriez pas un sou.

DORANTE.

Que j'ai d'obligation, madame, aux soins que vous avez de conserver mon bien! Il est entièrement à vous, aussi-bien que mon cœur; et vous en userez de la façon qu'il vous plaira.

DORIMÈNE.

J'userai bien de tous les deux [1]. Mais voici votre homme : la figure en est admirable.

SCÈNE III.

MONSIEUR JOURDAIN, DORIMÈNE, DORANTE.

DORANTE.

Monsieur, nous venons rendre hommage, madame et moi, à votre nouvelle dignité, et nous réjouir avec vous

---

[1] On ne peut s'empêcher de sourire de la duperie de Dorimène, qui sans cesse reproche à Dorante des dépenses qu'il ne fait pas, et lui conseille de ménager un bien qu'il n'a plus; ainsi que de l'effronterie de Dorante, qui reçoit ces reproches comme s'il les méritoit, et ces conseils comme s'il étoit à même d'en profiter. L'idée du mariage de Dorante et de Dorimène est ramenée là, pour qu'au dénouement ils profitent du notaire qui fera le contrat de Cléonte et de Lucile, et qu'ainsi ils aient jusqu'à la fin une part personnelle dans l'action de la pièce.

du mariage que vous faites de votre fille avec le fils du grand turc.

MONSIEUR JOURDAIN, *après avoir fait les révérences à la turque.*

Monsieur, je vous souhaite la force des serpens, et la prudence des lions [1].

DORIMÈNE.

J'ai été bien aise d'être des premiers, monsieur, à venir vous féliciter du haut degré de gloire où vous êtes monté.

MONSIEUR JOURDAIN.

Madame, je vous souhaite toute l'année votre rosier fleuri. Je vous suis infiniment obligé de prendre part aux honneurs qui m'arrivent; et j'ai beaucoup de joie de vous voir revenue ici pour vous faire les très-humbles excuses de l'extravagance de ma femme.

DORIMÈNE.

Cela n'est rien; j'excuse en elle un pareil mouvement: votre cœur lui doit être précieux; et il n'est pas étrange que la possession d'un homme comme vous puisse inspirer quelques alarmes.

MONSIEUR JOURDAIN.

La possession de mon cœur est une chose qui vous est toute acquise.

---

[1] Il est dans l'ordre qu'un homme qui vient d'être élevé à la dignité de mamamouchi, ne s'exprime plus qu'en style oriental; et il est dans l'ordre encore que M. Jourdain répète tout de travers les phrases de son altesse turque, traduites par le drogman Covielle.

DORANTE.

Vous voyez, madame, que M. Jourdain n'est pas de ces gens que les prospérités aveuglent; et qu'il sait, dans sa grandeur, connoître encore ses amis.

DORIMÈNE.

C'est la marque d'une ame tout-à-fait généreuse (1).

DORANTE.

Où est donc son altesse turque? Nous voudrions bien, comme vos amis, lui rendre nos devoirs.

MONSIEUR JOURDAIN.

Le voilà qui vient; et j'ai envoyé querir ma fille pour lui donner la main.

SCÈNE IV.

MONSIEUR JOURDAIN, DORIMÈNE, DORANTE; CLÉONTE, *habillé en Turc.*

DORANTE, *à Cléonte.*

Monsieur, nous venons faire la révérence à votre altesse, comme amis de monsieur votre beau-père, et l'assurer avec respect de nos très-humbles services.

MONSIEUR JOURDAIN.

Où est le truchement, pour lui dire qui vous êtes, et lui faire entendre ce que vous dites? Vous verrez qu'il vous répondra; et il parle turc à merveille. (*à Cléonte.*) Holà! où diantre est-il allé? *Strouf, strif, strof, straf.*

---

(1) Tout ce persiflage de Dorimène et de Dorante est du meilleur goût.

Monsieur est un *grande segnore, grande segnore, grande segnore;* et madame, une *granda dama, granda dama* (1). (*voyant qu'il ne se fait point entendre.*) Ah! (*à Cléonte, montrant Dorante.*) Monsieur, lui *mamamouchi* françois, et madame *mamamouchie* françoise. Je ne puis pas parler plus clairement. Bon! voici l'interprète.

SCÈNE V.

MONSIEUR JOURDAIN, DORIMÈNE, DORANTE; CLÉONTE, *habillé en Turc;* COVIELLE, *déguisé.*

MONSIEUR JOURDAIN.

Où allez-vous donc? Nous ne saurions rien dire sans vous. (*montrant Cléonte.*) Dites-lui un peu que monsieur et madame sont des personnes de grande qualité, qui lui viennent faire la révérence, comme mes amis, et l'assurer de leurs services. (*à Dorimène et à Dorante.*) Vous allez voir comme il va répondre.

COVIELLE.

Alabala crociam acci boram alabamen.

CLÉONTE.

Catalequi tubal ourin soter amalouchan.

MONSIEUR JOURDAIN, *à Dorimène et à Dorante.*

Voyez-vous?

---

(1) Cela n'est pas mal, cela est presque trop bien pour M. Jourdain. Où a-t-il appris assez d'italien pour faire même des barbarismes en cette langue?

ACTE V, SCÈNE VI.

COVIELLE.

Il dit que la pluie des prospérités arrose en tout temps le jardin de votre famille.

MONSIEUR JOURDAIN.

Je vous l'avois bien dit, qu'il parle turc (1).

DORIMÈNE.

Cela est admirable!

SCÈNE VI.

LUCILE, CLÉONTE, MONSIEUR JOURDAIN, DORIMÈNE, DORANTE, COVIELLE.

MONSIEUR JOURDAIN.

Venez, ma fille; approchez-vous, et venez donner votre main * à monsieur, qui vous fait l'honneur de vous demander en mariage.

LUCILE.

Comment! mon père, comme vous voilà fait? Est-ce une comédie que vous jouez?

MONSIEUR JOURDAIN.

Non, non: ce n'est pas une comédie; c'est une affaire fort sérieuse, et la plus pleine d'honneur pour vous qui

VARIANTE. * La main.

---

(1) Rien n'étonne plus les gens ignorans que d'entendre parler une langue étrangère. M. Jourdain pousse la chose jusqu'à s'émerveiller de ce qu'un Turc parle turc, et il compte bien que les autres partageront sa surprise. « Vous verrez, dit-il, comme il répondra; il parle turc à merveille. «... Vous allez voir comme il va répondre... Je vous l'avois bien dit, « qu'il parle turc! »

se peut souhaiter [1]. (*montrant Cléonte.*) Voilà le mari que je vous donne.

LUCILE.

A moi, mon père ?

MONSIEUR JOURDAIN.

Oui, à vous. Allons, touchez-lui dans la main, et rendez graces au ciel de votre bonheur.

LUCILE.

Je ne veux point me marier.

MONSIEUR JOURDAIN.

Je le veux, moi, qui suis votre père.

LUCILE.

Je n'en ferai rien.

MONSIEUR JOURDAIN.

Ah! que de bruit! Allons, vous dis-je. Çà, votre main.

LUCILE.

Non, mon père ; je vous l'ai dit, il n'est point de pouvoir qui me puisse obliger à prendre un autre mari que Cléonte ; et je me résoudrai plutôt à toutes les extrémités, que de... (*reconnoissant Cléonte.*) Il est vrai que vous êtes mon père ; je vous dois entière* obéissance ; et c'est à vous à disposer de moi selon vos volontés.

VARIANTE. * *Entièrement.*

---

[1] *La plus pleine d'honneur... qui se peut souhaiter.* — Il seroit plus conforme à la règle, ou du moins à l'usage, de dire, *qui se puisse souhaiter.*

MONSIEUR JOURDAIN.

Ah! je suis ravi de vous voir si promptement revenue dans votre devoir; et voilà qui me plaît d'avoir une fille obéissante.

SCÈNE VII.

MADAME JOURDAIN, CLÉONTE, MONSIEUR JOURDAIN, LUCILE, DORANTE, DORIMÈNE, COVIELLE.

MADAME JOURDAIN.

Comment donc? Qu'est-ce que c'est que ceci? On dit que vous voulez donner votre fille en mariage à un carême-prenant [1]?

MONSIEUR JOURDAIN.

Voulez-vous vous taire, impertinente? Vous venez toujours mêler vos extravagances à toutes choses; et il n'y a pas moyen de vous apprendre à être raisonnable.

MADAME JOURDAIN.

C'est vous qu'il n'y a pas moyen de rendre sage; et vous allez de folie en folie. Quel est votre dessein, et que voulez-vous faire avec cet assemblage?

MONSIEUR JOURDAIN.

Je veux marier notre fille avec le fils du grand-turc.

---

[1] *Carême-prenant* se dit des trois jours de carnaval qui précèdent le mercredi des cendres; et, par extension, des gens qui, pendant ces jours-là, courent les rues en masques. Chaque fois que parle madame Jourdain, on ne peut s'empêcher d'admirer l'énergie populaire de ses expressions.

MADAME JOURDAIN.

Avec le ls du grand-turc?

MONSIEUR JOURDAIN, *montrant Covielle.*

Oui. Faites-lui faire vos complimens par le truchement que voilà.

MADAME JOURDAIN.

Je n'ai que faire du truchement; et je lui dirai bien moi-même, à son nez, qu'il n'aura point ma fille.

MONSIEUR JOURDAIN.

Voulez-vous vous taire, encore une fois?

DORANTE.

Comment! madame Jourdain, vous vous opposez à un honneur comme celui-là? Vous refusez son altesse turque pour gendre?

MADAME JOURDAIN.

Mon dieu! monsieur, mêlez-vous de vos affaires.

DORIMÈNE.

C'est une grande gloire qui n'est pas à rejeter.

MADAME JOURDAIN.

Madame, je vous prie aussi de ne vous point embarrasser de ce qui ne vous touche pas.

DORANTE.

C'est l'amitié que nous avons pour vous qui nous fait intéresser dans vos avantages.

MADAME JOURDAIN.

Je me passerai bien de votre amitié.

DORANTE.

Voilà votre fille qui consent aux volontés de son père.

MADAME JOURDAIN.

Ma fille consent à épouser un Turc?

DORANTE.

Sans doute.

MADAME JOURDAIN.

Elle peut oublier Cléonte?

DORANTE.

Que ne fait-on pas pour être grand'dame*?

MADAME JOURDAIN.

Je l'étranglerois de mes mains, si elle avoit fait un coup comme celui-là.

MONSIEUR JOURDAIN.

Voilà bien du caquet! Je vous dis que ce mariage-là se fera.

MADAME JOURDAIN.

Je vous dis, moi, qu'il ne se fera point.

MONSIEUR JOURDAIN.

Ah! que de bruit!

LUCILE.

Ma mère!

MADAME JOURDAIN.

Allez. Vous êtes une coquine.

MONSIEUR JOURDAIN, *à madame Jourdain.*

Quoi! vous la querellez de ce qu'elle m'obéit?

MADAME JOURDAIN.

Oui. Elle est à moi aussi-bien qu'à vous.

COVIELLE, *à madame Jourdain.*

Madame!

VARIANTE. * *Grande-dame.*

MADAME JOURDAIN.

Que me voulez-vous conter, vous ?

COVIELLE.

Un mot.

MADAME JOURDAIN.

Je n'ai que faire de votre mot.

COVIELLE, *à M. Jourdain.*

Monsieur, si elle veut écouter une parole en particulier, je vous promets de la faire consentir à ce que vous voulez.

MADAME JOURDAIN.

Je n'y consentirai point.

COVIELLE.

Écoutez-moi seulement.

MADAME JOURDAIN.

Non.

MONSIEUR JOURDAIN, *à madame Jourdain.*

Écoutez-le.

MADAME JOURDAIN.

Non : je ne veux pas l'écouter.

MONSIEUR JOURDAIN.

Il vous dira...

MADAME JOURDAIN.

Je ne veux point qu'il me dise rien [1].

---

[1] *Je ne veux point qu'il me dise rien.* — Cette phrase n'est pas incorrecte, comme on pourroit le croire d'abord. *Je veux qu'il ne me dise rien,* ne rendroit pas exactement la pensée de madame Jourdain. *Je ne veux point qu'il me dise rien,* signifie, je ne veux point qu'il me dise quoi que

ACTE V, SCENE VII.

MONSIEUR JOURDAIN.

Voilà une grande obstination de femme! Cela vous fera-t-il * mal, de l'entendre?

COVIELLE.

Ne faites que m'écouter; vous ferez après ce qu'il vous plaira.

MADAME JOURDAIN.

Hé bien! quoi?

COVIELLE, *bas, à madame Jourdain.*

Il y a une heure, madame, que nous vous faisons signe. Ne voyez-vous pas bien que tout ceci n'est fait que pour nous ajuster aux visions de votre mari; que nous l'abusons sous ce déguisement, et que c'est Cléonte lui-même qui est le fils du grand-turc?

MADAME JOURDAIN, *bas, à Covielle.*

Ah! ah!

COVIELLE, *bas, à madame Jourdain.*

Et moi, Covielle, qui suis le truchement.

MADAME JOURDAIN, *bas, à Covielle.*

Ah! comme cela, je me rends.

COVIELLE, *bas, à madame Jourdain.*

Ne faites pas semblant de rien (1).

MADAME JOURDAIN, *haut.*

Oui. Voilà qui est fait; je consens au mariage.

VARIANTE. * *Feroit-il.*

---

ce soit, chose au monde. *Rien*, qui, comme on sait, vient de *res*, est là dans sa signification primitive, qui est, *chose*. On dit, de même, tous les jours, *je ne crois pas qu'il fasse rien; je ne vois pas que cela termine rien.*

(1) *Pas* est de trop. Molière a fait assez souvent cette faute.

MONSIEUR JOURDAIN.

Ah! voilà tout le monde raisonnable. (*à madame Jourdain.*) Vous ne vouliez pas l'écouter. Je savois bien qu'il vous expliqueroit ce que c'est que le fils du grand-turc [1].

MADAME JOURDAIN.

Il me l'a expliqué comme il faut, et j'en suis satisfaite. Envoyons querir un notaire.

DORANTE.

C'est fort bien dit. Et afin, madame Jourdain, que vous puissiez avoir l'esprit tout-à-fait content, et que vous perdiez aujourd'hui toute la jalousie que vous pourriez avoir conçue de monsieur votre mari, c'est que nous nous servirons du même notaire pour nous marier, madame et moi.

MADAME JOURDAIN.

Je consens aussi à cela.

MONSIEUR JOURDAIN, *bas, à Dorante.*

C'est pour lui faire accroire.

DORANTE, *bas, à M. Jourdain.*

Il faut bien l'amuser avec cette feinte [2].

---

[1] Le consentement subit de Lucile et l'acquiescement non moins prompt de madame Jourdain, après la résistance qu'elles ont faite toutes deux, ne donnent pas à M. Jourdain le moindre soupçon de la supercherie. Dans un autre sujet, tout cela sembleroit grossier et invraisemblable, plus digne d'une parade que d'une comédie. Mais M. Jourdain étant décidément imbécille et insensé, Molière a proportionné ses moyens et ses effets à l'intelligence du personnage : plus de raffinement dans les uns et dans les autres eût été inutile et presque affecté.

[2] M. Jourdain a pris la vérité pour une feinte, et Dorante le confirme

ACTE V, SCÈNE VII.

MONSIEUR JOURDAIN, *bas.*

Bon, bon! (*haut.*) Qu'on aille querir le notaire.

DORANTE.

Tandis qu'il viendra et qu'il dressera les contrats, voyons notre ballet, et donnons-en le divertissement à son altesse turque.

MONSIEUR JOURDAIN.

C'est fort bien avisé. Allons prendre nos places.

MADAME JOURDAIN.

Et Nicole?

MONSIEUR JOURDAIN.

Je la donne au truchement; et ma femme, à qui la voudra (1).

COVIELLE.

Monsieur, je vous remercie. (*à part.*) Si l'on en peut voir un plus fou, je l'irai dire à Rome (2).

La comédie finit par un petit ballet qui avoit été préparé.

---

dans cette erreur. C'est une dernière tromperie qu'il lui fait. Il étoit dit que jusqu'au bout, et en toutes choses, M. Jourdain seroit dupe, et qu'il le seroit plus encore par sa propre sottise que par l'artifice d'autrui.

(1) M. Jourdain finit comme il a commencé, en mari libertin qui ne se soucie plus de sa femme et qui en convoite une autre. C'est assez l'usage des parvenus et des enrichis. M. Turcaret est encore, en ce point, l'imitateur de M. Jourdain.

(2) A la fin de *la Folle Gageure*, comédie de Boisrobert, dont le dénouement couronne les fourberies d'un valet, comme celui-ci met le comble aux folies de M. Jourdain, un personnage s'écrie:

Si quelqu'un fourbe mieux, je l'irai dire à Rome.

La phrase de Covielle semble être un souvenir de ce vers.

Le dénouement du *Bourgeois gentilhomme* est celui d'une farce, d'une parade. Rien n'y est fin, adroit et délicat : la sottise et l'extravagance de M. Jourdain dispensoient de toutes ces choses. M. Jourdain n'est ni détrompé, ni puni; mais il le sera plus tard; et, d'ailleurs, que nous importe ? La leçon n'est pas pour lui, qui est trop stupide pour en profiter; elle est pour le public. Dorante, a-t-on dit, n'est pas démasqué; et, sous ce point de vue, le dénouement est immoral. Ceci présente une question plus grave, dont je réserve l'examen pour la Notice.

PREMIÈRE ENTRÉE.

Un homme vient donner les livres du ballet, qui d'abord est fatigué par une multitude de gens de provinces différentes, qui crient en musique pour en avoir, et par trois importuns qu'il trouve toujours sur ses pas.

DIALOGUE DES GENS QUI EN MUSIQUE DEMANDENT DES LIVRES.

TOUS.

A moi, monsieur, à moi, de grace, à moi, monsieur :
Un livre, s'il vous plaît, à votre serviteur.

HOMME DU BEL AIR.

Monsieur, distinguez-nous parmi les gens qui crient.
Quelques livres ici; les dames vous en prient.

AUTRE HOMME DU BEL AIR.

Holà, monsieur! monsieur, ayez la charité
    D'en jeter de notre côté.

FEMME DU BEL AIR.

Mon dieu, qu'aux personnes bien faites
On sait peu rendre honneur céans!

AUTRE FEMME DU BEL AIR.

Ils n'ont des livres et des bancs
Que pour mesdames les grisettes.

GASCON.

Ah! l'homme aux libres, qu'on m'en vaille.
J'ai déja lé poumon usé.
Bous boyez qué chacun mé raille.

Et jé suis escandalisé
Dé boir ès mains *⁽¹⁾ de la canaille,
Ce qui m'est par bous refusé.

AUTRE GASCON.

Hé! cadédis, monseu, boyez qui l'on pût être.
Un libret, jé bous prie, au varon d'Asbarat.
Jé pensé, mordi, qué lé fat
N'a pas l'honnur dé mé connoître.

LE SUISSE.

Montsir le donner de papieir,
Que vuel dir sti façon de fifre?
Moi l'écorchair tout mon gosieir
A crieir,
Sans que je pouvre afoir ein liffre.
Pardi, ma foi, montsir, je pense fous l'être ifre.

VIEUX BOURGEOIS BABILLARD.

De tout ceci, franc et net,
Je suis mal satisfait.
Et cela sans doute est laid,
Que notre fille
Si bien faite et si gentille,
De tant d'amoureux l'objet,
N'ait pas à son souhait
Un livre de ballet,
Pour lire le sujet
Du divertissement qu'on fait;
Et que toute notre famille
Si proprement s'habille

VARIANTE. * *Aux mains.*

---

(1) *Ès mains.* — *Ès* est un mot formé par contraction de la préposition *en*, et de l'article pluriel *les*. Il n'est plus d'usage qu'en cette phrase, *maître ès arts*, et dans quelques locutions de palais.

Pour être placée au sommet
De la salle où l'on met
Les gens de l'entriguet (1) !
De tout ceci, franc et net,
Je suis mal satisfait;
Et cela sans doute est laid.

VIEILLE BOURGEOISE BABILLARDE.

Il est vrai que c'est une honte;
Le sang au visage me monte;
Et ce jeteur de vers, qui manque au capital,
L'entend fort mal :
C'est un brutal,
Un vrai cheval,
Franc animal,
De faire si peu de compte
D'une fille qui fait l'ornement principal
Du quartier du Palais-Royal,
Et que, ces jours passés, un comte
Fut prendre la première au bal.
Il l'entend mal;
C'est un brutal,
Un vrai cheval,
Franc animal.

HOMMES ET FEMMES DU BEL AIR.

Ah ! quel bruit !
   Quel fracas !
      Quel chaos !
         Quel mélange !
Quelle confusion !
   Quelle cohue étrange !

---

(1) Je n'ai trouvé le mot d'*entriguet* dans aucun livre, dans aucun dictionnaire, et j'en ignore entièrement la signification.

Quel désordre!

Quel embarras!

On y sèche.

L'on n'y tient pas.

GASCON.

Bentré! jé suis à vout.

AUTRE GASCON.

J'enragé, diou mé damne.

LE SUISSE.

Ah! que l'y faire saif dans sti sal de cians!

GASCON.

Jé murs!

AUTRE GASCON.

Jé perds la tramontane!

LE SUISSE.

Mon foi, moi, le foudrois être hors de dedans.

VIEUX BOURGEOIS BABILLARD.

Allons, ma mie,
Suivez mes pas,
Je vous en prie,
Et ne me quittez pas.
On fait de nous trop peu de cas,
Et je suis las
De ce tracas.
Tout ce fracas,
Cet embarras,
Me pèse par trop sur les bras.
S'il me prend jamais envie
De retourner de ma vie
A ballet ni comédie,
Je veux bien qu'on m'estropie.
Allons, ma mie,
Suivez mes pas,
Je vous en prie,

Et ne me quittez pas;
On fait de nous trop peu de cas.

VIEILLE BOURGEOISE BABILLARDE.

Allons, mon mignon, mon fils,
Regagnons notre logis;
Et sortons de ce taudis,
Où l'on ne peut être assis.
Ils seront bien ébaubis,
Quand ils nous verront partis.
Trop de confusion règne dans cette salle,
Et j'aimerois mieux être au milieu de la Halle.
Si jamais je reviens à semblable régalé [1],
Je veux bien recevoir des soufflets plus de six.
Allons, mon mignon, mon fils,
Regagnons notre logis,
Et sortons de ce taudis,
Où l'on ne peut être assis.

TOUS.

A moi, monsieur, à moi, de grace, à moi, monsieur:
Un livre, s'il vous plaît, à votre serviteur.

SECONDE ENTRÉE.

Les trois importuns dansent.

---

(1) J'ai eu plus d'une fois occasion de remarquer qu'autrefois on écrivoit indifféremment, *régal*, et *régale;* le premier seul est resté.

TROISIÈME ENTRÉE.

TROIS ESPAGNOLS, *chantant.*

Sé que me muero de amor
Y solicito el dolor.

Aun muriendo de querer,
De tan buen ayre adolezco
Que es mas de lo que padezco,
Lo que quiero padecer;
Y no pudiendo exceder
A mi deseo el rigor,

Sé que me muero de amor
Y solicito el dolor.

Lisonjeame la suerte
Con piedad tan advertida,
Que me asegura la vida
En el riesgo de la muerte.
Vivir de su golpe fuerte
Es de mi salud primor.

Sé que me muero de amor
Y solicito el dolor (1).

Six Espagnols dansent.

---

(1) Ces paroles espagnoles, et celles qui suivent, sentent ce qu'on appelle le *gongorisme*, c'est-à-dire le style précieux, obscur et guindé, que mit en crédit Gongora, poëte dont les succès signalèrent ridiculement la fin du seizième siècle et le commencement du siècle suivant. L'original

ACTE V, ENTRÉE III.

TROIS MUSICIENS ESPAGNOLS.

Ay! que locura, con tanto rigor
Quexarse de amor,
Del niño bonito
Que todo es dulzura.
Ay! que locura!
Ay! que locura!

ESPAGNOL, *chantant*.

El dolor solicita,
Él que al dolor se da :
Y nadie de amor muere,
Sino quien no sabe amar.

DEUX ESPAGNOLS.

Dulce muerte es el amor
Con correspondencia igual;
Y si esta gozamos hoy,
Porque la quieres turbar?

UN ESPAGNOL.

Alegrese enamorado
Y tome mi parecer,
Que en esto de querer,
Todo es hallar el vado.

---

est à peine intelligible; je ne me flatte pas de le faire mieux comprendre dans une traduction. Celle qu'on va lire est presque littérale, et je ne la donne que pour ceux qui veulent tout connoître.

« Je sais que je me meurs d'amour, et je recherche la douleur.

« Quoique mourant de desir, je dépéris de si bon air, que ce que je « desire souffrir est plus que ce que je souffre; et la rigueur de mon mal « ne peut excéder mon desir.

« Je sais, etc.

« Le sort me flatte avec une pitié si attentive, qu'il m'assure la vie dans « le danger de la mort. Vivre d'un coup si fort est le prodige de mon « salut.

« Je sais, etc. »

LE BOURGEOIS GENTILHOMME.

TOUS TROIS ENSEMBLE.

Vaya, vaya de fiestas!
Vaya de bayle!
Alegria, alegria, alegria!
Que esto de dolor es fantasia [1].

QUATRIÈME ENTRÉE.

ITALIENS.

UNE MUSICIENNE ITALIENNE *fait le premier récit, dont voici les paroles :*

Di rigori armata il seno,
Contro amor mi ribellai;
Ma fui vinta in un baleno,
In mirar due vaghi rai.
Ahi! che resiste puoco
Cor di gelo a stral di fuoco!

Ma sì caro è 'l mio tormento,
Dolce è sì la piaga mia,
Ch'il penare è mio contento,

---

[1] TRADUCTION. « Ah! quelle folie de se plaindre de l'Amour avec « tant de rigueur! de l'enfant gentil qui est la douceur même! Ah! quelle « folie! ah! quelle folie!

« La douleur tourmente celui qui s'abandonne à la douleur: et personne « ne meurt d'amour, si ce n'est celui qui ne sait pas aimer.

« L'amour est une douce mort, quand on est payé de retour; et, si nous « en jouissons aujourd'hui, pourquoi la veux-tu troubler?

« Que l'amant se réjouisse et adopte mon avis; car, lorsqu'on desire, tout « est de trouver le moyen.

« Allons, allons, des fêtes; allons, de la danse. Gai, gai, gai; la dou-
« leur n'est qu'une fantaisie. »

ACTE V, ENTRÉE IV.

E'l sanarmi è tirannia.
Ahi! che più giova e piace,
Quanto amor è più vivace!

Après l'air que la musicienne a chanté, deux Scaramouches, deux Trivelins et un Arlequin, représentent une nuit à la manière des comédiens italiens, en cadence. Un musicien italien se joint à la musicienne italienne, et chante avec elle les paroles qui suivent:

LE MUSICIEN ITALIEN.

Bel tempo che vola
Rapisce il contento:
D'Amor ne la scuola
Si coglie il momento.

LA MUSICIENNE.

Insin che florida
Ride l'età,
Che pur tropp'orrida,
Da noi sen va:

TOUS DEUX.

Sù cantiamo,
Sù godiamo
Ne' bei dì di gioventù;
Perduto ben non si racquista più.

MUSICIEN.

Pupilla ch' è vaga
Mill'alme incatena,
Fà dolce la piaga,
Felice la pena.

MUSICIENNE.

Ma poichè frigida
Langue l'età,

Più l'alma rigida
Fiamme non ha.
TOUS DEUX.
Sù cantiamo,
Sù godiamo
Ne' bei dì di gioventù;
Perduto ben non si racquista più (1).

Après les dialogues italiens, les Scaramouches et Trivelins dansent une réjouissance.

---

(1) TRADUCTION. « Ayant armé mon sein de rigueurs, je me révoltai
« contre l'Amour; mais je fus vaincue, avec la promptitude de l'éclair, en
« regardant deux beaux yeux. Ah! qu'un cœur de glace résiste peu à une
« flèche de feu!

« Cependant mon tourment m'est si cher, et ma plaie m'est si douce,
« que ma peine fait mon bonheur, et que me guérir seroit une tyrannie.
« Ah! plus l'amour est vif, plus il a de charmes et cause de plaisir.
« Le beau temps, qui s'envole, emporte le plaisir : à l'école d'Amour
« on apprend à profiter du moment.

« Tant que rit l'âge fleuri, qui trop promptement, hélas! s'éloigne de
« nous,

« Chantons, jouissons dans les beaux jours de la jeunesse; un bien
« perdu ne se recouvre plus.

« Un bel œil enchaîne mille cœurs; ses blessures sont douces; le mal
« qu'il cause est un bonheur.

« Mais, quand languit l'âge glacé, l'ame engourdie n'a plus de feux.

« Chantons, jouissons dans les beaux jours de la jeunesse; un bien
« perdu ne se recouvre plus. »

CINQUIÈME ENTRÉE.

FRANÇOIS.

DEUX MUSICIENS POITEVINS *dansent, et chantent les paroles qui suivent:*

PREMIER MENUET.

Ah! qu'il fait beau dans ces bocages!
Ah! que le ciel donne un beau jour!

AUTRE MUSICIEN.

Le rossignol, sous ces tendres feuillages,
Chante aux échos son doux retour!
Ce beau séjour,
Ces doux ramages,
Ce beau séjour
Nous invite à l'amour.

DEUXIÈME MENUET. — TOUS DEUX ENSEMBLE.

Vois, ma Climène,
Vois, sous ce chêne
S'entrebaiser ces oiseaux amoureux:
Ils n'ont rien dans leurs vœux
Qui les gêne;
De leurs doux feux
Leur ame est pleine.
Qu'ils sont heureux!
Nous pouvons tous deux,
Si tu le veux,
Être comme eux.

Six autres François viennent après, vêtus galamment à la poitevine, trois en hommes et trois en femmes, accompagnés de huit flûtes et de haut-bois, et dansent les menuets.

SIXIÈME ENTRÉE.

Tout cela finit par le mélange des trois nations, et les applaudissemens en danse et en musique de toute l'assistance, qui chante les deux vers qui suivent :

Quels spectacles charmans ! quels plaisirs goûtons-nous !
Les dieux mêmes, les dieux n'en ont point de plus doux [1].

---

[1] La première entrée de ce ballet a quelque chose de comique : elle peint, avec assez de vérité, la confusion, le désordre d'une distribution à laquelle beaucoup de gens prétendent à la fois, et surtout les plaintes orgueilleuses ou chagrines de ceux qui pensent y avoir les premiers droits. Le reste du ballet ne se compose que de paroles espagnoles, italiennes et françoises, qui sont des modèles de subtilité galante ou de fadeur pastorale.

FIN DU BOURGEOIS GENTILHOMME.

NOMS

DES PERSONNES QUI ONT CHANTÉ ET DANSÉ
DANS LE BOURGEOIS GENTILHOMME, COMÉDIE-BALLET.

DANS LE PREMIER ACTE.

UNE MUSICIENNE, mademoiselle *Hilaire*.
PREMIER MUSICIEN, le sieur *Langeais*.
SECOND MUSICIEN, le sieur *Gaye*.
DANSEURS, les sieurs *la Pierre, Saint-André* et *Magny*.

DANS LE SECOND ACTE.

GARÇONS TAILLEURS DANSANS, les sieurs *Dolivet, le Chantre, Bonard, Isaac, Magny* et *Saint-André*.

DANS LE TROISIÈME ACTE.

CUISINIERS DANSANS...

DANS LE QUATRIÈME ACTE.

PREMIER MUSICIEN, le sieur *Lagrille*.
SECOND MUSICIEN, le sieur *Morel*.
TROISIÈME MUSICIEN, le sieur *Blondel*.

CÉRÉMONIE TURQUE.

LE MUFTI CHANTANT, le sieur *Chiaccherone*.
DERVIS CHANTANS, les sieurs *Morel, Guingan le cadet, Noblet* et *Philibert*.

Turcs assistans du Mufti chantans, les sieurs *Estival*, *Blondel*, *Guingan l'aîné*, *Hédouin*, *Rebel*, *Gillet*, *Fernon le cadet*, *Bernard*, *Deschamps*, *Langeais* et *Gaye*.

Turcs assistans du Mufti dansans, les sieurs *Beauchamp*, *Dolivet*, *la Pierre*, *Favier*, *Mayeu*, *Chicanneau*.

DANS LE CINQUIÈME ACTE.

BALLET DES NATIONS.

PREMIÈRE ENTRÉE.

Un Donneur de Livres dansant, le sieur *Dolivet*.
Importuns dansans, les sieurs *Saint-André*, *la Pierre* et *Favier*.
Premier Homme du bel air, le sieur *le Gros*.
Second Homme du bel air, le sieur *Rebel*.
Première Femme du bel air...
Seconde Femme du bel air...
Premier Gascon, le sieur *Gaye*.
Second Gascon, le sieur *Guingan le cadet*.
Un Suisse, le sieur *Philibert*.
Un vieux Bourgeois babillard, le sieur *Blondel*.
Une vieille Bourgeoise babillarde, le sieur *Langeais*.
Troupe de Spectateurs chantans, les sieurs *Estival*, *Hédouin*, *Morel*, *Guingan l'aîné*, *Fernond*, *Deschamps*, *Gillet*, *Bernard*, *Noblet*, quatre Pages de la musique.
Filles coquettes, les sieurs *Jeannot*, *Pierrot*, *Renier*, un Page de la chapelle.

DEUXIÈME ENTRÉE.

Premier Espagnol chantant, le sieur *Morel*.
Second Espagnol chantant, le sieur *Gillet*.
Troisième Espagnol chantant, le sieur *Martin*.
Espagnols dansans, les sieurs *Dolivet*, *le Chantre*, *Bonard*, *Lestang*, *Isaac* et *Joubert*.
Deux autres Espagnols dansans, les sieurs *Beauchamp* et *Chicanneau*.

TROISIÈME ENTRÉE.

Une Italienne chantante, mademoiselle *Hilaire*.
Un Italien chantant, le sieur *Gaye*.
Scaramouches dansans, les sieurs *Beauchamp* et *Mayeu*.
Trivelins dansans, les sieurs *Magny* et *Foignard le cadet*.
Arlequin, le sieur *Dominique*.

QUATRIÈME ENTRÉE.

Premier Poitevin chantant et dansant, le sieur *Noblet*.
Second Poitevin chantant et dansant, le sieur *la Grille*.
Poitevins dansans, les sieurs *la Pierre*, *Favier* et *Saint-André*.
Poitevines dansantes, les sieurs *Favre*, *Foignard* et *Favier le jeune*.

NOTICE

HISTORIQUE ET LITTÉRAIRE

Sur le Bourgeois gentilhomme.

Le Bourgeois gentilhomme fut joué pour la première fois à Chambord, devant le Roi, le 14 octobre 1670. A cette représentation, le Roi n'avoit donné aucun signe de satisfaction; et, à son souper, il ne dit pas un seul mot à Molière. Ce silence du monarque parut aux courtisans une marque certaine de mécontentement, et ils se mirent à traiter le poëte comme un homme en disgrace, c'est-à-dire à le déchirer. J'emprunte ici les paroles d'un écrivain qui mérite, en général, peu de confiance, mais qui, cette fois, a pu faire un récit fidèle de l'aventure, d'après le témoignage de Baron, acteur dans la pièce, et confident des angoisses de l'auteur.

« *Molière nous prend assurément pour des grues, de croire* « *nous divertir avec de telles pauvretés*, disoit M. le duc de ***. « *Qu'est-ce qu'il veut dire avec son Halaba, balachou?* ajoutoit « M. le duc de ***. *Le pauvre homme extravague ; il est épuisé.* « *Si quelque auteur ne prend le théâtre, il va tomber. Cet homme-* « *là donne dans la farce italienne*. Il se passa cinq ou six jours

« avant que l'on représentât cette pièce pour la seconde fois;
« et, pendant ces cinq jours, Molière, tout mortifié, se tint ca-
« ché dans sa chambre. Il appréhendoit le mauvais compliment
« du courtisan prévenu. Il envoyoit seulement Baron à la décou-
« verte, qui lui rapportoit toujours de mauvaises nouvelles.
« Toute la cour étoit révoltée.

« Cependant on joua cette pièce pour la seconde fois. Après
« la représentation, le Roi, qui n'avoit point encore porté son
« jugement, eut la bonté de dire à Molière : *Je ne vous ai point
« parlé de votre pièce à la première représentation, parce que
« j'ai appréhendé d'être séduit par la manière dont elle avoit
« été représentée ; mais, en vérité, Molière, vous n'avez encore
« rien fait qui m'ait plus diverti, et votre pièce est excellente.*
« Molière reprit haleine au jugement de Sa Majesté, et aussitôt
« il fut accablé de louanges par les courtisans, qui tous d'une
« voix répétoient, tant bien que mal, ce que le Roi venoit de
« dire à l'avantage de la pièce. *Cet homme là est inimitable*,
« disoit le même duc de ***; *il y a un* vis comica *dans tout
« ce qu'il fait, que les anciens n'ont pas aussi heureusement ren-
« contré que lui.* »

Cette peinture naïve et sans art porte en elle-même la meilleure des garanties : elle est vraie, car il est impossible qu'elle
ne le soit pas.

Dans le mal que les courtisans dirent d'abord de la pièce, il
n'y eut peut-être ni méprise, ni mauvaise foi. Abandonnés à
leur propre jugement, tant que le monarque n'avoit pas exprimé
le sien, ils purent être offensés d'une comédie où un homme
de leur sorte, un comte ayant ses entrées chez le Roi, faisoit le
personnage d'un vil escroc; et, il faut le dire, le dépit assez lé-

gitime que leur pouvoit causer cette espèce d'attaque, trouvoit quelque matière à se venger dans la farce outrée et peu amusante qui termine et gâte la pièce. Dans ma supposition, leur honneur blessé n'osant se plaindre, leur goût choqué décria hautement un ouvrage où il y avoit à la fois de quoi motiver leur courroux et justifier leur dédain ; et ils ne manquèrent véritablement de sincérité que lorsqu'ils répétèrent, en enchérissant, les louanges données par le Roi à une comédie dont ils avoient eu l'imprudence de dire leur avis avant de connoître assez bien celui du maître. Encore une fois, je ne donne ceci que comme une conjecture, car rien ne prouve qu'ils aient été déterminés par ce motif, et je croirois plutôt qu'ils n'en ont pas eu d'autre qu'un empressement indiscret à blâmer tout haut ce que le monarque sembloit avoir désapprouvé tout bas.

Le respect que Louis XIV avoit de lui-même s'étendoit ordinairement jusqu'à ceux qui avoient l'honneur de l'approcher et de le servir. Mais il n'avoit pas cru y manquer en permettant à Molière d'égayer plus d'une fois le public aux dépens de ces jeunes marquis éventés, dont Turlupin étoit le modèle, et Mascarille, des *Précieuses,* une copie à peine exagérée. Dorante est tout autre chose : il n'est nullement ridicule, et il est excessivement vil. Il ne se borne pas à emprunter pour ne jamais rendre, et à épuiser le coffre-fort d'un sot bourgeois, en se moquant de lui; il fait semblant de s'entremettre pour favoriser les folles amours de M. Jourdain auprès d'une belle marquise dont il est lui-même l'amant; et, ce qui n'est pas une feinte, il enrichit sa maîtresse, qui va devenir sa femme, des dons précieux qu'il est chargé par un autre de lui faire accepter. En un mot, il mérite, en apparence, une qualification tellement infâme, que la plume se refuse à l'écrire; et, dans la réalité, celle de fripon lui est trop bien due. Comment le Roi ne fut-il pas choqué de l'odieuse bassesse d'un tel caractère, appliqué à un homme de sa cour, de sa suite, et presque de sa familiarité? Cette sorte d'indifférence peut s'expliquer par deux causes.

Louis XIV, justement nommé le plus honnête homme de son royaume, étoit particulièrement ennemi du vice et du désordre; mais les mœurs générales dominent l'opinion même de ceux qui n'y participent pas : or, celles de la cour se ressentirent, durant tout son règne, de cette licence, de cette dépravation qu'avoient engendrées les troubles de sa minorité, et qui devoient, après sa mort, reprendre de nouvelles forces sous une minorité nouvelle. Nombre de faits, scandaleusement célèbres, attestent que, pendant cette longue période, il exista pour la haute noblesse une sorte de morale et même de probité cavalières, tellement propres aux personnes de cette classe, qu'on les voyoit se glorifier avec impunité des mêmes choses qu'un roturier n'eût pas faites sans honte ou sans châtiment. Il doit suffire ici d'un seul exemple. Dans sa jeunesse, le brillant chevalier de Grammont trouvoit plaisant de voler au jeu, et même d'appeler au secours d'une adresse coupable une violence plus coupable encore, en appuyant une partie de quinze d'un détachement d'infanterie; et, vers la fin de sa longue carrière, il s'indigna des scrupules bourgeois de Fontenelle, qui, censeur du livre d'Hamilton, vouloit en effacer le récit de ces charmans larcins et de ces aimables guet-apens, comme pouvant porter quelque atteinte à l'honneur d'un gentilhomme. Dorante, escroquant M. Jourdain, n'étoit pas plus vil; il étoit aussi plaisant, et il ne devoit pas scandaliser davantage un siècle dont l'ami de Matta continuoit à faire les délices.

Il me reste à développer une autre considération. Ici, c'est Louis XIV lui-même qu'il faut que j'accuse, et je le fais sans crainte. Quelques défauts, quelques torts, dont la plupart furent si magnanimement effacés par son propre aveu, pourroient-ils jamais obscurcir son noble caractère et son glorieux règne? Louis XIV, accoutumé par son éducation et par la flatterie universelle à tout rapporter à sa personne, et d'autant plus avide de divertissement qu'il s'étoit condamné à plus d'ennui par la sévérité de son étiquette, mettoit son plaisir au-dessus de beaucoup de choses, accordoit de grands privilèges à ceux qui étoient chargés de le récréer, et considéroit quelquefois trop peu les intérêts qui se trouvoient en opposition avec ceux de son amusement. Une circonstance qui s'attache à la représentation même du *Bourgeois gentilhomme* nous en fournit une nouvelle preuve. Lulli avoit fait la musique des divertissemens, et avoit même chanté le rôle du mufti dans la cérémonie turque. Il avoit, depuis long-temps, des lettres de noblesse; mais, ayant entendu dire que, s'il avoit voulu être secrétaire du Roi, la compagnie se seroit opposée à ce qu'il le fût, il se mit en tête de le devenir, pour mortifier leur vanité, beaucoup plus que pour flatter la sienne. Le Roi, qu'il avoit prodigieusement diverti par ses grimaces et ses contorsions grotesques sous l'énorme turban dont il s'étoit affublé, lui en fit des complimens. Le rusé Florentin prit un air contristé, et dit: *Sire, vous me comblez de bontés; mais j'avois dessein d'être secrétaire du roi, et vos secrétaires ne voudront plus me recevoir.* — *Ils ne voudront plus vous recevoir!* s'écria le Roi; *ce sera bien de l'hon-*

neur pour eux. Allez, voyez M. le chancelier. A cette nouvelle, tout le sceau, indigné, se répandit en murmures. Louvois, le fier Louvois, qui, en qualité de secrétaire d'état, appartenoit à la compagnie, fut indigné de la témérité du farceur italien, et la lui reprocha avec une dureté qu'il employoit quelquefois plus mal. *Il vous sied bien,* lui dit-il, *d'aspirer à une charge honorable, vous qui n'avez d'autre recommandation et d'autres services que d'avoir fait rire le Roi!* — *Hé! tétebleu,* lui répondit Lulli, *vous en feriez autant, si vous le pouviez.* La riposte étoit gaillarde, et l'on fut d'avis à la cour qu'il n'y avoit, dans tout le royaume, que le maréchal de La Feuillade et Lulli qui eussent pu répondre à M. de Louvois de ce ton-là. En effet, le franc-parler hautain d'un grand seigneur et la familiarité impudente d'un bouffon, sont comme deux extrêmes qui se touchent, et semblent jouir des mêmes prérogatives. Le Roi soutint le farceur qui le faisoit rire contre le ministre qui le faisoit vaincre; et le chancelier, plus docile aux desirs de son maître que jaloux de la gloire du corps qu'il présidoit, repoussa les remontrances de ceux qui n'étoient pas sensibles à l'honneur d'avoir Lulli pour confrère, en termes plus mortifians que n'avoit fait le monarque lui-même. Lulli obtint ses provisions *avec des agrémens inouïs;* et, afin que la chose finît comme elle avoit commencé, c'est-à-dire par une farce, le jour de sa réception, après un magnifique repas donné à ses nouveaux confrères, il les mena tous à l'Opéra, où l'on représentoit un de ses ouvrages: quarante graves personnages, en manteau noir et en grand chapeau, occupant les quatre premiers rangs de l'amphithéâtre, ne donnèrent pas au public un spectacle moins amusant que celui de la scène; et le malicieux baladin dut bien rire en lui-même de ce dénouement, qui étoit presque aussi grotesque que la cérémonie turque. Les gens du sceau avoient répété la scène de Chambord : ceux qui avoient déclamé avec le plus de force contre l'indignité du nouveau choix, furent les plus ardens à complimenter celui qui en étoit l'objet. Louvois lui-même ne crut pas devoir garder sa mauvaise humeur. Suivi d'un gros de courtisans, il rencontra bientôt après Lulli, à Versailles : *Bonjour*, lui dit-il en passant, *bonjour, mon confrère* ; et cela, dans le temps, s'appela un bon mot de M. de Louvois, qui n'avoit jamais été si plaisant. Les détails de cette aventure peuvent paroître assez gais; mais il y a dans le fond quelque chose de triste. Lulli, justement décrié pour ses mœurs infâmes, ne méritoit d'entrer dans aucune compagnie honorable; et, suivant les idées du siècle, il venoit peut-être de s'en rendre plus indigne encore, en montant comme farceur sur un théâtre. L'artificieux Italien avoit pressenti que cette dernière circonstance, qui sembloit devoir l'exclure à jamais du sceau, seroit précisément le moyen qui l'y feroit arriver; et il avoit brigué à dessein cette espèce de déshonneur. Il intéressa la générosité du Roi, en paroissant avoir sacrifié son ambition au desir de l'amuser; et il intéressa bien plus sûrement encore son orgueil, en se montrant victime des dédains de quelques officiers subalternes, pour la même action qui lui avoit valu l'auguste approbation du maître; et le Roi, si porté, en général, à respecter les bienséances, les enfreignit cette fois pour venger Lulli et lui-même d'une espèce d'injure que le Florentin avoit eu l'art de rendre commune à tous deux.

La comédie du *Bourgeois gentilhomme* avoit trop déplu à la cour, pour ne pas plaire beaucoup à la ville. Ce n'étoit pas, en cette occasion, différence de goût; c'étoit opposition naturelle de sentimens et d'intérêts. La bourgeoisie se trouvoit à la fois vengée des Dorantes qui l'escroquoient en se moquant d'elle, et des Jourdains qui rougissoient de lui appartenir, après s'être enrichis dans ses rangs. La pièce, jouée à Paris, le 23 novembre 1670, eut vingt-quatre représentations.

On prétendit, dans le temps, que Molière avoit pris pour modèle de son principal personnage un nommé Gandouin, qui, ayant amassé une grande fortune dans l'état de chapelier, l'avoit dépensée follement, en fréquentant des grands seigneurs, et en entretenant des coquettes. Molière avoit-il besoin qu'un Gandouin se ruinât par sotte vanité, pour penser à mettre sur la scène un travers qui étoit alors une sorte d'épidémie? Cette fureur de mettre des noms aux portraits du théâtre appartient à ces ridicules fureteurs d'anecdotes, qui, trop préoccupés du futile objet de leurs recherches, sont incapables de concevoir les procédés du génie comique. Cent mille bourgeois, peut-être, étoient atteints de la manie de s'élever au-dessus de leur condition. De cette foule de sots, Molière fit un seul homme, qu'il appela M. Jourdain; et, loin que, dans cet homme, le public vît le chapelier Gandouin, il n'y eut peut-être pas un seul spectateur qui n'y aperçût quelqu'un de son voisinage ou de sa connoissance.

Molière, en effet, n'avoit peut-être pas encore peint un travers aussi commun en France, et, pour ainsi dire, aussi national. La Fontaine a dit:

> La sotte vanité nous est particulière;
> C'est proprement le mal françois.

Elle est chez nous de tous les états, depuis les plus humbles jusqu'aux plus élevés. La Fontaine a dit encore :

> Tout bourgeois veut bâtir comme les grands seigneurs ;
> Tout petit prince a des ambassadeurs ;
> Tout marquis veut avoir des pages.

M. Jourdain est le type de cette manie universelle : il n'y a qu'à descendre ou à monter, en idée, l'échelle des rangs ; et, dans ce bourgeois qui fait le gentilhomme, on reconnoîtra toutes les espèces de gens qui veulent sortir de leur condition. Molière a justement saisi le dégré de la société où il devoit placer son personnage ; et Voltaire a rendu parfaitement sensible l'excellence de son choix : « La folie du Bourgeois, dit-il, est la seule « qui soit comique, et qui puisse faire rire au théâtre : ce sont « les extrêmes disproportions des manières et du langage d'un « homme, avec les airs et les discours qu'il veut affecter, qui « font un ridicule plaisant. Cette espèce de ridicule ne se trouve « point dans les princes ou dans les hommes élevés à la cour, « qui couvrent toutes leurs sottises du même air et du même lan- « gage ; mais ce ridicule se montre tout entier dans un bourgeois « élevé grossièrement, et dont le naturel fait à tout moment un « contraste avec l'art dont il veut se parer. »

Pour sentir quels durent être à la fois l'effet comique et l'effet moral de la pièce, il faut se reporter au règne de Louis XIV, et considérer quel étoit, à cette époque, l'état de l'opinion, relativement à la noblesse. La noblesse, dépouillée du pouvoir féodal, mais conservant de précieuses immunités, et possédant seule, comme un vaste apanage, les emplois élevés de la magistrature et des armes, la noblesse étoit véritablement une classe d'hommes à part. L'orgueil et la bassesse conspirant pour un même résultat, des respects dus à une prééminence sociale, avoient fini par être exigés et rendus comme des hommages à une supériorité naturelle. On ne sauroit affirmer si des roturiers crurent sincèrement qu'ils étoient formés d'un limon plus grossier que celui dont les nobles étoient pétris; mais on a la preuve que quelques-uns de ceux-ci le pensèrent de bonne foi : c'étoit un travers dont beaucoup d'esprit ne préservoit pas, et qu'il contribuoit quelquefois à faire naître. Quoi qu'il en soit, la noblesse satisfaisoit en même temps les deux principales choses qui servent de mobile et de but aux actions humaines, la vanité et l'intérêt. Ces avantages réunis excitoient naturellement la fierté de ceux qui les possédoient, et la convoitise de ceux qui en étoient privés. Étrange illusion ! bizarre inconséquence ! une chose presque toute d'opinion, une chose qui avoit communément sa source dans de grands services rendus à l'état par des ancêtres, et qui étoit l'ouvrage du temps seul, des hommes, enrichis dans un obscur négoce, furent assez insensés pour croire qu'ils pouvoient se la procurer à prix d'argent, en aussi peu d'instans qu'il en falloit pour compter la somme. Les besoins du gouvernement avoient mis cette taxe sur la vanité françoise; et, comme on dit en langage d'économie politique, la matière imposable n'avoit pas manqué. Qu'arrivoit-il de ces nouveaux anoblis ? Pareils à certains animaux qu'une conformation équivoque semble faire participer de deux espèces différentes, qui s'accordent à les repousser, ils étoient également méconnus par les nobles et par les roturiers : les uns n'en vouloient pas encore, les autres n'en vouloient plus. Leur noblesse, enregistrée au sceau, mais non ratifiée par l'opinion, autorité souveraine en pareille matière, se résolvoit en une constitution de rente perpétuelle, dont l'intérêt se payoit en exemption de certaines charges publiques. Tout objet de commerce, tout monopole a ses faussaires, ses fraudeurs et ses larrons particuliers. Beaucoup de gens étant desireux de la noblesse pour ses avantages honorifiques ou pécuniaires, il s'établit des fabricateurs de faux titres, qui anoblissoient à vil prix; et plusieurs, fraudant la fraude elle-même, se donnèrent, sans bourse délier, des qualifications, des armoiries, et même des parchemins, plutôt que de les acheter à ceux qui les vendoient en contrebande. Ils avoient, les uns et les autres, cet avantage sur les acquéreurs légitimes, qu'ils se procuroient pour peu de chose, ou pour rien, une noblesse ancienne, au lieu d'une noblesse toute neuve qu'il leur eût fallu payer cher. Plus d'une fois, le gouvernement de Louis XIV fit faire la recherche des faux nobles et des faux généalogistes.

Le gouvernement n'eût peut-être pas permis qu'on se moquât sur le théâtre de ceux qui achetoient la noblesse, puisque c'étoit une branche des revenus publics; et la générosité ne permettoit guère d'y attaquer ceux qui l'usurpoient, puisque les cours de justice étoient à leur poursuite. La Muse comique ne pouvoit donc lancer ses traits que contre les manans qui se rendoient ridiculement malheureux en s'alliant à la gentilhommerie, ou les bourgeois qui se ruinoient follement par la fréquentation de la noblesse, et l'imitation de ses manières. Molière s'empara de ces deux sujets : il fit de l'un *George Dandin*, et de l'autre *le Bourgeois gentilhomme*.

Presque tout, dans *le Bourgeois gentilhomme*, porte l'empreinte d'une grande précipitation. Entre autres marques, les trois premiers actes sont d'une disproportion dont notre théâtre n'offriroit peut-être pas un autre exemple : le second est double de celui qui le précède, et tous deux ensemble n'égalent pas la longueur du troisième. Mais, quoi qu'on y puisse reprendre, cette pièce ne peut être considérée comme un ouvrage médiocre, un ouvrage du second ordre : c'est plutôt ce qu'on pourroit appeler la moitié d'un chef-d'œuvre. Les trois premiers actes, en effet (mettant à part cette différence d'étendue, qui est le moindre des défauts), sont égaux, en leur genre, à tout ce que Molière a composé de plus parfait; et, si les deux derniers sont une farce plus folle que plaisante, c'est que les ordres du Roi ne laissèrent pas au poète le temps de finir ainsi qu'il avoit commencé, ou peut-être que la destination particulière du spectacle le contraignit de terminer par un de ces divertissemens de danse et de musique, qu'il est si difficile de faire sortir naturellement d'une véritable action comique. On diroit un de ces monumens à moitié construits avec la pierre ou le marbre, qu'on achève à la hâte, pour quelque fête, en charpente et en menuiserie légère.

L'exposition, par sa vraisemblance et sa simplicité, est remarquable entre toutes celles de Molière, qui n'en a guère imaginé que d'excellentes : c'est celle du caractère de M. Jourdain; et elle se fait tout naturellement par la conversation qu'ont ensemble le maître à danser et le maître de musique, en attendant que paroisse le sot et riche bourgeois, qui paie leurs leçons sans en profiter, et salarie leurs talens sans s'y connoître.

Ces deux personnages accessoires ne font pas seulement l'exposition; ils occupent le premier acte tout entier. Deux autres personnages de même nature, le maître d'armes et le maître de philosophie, viennent se joindre à eux; et, tous les quatre, ils remplissent presque entièrement le second acte. Molière, dans plusieurs de ses chefs-d'œuvre, a un acte tout épisodique : ici, il en a deux, et ce sont les deux premiers de la pièce. On pourroit presque en former une petite comédie à part, qu'on intituleroit, si l'on vouloit : *les Leçons en ville*, ou *les Coureurs de cachets*. *Le Bourgeois gentilhomme* est donc un drame d'une composition toute particulière, et qui pourroit même sembler vicieuse, si, dans ces deux premiers actes, où la véritable action n'est pas même entamée, et où le personnage principal ne fait, en quelque sorte, que se montrer, Molière, en faisant parler seulement son héros, ne réussissoit à le peindre aussi bien que s'il le faisoit agir, et ne nous préparoit merveilleusement, par toutes les sottises qu'il lui fait dire, à toutes les folies que bientôt il lui fera faire. Nous le connoissons : qu'il agisse enfin; et, quoi qu'il fasse, si nous n'avons pas tout prévu, nous ne pourrons, du moins, être étonnés de rien.

Autour du ridicule principal qui domine toute la composition, quel nombreux et plaisant cortége de ridicules secondaires, qui, tour à tour, lui donnent ou en reçoivent du lustre ! Ici, se présentent un maître de danse et un compositeur de musique : celui-ci, qu'un art plus noble devroit rendre plus sensible à l'amour de la gloire, confesse, avec une assez basse ingénuité, qu'il est mu principalement par l'amour de l'or; et celui-là, plus jaloux de l'honneur, précisément parce qu'il a moins droit d'y prétendre, prouve que la vanité d'un artiste est toujours proportionnée à la futilité de l'art qu'il exerce. Là, un maître d'escrime étale à nos yeux l'insolence brutale d'une profession qui est bien moins, peut-être, un apprentissage de bravoure que de poltronnerie, et qui ne voit rien de plus beau qu'un coup d'épée paré, si ce n'est un coup d'épée donné; et un précepteur de sagesse, après avoir débité d'admirables maximes contre la colère et l'orgueil, fait éclater dix fois plus d'orgueil et de colère que ceux qu'il vient de gourmander. Plus loin, un simple artisan, un tailleur, parle avec le plus risible enthousiasme d'un métier que la fatuité met en crédit; et ses ouvriers, qui n'ont pas encore le droit d'avoir de la vanité, rançonnent, en attendant, celle d'autrui, et se font payer par un fou des qualifications qu'un homme sensé puniroit comme d'insultantes moqueries.

Tandis que le ridicule et le vice sont amplement représentés dans cette comédie par un sot entouré de fripons et de flatteurs, la raison et la droiture y sont figurées par deux personnages de physionomie différente, Cléonte et madame Jourdain. Madame Jourdain appartient à cette bourgeoisie de marchands et d'artisans, que les lumières du simple bon sens, aidées des quatre règles de l'arithmétique, guidoient merveilleusement dans toutes les actions de leur vie, qui savoient s'enrichir sans qu'il en coutât trop à leur conscience, et dont le langage, un peu grossier, étoit animé plutôt qu'embelli par une foule de quolibets et de dictons populaires. Cléonte fait partie de cette autre bourgeoisie plus élevée, ou (soit dit sans jeu de mots) mieux élevée, qui exerçoit les professions libérales, et entroit, soit dans les charges, soit dans le service militaire. Celle-ci ne dédaignoit pas la première, et, souvent, elle recherchoit son alliance, afin d'y trouver la fortune; mais une plus grande délicatesse de sentimens, une plus grande étendue de lumières, une plus grande politesse de mœurs et de langage, la plaçoit à la tête de toutes les classes dont se composoit la roture, et la mettoit presque de niveau avec la noblesse. Puisque j'ai commencé à examiner comparativement les différens étages de la société, j'en prendrai occasion de faire remarquer ici que Molière, presque toujours, donne aux enfans des expressions plus élégantes, des idées plus raffinées, et même des sentimens plus élevés qu'à leurs parens. Si Lucile, par exemple, n'a pas plus de raison que madame Jourdain, sa mère, elle a, du moins, un beaucoup meilleur langage. Il en est de même d'Henriette à l'égard de Chrysale, son père. Orgon et Harpagon, les Gorgibus et les Sganarelles, tous les pères, en un mot, même ceux qui ne sont pas ridicules ou vicieux, ont, par rapport à leurs enfans, une certaine grossièreté de pensées, de discours et de manières, qui semble appartenir à un autre siècle. Ce mouvement d'ascension, que l'on croiroit particulier au nôtre, et en vertu duquel tous les parens, dans les classes inférieures, donnent à leurs enfans une éducation supérieure à celle qu'ils ont reçue, pour les rendre capables d'une profession plus élevée que celle qu'ils exercent, ce mouvement existoit déja sans doute, quoique beaucoup moins fort; et l'on diroit que Molière en a voulu marquer les progrès naissans, lorsqu'il a donné à tous les enfans, sur tous les pères, cette espèce de prééminence intellectuelle, dont il seroit difficile d'assigner autrement la cause. Je reviens à madame Jourdain et à Cléonte. Aristote veut qu'aucun personnage tragique ne soit absolument vertueux; et ce devoit être la première loi d'un art qui a pour objet de peindre la nature humaine. Il est peut-être plus nécessaire encore qu'aucun personnage comique ne soit entièrement exempt de vice ou de ridicule. D'après ce principe, auquel Molière n'a jamais manqué (j'excepte quelques raisonneurs, personnages sans action, et bornés à des discours moraux), madame Jourdain, toute sensée qu'elle est, a pourtant certaines prétentions qui le sont assez peu : mère d'une grande fille à marier, elle se fâche de ce qu'on lui parle de son jeune âge comme d'une chose passée; et elle demande avec aigreur, *si c'est que la tête lui grouille déja*. Quant à Cléonte, il a d'abord sa part, en qualité d'amoureux, de cette aimable déraison que la sagesse même envieroit, et dont l'insensibilité seule pourroit gronder. Ensuite, il a plus qu'un ridicule; il a un tort, et même assez grave, celui de donner les mains à une insolente mystification dirigée contre l'homme dont il veut devenir le gendre, et, qui plus est, d'y prendre le principal rôle. Il est vrai que son amour, approuvé de tous, n'a pour ennemi que la folle vanité de M. Jourdain; et, dans cet état d'hostilité ouverte, il peut croire qu'où la force ne sauroit être mise en usage, il doit être permis d'employer la ruse.

Dans cette revue des personnages de la pièce, pourrois-je oublier cette excellente Nicole, qui rit de si bon cœur, et dont le rire est si communicatif? Elle est une de ces véritables servantes que Molière a mises le premier sur le théâtre, où elles ont retenu son nom, et qu'on y a remplacées, depuis, par ces élégantes et ingénieuses soubrettes, que le tablier seul distingue de leurs maîtresses. Moins spirituelle et moins bien disante que Dorine du *Tartuffe*, dont les maîtres, sous ce rapport, sont supérieurs eux-mêmes à M. et à madame Jourdain, elle est moins simple et moins incorrecte en son langage que Martine des *Femmes savantes*, dont le patois rustique ne sauroit contraster trop fortement avec le purisme pédantesque de Philaminte et de Bélise. Du reste, Nicole est tout et elle est seulement ce qu'elle doit être. Fille de bon sens et domestique dévouée, elle ne s'élève pourtant pas au-dessus de la sphère naturelle de ses idées et de ses intérêts : tandis que madame Jourdain se lamente sur les ruineuses folies de son mari, elle rit à gorge déployée du grotesque accoutrement de son maître; et la seule chose qui la désole dans ce nouveau train de vie, c'est qu'elle prend beaucoup de peine pour *tenir son ménage propre*, sans pouvoir en venir à bout.

Pour la troisième, et heureusement pour la dernière fois, J. J. Rousseau attaque Molière, comme favorisant les mauvaises mœurs, comme immolant l'honnêteté sotte et ridicule au vice ingénieux et élégant. « Quel est le plus blâmable, dit-il, d'un « bourgeois sans esprit et vain, qui fait sottement le gentil-« homme, ou du gentilhomme fripon qui le dupe? Dans la « pièce, ce dernier n'est-il pas l'honnête homme? n'a-t-il pas « pour lui l'intérêt? et le public n'applaudit-il pas à tous les « tours qu'il fait à l'autre? » Ce sont exactement les mêmes paralogismes que j'ai déja réfutés à l'occasion de *l'Avare* et de *George Dandin;* c'est toujours ce double vice de raisonnement, qui consiste, d'une part, non pas seulement à poser en fait ce qui est en question, mais à affirmer le contraire de ce qui est certain; et, de l'autre, à confondre le but moral que se propose le poëte, avec les moyens qu'il emploie pour y arriver. S'il s'agissoit d'un sophiste vulgaire, la fausseté palpable de ces argumens dispenseroit d'y répondre, surtout une troisième fois; mais on doit à un homme tel que Rousseau, on doit principalement à ceux qu'il pourroit abuser par le prestige de son talent et de sa renommée, de plaider contre lui la cause de la vérité, toutes les fois qu'il lui plaît de prendre en main celle de l'erreur. *Quel est le plus blâmable*, demande Rousseau, *de la dupe ou du fripon?* Je laisse de côté cette question, que Rousseau n'a pas proposée sérieusement; mais dont la réponse, qui ne peut être douteuse, doit servir de fondement à sa fausse argumentation. *Dans la pièce, ce dernier* (le fripon) *n'est-il pas l'honnête homme?* Rousseau abuse ici d'un terme équivoque, et il feint de le mal comprendre, afin de l'appliquer plus mal encore. En langage de littérature dramatique, on appelle *l'honnête homme de la pièce*, non pas précisément le personnage le plus vertueux, mais le personnage qui, étant exactement opposé à celui dont on joue le vice ou le ridicule, obtient au dénouement le triomphe dû à la probité ou à la raison. Dans *le Bourgeois gentilhomme*, quel est le personnage qui réunit ces deux conditions? C'est Cléonte, assurément; car la noble et périlleuse sincérité avec laquelle il convient de sa condition, est tout le contraire de la folle vanité de M. Jourdain, qui désavoue la sienne; et, tandis que l'imbécille bourgeois finit par être dupe de la plus grossière imposture, l'estimable roturier arrive au comble de ses vœux, en obtenant la main de celle qu'il aime. Rousseau ne pouvoit ignorer toutes ces choses; mais, par une des plus étranges saillies de son humeur sophistique, il a trouvé plaisant d'appliquer cette expression convenue d'*honnête homme*, à un homme qui n'est rien moins qu'honnête, en en dépouillant celui à qui elle convient dans toutes ses acceptions. *N'a-t-il pas* (toujours le fripon), *n'a-t-il pas pour lui l'intérêt? et le public n'applaudit-il pas à tous les tours qu'il fait à l'autre?* Quoi! Dorante auroit pour lui l'intérêt! Non : le mépris est son seul partage; et tous les cœurs répondent à celui de madame Jourdain, lorsqu'elle lui reproche énergiquement la bassesse de sa conduite. L'intérêt est pour la femme honnête et sensée qui gémit des désastreuses folies de son mari, sans pouvoir les empêcher; il est pour la jeune fille aimable et sensible qu'un père extravagant veut sacrifier à sa chimère; il est, enfin, pour le jeune homme plein de franchise et d'amour, dont cette même manie repousse l'ardente et honorable poursuite. Quand, dans une comédie qui prétend moins qu'aucune autre à exciter l'intérêt, se trouvent trois personnages qui sont vraiment dignes d'inspirer ce sentiment, il faut supposer dans le public l'excès de la sottise ou de la dépravation, pour croire qu'il le portera de préférence sur un escroc titré, dont les brillans dehors ne peuvent dérober aux yeux la turpitude. *Le public applaudit à tous les tours qu'il fait à l'autre.* Oui, sans doute; mais parce que ces tours sont la punition d'un homme ridicule et répréhensible, et non pas parce qu'ils sont l'ouvrage d'un homme élégant et vicieux. La moralité de la pièce est qu'il ne faut pas qu'un bourgeois dédaigne son état et la société de ses égaux, sous peine de trouver quelque seigneur besogneux et peu délicat qui flatte sa manie pour épuiser sa bourse; elle n'est pas, cette moralité, qu'il faut qu'un grand seigneur sans argent tâche de rencontrer un bourgeois sans esprit, pour le voler et se moquer de lui.

PSYCHÉ,

TRAGÉDIE-BALLET.

1671.

LE LIBRAIRE AU LECTEUR.

Cet ouvrage n'est pas tout d'une main. M. Quinault a fait les paroles qui s'y chantent en musique, à la réserve de la plainte italienne. M. de Molière a dressé le plan de la pièce, et réglé la disposition, où il s'est plus attaché aux beautés et à la pompe du spectacle, qu'à l'exacte régularité. Quant à la versification, il n'a pas eu le loisir de la faire entière. Le carnaval approchoit, et les ordres du Roi, qui se vouloit donner ce magnifique divertissement plusieurs fois avant le carême, l'ont mis dans la nécessité de souffrir un peu de secours. Ainsi il n'y a que le prologue, le premier acte, la première scène du second, et la première du troisième, dont les vers soient de lui. M. Corneille a employé une quinzaine au reste; et, par ce moyen, Sa Majesté s'est trouvée servie dans le temps qu'elle l'avoit ordonné [1].

---

[1] Il est difficile de croire que cet avertissement soit du *libraire*, bien qu'il lui soit attribué. Cette connoissance exacte de la manière dont l'ouvrage fut composé, et de la part plus ou moins grande que chacun des trois auteurs eut à son exécution, et principalement ce soin de justifier la pièce du reproche d'irrégularité qui pouvoit lui être fait, tout cela appartient beaucoup mieux à l'auteur principal, à Molière, qui fit imprimer lui-même la tragédie-ballet de *Psyché*, et la fit vendre à son profit, comme on le voit sur le titre de l'édition originale. C'est là le motif qui m'a déterminé à placer ici cet avertissement, qui a disparu depuis long-temps des éditions de Molière.

ACTEURS.

JUPITER.
VÉNUS.
L'AMOUR.
ZÉPHYRE.
ÆGIALE, } Graces.
PHAÈNE, }
LE ROI, père de Psyché.
PSYCHÉ.
AGLAURE, } sœurs de Psyché.
CIDIPPE, }
CLÉOMÈNE, } princes, amans de Psyché.
AGÉNOR, }
LYCAS, capitaine des gardes.
LE DIEU D'UN FLEUVE.

PROLOGUE.

La scène représente, sur le devant, un lieu champêtre, et, dans l'enfoncement, un rocher percé à jour, au travers duquel on voit la mer en éloignement.

Flore paroît au milieu du théâtre, accompagnée de Vertumne, dieu des arbres et des fruits, et de Palémon, dieu des eaux. Chacun de ces dieux conduit une troupe de divinités : l'un mène à sa suite des dryades et des sylvains, et l'autre des dieux des fleuves et des naïades. Flore chante ce récit pour inviter Vénus à descendre en terre :

Ce n'est plus le temps de la guerre ;
Le plus puissant des rois
Interrompt ses exploits,
Pour donner la paix à la terre [1].
Descendez, mère des amours,
Venez nous donner de beaux jours.

Vertumne et Palémon, avec les divinités qui les accompagnent, joignent leurs voix à celle de Flore, et chantent ces paroles :

---

[1] On jouissoit encore des douceurs de la paix signée à Aix-la-Chapelle le 2 mai 1668, et le Roi venoit de détacher l'Angleterre de la ligue que cette puissance, la Hollande et l'Espagne, avoient formée contre lui.

PROLOGUE.

CHOEUR DES DIVINITÉS *de la terre et des eaux, composé de Flore, nymphes, Palémon, Vertumne, sylvains, faunes, dryades et naïades.*

> Nous goûtons une paix profonde,
> Les plus doux jeux sont ici-bas.
> On doit ce repos plein d'appas
> Au plus grand Roi du monde.
> Descendez, mère des Amours,
> Venez nous donner de beaux jours.

Il se fait ensuite une entrée de ballet, composée de deux dryades, quatre sylvains, deux fleuves et deux naïades. Après laquelle Vertumne et Palémon chantent ce dialogue :

VERTUMNE.

> Rendez-vous, beautés cruelles,
> Soupirez à votre tour.

PALÉMON.

> Voici la reine des belles,
> Qui vient inspirer l'amour.

VERTUMNE.

> Un bel objet, toujours sévère,
> Ne se fait jamais bien aimer.

PALÉMON.

> C'est la beauté qui commence de plaire,
> Mais la douceur achève de charmer.

TOUS DEUX ENSEMBLE.

> C'est la beauté qui commence de plaire,
> Mais la douceur achève de charmer.

PROLOGUE.

VERTUMNE.

Souffrons tous qu'Amour nous blesse;
Languissons, puisqu'il le faut.

PALÉMON.

Que sert un cœur sans tendresse?
Est-il un plus grand défaut?

VERTUMNE.

Un bel objet, toujours sévère,
Ne se fait jamais bien aimer.

PALÉMON.

C'est la beauté qui commence de plaire,
Mais la douceur achève de charmer.

TOUS DEUX ENSEMBLE.

C'est la beauté qui commence de plaire,
Mais la douceur achève de charmer.

FLORE *répond au dialogue de Vertumne et de Palémon par ce menuet; et les autres divinités y mêlent leurs danses.*

Est-on sage,
Dans le bel âge,
Est-on sage
De n'aimer pas?
Que, sans cesse,
L'on se presse
De goûter les plaisirs ici-bas.
La sagesse
De la jeunesse,
C'est de savoir jouir de ses appas.
L'Amour charme
Ceux qu'il désarme;
L'Amour charme,

PROLOGUE.

Cédons-lui tous.
Notre peine
Seroit vaine
De vouloir résister à ses coups;
Quelque chaîne
Qu'un amant prenne,
La liberté n'a rien qui soit si doux.

Vénus descend du ciel dans une grande machine avec l'Amour, son fils, et deux petites Graces, nommées Ægiale et Phaène (1); *et les divinités de la terre et des eaux recommencent de joindre toutes leurs voix, et continuent par leurs danses de lui témoigner la joie qu'elles ressentent à son abord.*

CHOEUR *de toutes les divinités de la terre et des eaux.*

Nous goûtons une paix profonde,
Les plus doux jeux sont ici-bas;
On doit ce repos plein d'appas
Au plus grand Roi du monde.
Descendez, mère des Amours,
Venez nous donner de beaux jours (2).

VÉNUS *dans sa machine.*

Cessez, cessez, pour moi, tous vos chants d'alégresse;

---

(1) Nous connoissons trois Graces, sous les noms de Thalie, d'Euphrosine et d'Aglaé; mais quelques anciens les ont nommées différemment, et d'autres en ont reconnu plus de trois. Ægiale et Phaène étoient ou deux de ces noms différens, ou deux de ces Graces surnuméraires. Les mythologues sont partagés sur ce point.

(2) Quinault, comme on l'a vu dans l'avertissement, ayant été chargé de faire les paroles destinées à être chantées, cette première partie du prologue est de lui probablement. Le reste, qui étoit récité, est de la main de Molière.

PROLOGUE.

De si rares honneurs ne m'appartiennent pas ;
Et l'hommage qu'ici votre bonté m'adresse,
Doit être réservé pour de plus doux appas.
  C'est une trop vieille méthode,
  De me venir faire sa cour ;
  Toutes les choses ont leur tour,
  Et Vénus n'est plus à la mode.
  Il est d'autres attraits naissans
  Où l'on va porter ses encens.
Psyché, Psyché la belle, aujourd'hui tient ma place ;
Déja tout l'univers s'empresse à l'adorer,
  Et c'est trop que, dans ma disgrace,
Je trouve encor quelqu'un qui me daigne honorer.
On ne balance point entre nos deux mérites ;
A quitter mon parti tout s'est licencié (1),
Et du nombreux amas de Graces favorites,
Dont je traînois partout les soins et l'amitié,
Il ne m'en est resté que deux des plus petites,
  Qui m'accompagnent par pitié.
  Souffrez que ces demeures sombres
Prêtent leur solitude aux troubles de mon cœur,
  Et me laissez parmi leurs ombres,
  Cacher ma honte et ma douleur.

Flore et les autres déités se retirent, et Vénus avec sa suite sort de sa machine.

---

(1)   A quitter mon parti tout s'est licencié.
C'est-à-dire, s'est donné la permission, la licence de quitter mon parti, ou bien, a porté la licence jusqu'à le quitter. Quel que soit le sens, l'expression n'est plus en usage. Dans une brochure imprimée en 1700, Lenoble, un des plus mauvais et des plus féconds écrivains de ce temps-là, se plaint d'un auteur qui *s'est licencié à l'insulter* dans une épigramme.

PROLOGUE.

ÆGIALE.

Nous ne savons, déesse, comment faire,
Dans ce chagrin qu'on voit vous accabler.
    Notre respect veut se taire,
    Notre zèle veut parler.

VÉNUS.

Parlez; mais, si vos soins aspirent à me plaire,
Laissez tous vos conseils pour une autre saison;
    Et ne parlez de ma colère
    Que pour dire que j'ai raison.
C'étoit là, c'étoit là la plus sensible offense
Que ma divinité pût jamais recevoir:
    Mais j'en aurai la vengeance [1],
    Si les dieux ont du pouvoir.

PHAÈNE.

Vous avez plus que nous de clarté, de sagesse,
Pour juger ce qui peut être digne de vous;
Mais, pour moi, j'aurois cru qu'une grande déesse
    Devroit moins se mettre en courroux.

VÉNUS.

Et c'est là la raison de ce courroux extrême.
Plus mon rang a d'éclat, plus l'affront est sanglant;
Et, si je n'étois pas dans ce degré suprême,
Le dépit de mon cœur seroit moins violent.
Moi, la fille du dieu qui lance le tonnerre;
    Mère du dieu qui fait aimer;
Moi, les plus doux souhaits du ciel et de la terre,
Et qui ne suis venue au jour que pour charmer;

---

[1] Il faudroit, *j'en aurai vengeance.*

PROLOGUE.

Moi qui, par tout ce qui respire,
Ai vu de tant de vœux encenser mes autels,
Et qui de la beauté, par des droits immortels,
Ai tenu de tout temps le souverain empire;
Moi, dont les yeux ont mis deux grandes déités
Au point de me céder le prix de la plus belle,
Je me vois ma victoire et mes droits disputés
Par une chétive mortelle!
Le ridicule excès d'un fol entêtement
Va jusqu'à m'opposer une petite fille!
Sur ses traits et les miens j'essuierai constamment
Un téméraire jugement,
Et, du haut des cieux, où je brille,
J'entendrai prononcer aux mortels prévenus:
Elle est plus belle que Vénus [1]!

---

[1] Ce discours de Vénus est imité d'Apulée, le premier et le plus connu des auteurs qui ont raconté la fable de Psyché. Voici le texte de cet écrivain, dont la latinité africaine n'est pourtant pas tout-à-fait dépourvue de grace et d'élégance :

En rerum naturæ prisca parens, en elementorum origo initialis, en orbis totius alma Venus, quæ cum mortali puellâ partiario majestatis honore tractor! Et nomen meum cœlo conditum terrenis sordibus profanatur! Nimirum communi numinis piamento vicariæ venerationis incertum sustinebo, et imaginem meam circumferet puella moritura! Frustra me pastor ille, cujus justitiam fidemque magnus comprobavit Jupiter, ob eximiam speciem tantis prætulit deabus, etc.

« Vénus, à qui la nature et les élémens doivent leur origine, qui main-
« tient tout ce vaste univers, partagera les honneurs qui lui sont dus avec
« une simple mortelle, et mon nom, qui est consacré dans le ciel, sera
« profané sur la terre! Une fille sujette à la mort recevra les mêmes res-
« pects que moi, et les hommes seront incertains si c'est elle ou Vénus
« qu'ils doivent adorer! C'est donc en vain que ce sage berger, dont Ju-
« piter même a reconnu l'équité, m'a préférée à deux déesses qui me dispu-
« toient le prix de la beauté, etc. » (Trad. de l'abbé Compain de Saint-Martin.)

PROLOGUE.

ÆGIALE.

Voilà comme l'on fait; c'est le style des hommes;
Ils sont impertinens dans leurs comparaisons.

PHAÈNE.

Ils ne sauroient louer, dans le siècle où nous sommes,
  Qu'ils n'outragent les plus grands noms.

VÉNUS.

Ah! que de ces trois mots la rigueur insolente
  Venge bien Junon et Pallas,
Et console leurs cœurs de la gloire éclatante
Que la fameuse pomme acquit à mes appas!
Je les vois s'applaudir de mon inquiétude,
Affecter à toute heure un ris malicieux,
Et, d'un fixe regard, chercher avec étude
  Ma confusion dans mes yeux.
Leur triomphante joie, au fort d'un tel outrage,
Semble me venir dire, insultant mon courroux:
Vante, vante, Vénus, les traits de ton visage!
Au jugement d'un seul tu l'emportas sur nous;
  Mais, par le jugement de tous,
Une simple mortelle a sur toi l'avantage.
Ah! ce coup-là m'achève, il me perce le cœur;
Je n'en puis plus souffrir les rigueurs sans égales;
Et c'est trop de surcroît à ma vive douleur,
  Que le plaisir de mes rivales.
Mon fils, si j'eus jamais sur toi quelque crédit,
  Et si jamais je te fus chère,
Si tu portes un cœur à sentir le dépit
  Qui trouble le cœur d'une mère
  Qui si tendrement te chérit,
Emploie, emploie ici l'effort de ta puissance

PROLOGUE.

A soutenir mes intérêts;
Et fais à Psyché, par tes traits,
Sentir les traits de ma vengeance.
Pour rendre son cœur malheureux,
Prends celui de tes traits le plus propre à me plaire,
Le plus empoisonné de ceux
Que tu lances dans ta colère.
Du plus bas, du plus vil, du plus affreux mortel,
Fais que, jusqu'à la rage, elle soit enflammée,
Et qu'elle ait à souffrir le supplice cruel
D'aimer et n'être point aimée.

L'AMOUR.

Dans le monde on n'entend que plaintes de l'Amour;
On m'impute partout mille fautes commises,
Et vous ne croiriez point le mal et les sottises
Que l'on dit de moi chaque jour.
Si pour servir votre colère...

VÉNUS.

Va, ne résiste point aux souhaits de ta mère;
N'applique tes raisonnemens
Qu'à chercher les plus prompts momens
De faire un sacrifice à ma gloire outragée.
Pars, pour toute réponse à mes empressemens,
Et ne me revois point que je ne sois vengée [1].

L'Amour s'envole, et Vénus se retire avec les Graces. La scène est changée en une grande ville, où l'on découvre des deux côtés des palais et des maisons de différens ordres d'architecture.

---

[1] Ce prologue n'est point postiche : la seconde partie tient à la pièce même, dont elle annonce et prépare le sujet. L'entretien de Vénus avec son

fils et les deux petites Grâces qui sont restées à son service, est plein de naturel et de vivacité. La déesse de la beauté s'y montre animée de tous ces sentimens que la malice des hommes attribue à son sexe, l'insatiable désir de plaire, l'amour de la vengeance et la haine des conseils qui contrarient la passion. On reconnoît là le génie de Molière ; et le style même, en dépit de la noblesse des personnages, a une teinte de familiarité qui décèle le poëte comique.

Je ferai peu d'observations de tout genre sur cette pièce, et je serai particulièrement sobre d'observations grammaticales. Celles-ci sembleroient plus que superflues à propos d'un ouvrage qu'on ne joue plus depuis plus d'un siècle, qu'on ne lit guère, et que certainement on ne relit pas, et dont la moindre partie, d'ailleurs, sous le rapport de l'exécution, appartient à l'auteur dont les écrits sont l'objet de mon travail.

FIN DU PROLOGUE.

PSYCHÉ,

TRAGÉDIE-BALLET.

ACTE PREMIER.

SCÈNE PREMIÈRE.

AGLAURE, CIDIPPE.

AGLAURE.

Il est des maux, ma sœur, que le silence aigrit :
Laissons, laissons parler mon chagrin et le vôtre,
  Et de nos cœurs l'un à l'autre
  Exhalons le cuisant dépit.
  Nous nous voyons sœurs d'infortune [1];
Et la vôtre et la mienne ont un si grand rapport,
Que nous pouvons mêler toutes les deux en une,
  Et, dans notre juste transport,

---

[1] On dit, *compagnes d'infortune ;* on dit aussi, *sœurs de lait :* l'analogie conduit sans peine de ces expressions à celle de *sœurs d'infortune.* Molière en a beaucoup de semblables. Il dit, dans *l'Étourdi, amis d'épée,* comme on diroit, *amis de collége, amis de table.*

Murmurer, à plainte commune ⁽¹⁾,
Des cruautés de notre sort.
Quelle fatalité secrète,
Ma sœur, soumet tout l'univers
Aux attraits de notre cadette,
Et, de tant de princes divers
Qu'en ces lieux la fortune jette,
N'en présente aucun à nos fers?
Quoi! voir de toutes parts, pour lui rendre les armes,
Les cœurs se précipiter,
Et passer devant nos charmes,
Sans s'y vouloir arrêter!
Quel sort ont nos yeux en partage,
Et qu'est-ce qu'ils ont fait aux dieux,
De ne jouir d'aucun hommage ⁽²⁾
Parmi tous ces tributs de soupirs glorieux,
Dont le superbe avantage
Fait triompher d'autres yeux?
Est-il pour nous, ma sœur, de plus rudes disgraces,
Que de voir tous les cœurs mépriser nos appas,
Et l'heureuse Psyché jouir avec audace
D'une foule d'amans attachés à ses pas?

CIDIPPE

Ah! ma sœur, c'est une aventure
A faire perdre la raison;
Et tous les maux de la nature
Ne sont rien en comparaison.

---

(1) *A plainte commune*, comme on dit, *à frais communs*. Autre expression singulière, et qu'il est également difficile de blâmer.

(2) On diroit aujourd'hui, *pour ne jouir d'aucun hommage*.

ACTE I, SCÈNE I.

AGLAURE.

Pour moi, j'en suis souvent jusqu'à verser des larmes.
Tout plaisir, tout repos par là m'est arraché;
Contre un pareil malheur ma constance est sans armes.
Toujours à ce chagrin mon esprit attaché,
Me tient devant les yeux la honte de nos charmes,
  Et le triomphe de Psyché.
La nuit, il m'en repasse une idée éternelle,
  Qui sur toute chose prévaut.
Rien ne me peut chasser cette image cruelle;
Et, dès qu'un doux sommeil me vient délivrer d'elle,
  Dans mon esprit aussitôt
  Quelque songe la rappelle,
  Qui me réveille en sursaut.

CIDIPPE.

  Ma sœur, voilà mon martyre :
  Dans vos discours je me vois;
  Et vous venez là de dire
  Tout ce qui se passe en moi.

AGLAURE.

Mais encor, raisonnons un peu sur cette affaire.
Quels charmes si puissans en elle sont épars?
Et par où, dites-moi, du grand secret de plaire
L'honneur est-il acquis à ses moindres regards?
  Que voit-on dans sa personne,
  Pour inspirer tant d'ardeur?
  Quel droit de beauté lui donne
  L'empire de tout les cœurs?
Elle a quelques attraits, quelque éclat de jeunesse;
On en tombe d'accord; je n'en disconviens pas;
Mais lui cède-t-on fort pour quelque peu d'aînesse,

Et se voit-on sans appas?
Est-on d'une figure à faire qu'on se raille [1]?
N'a-t-on point quelques traits et quelques agrémens,
Quelque teint, quelques yeux, quelque air et quelque taille,
A pouvoir dans nos fers jeter quelques amans [2]?
  Ma sœur, faites-moi la grace
  De me parler franchement:
Suis-je faite d'un air, à votre jugement,
Que mon mérite au sien doive céder la place?
  Et, dans quelque ajustement,
  Trouvez-vous qu'elle m'efface?

CIDIPPE.

  Qui? vous, ma sœur? nullement.
  Hier, à la chasse, près d'elle,
  Je vous regardai long-temps,
  Et, sans vous donner d'encens,
  Vous me parûtes plus belle.
Mais, moi, dites, ma sœur, sans me vouloir flatter,
Sont-ce des visions que je me mets en tête,
Quand je me crois taillée à pouvoir mériter
  La gloire de quelque conquête?

AGLAURE.

Vous, ma sœur? Vous avez, sans nul déguisement,
Tout ce qui peut causer une amoureuse flamme.

---

(1) *On*, dans une même phrase, ne doit exprimer qu'un seul sujet : ici il désigne deux sujets différens, ce qui produit une équivoque au moins grammaticale. La même faute se trouve à la scène suivante, dans ce vers :

Regarde-t-on quel droit on a de nous charmer?

(2) Sept fois *quelques* dans trois vers. On diroit de ces vers faits à dessein pour produire une cacophonie risible.

Vos moindres actions brillent d'un agrément
                    Dont je me sens toucher l'ame;
                    Et je serois votre amant,
                    Si j'étois autre que femme.

CIDIPPE.

D'où vient donc qu'on la voit l'emporter sur nous deux ;
Qu'à ses premiers regards les cœurs rendent les armes,
Et que d'aucun tribut de soupirs et de vœux
                    On ne fait honneur à nos charmes?

AGLAURE.

                    Toutes les dames, d'une voix,
                    Trouvent ses attraits peu de chose [1];
Et du nombre d'amans qu'elle tient sous ses lois,
                    Ma sœur, j'ai découvert la cause.

CIDIPPE.

Pour moi, je la devine; et l'on doit présumer
Qu'il faut que là-dessous soit caché du mystère.
                    Ce secret de tout enflammer
N'est point de la nature un effet ordinaire ;
L'art de la Thessalie entre dans cette affaire [2];
Et quelque main a su, sans doute, lui former
                    Un charme pour se faire aimer.

AGLAURE.

Sur un plus fort appui ma croyance se fonde;

---

[1] Par ce trait d'une stupide et aveugle jalousie, Aglaure proclame elle-même la beauté de Psyché. Le premier des capitaines est celui que tous s'accordent à nommer le second ; la plus belle des femmes est celle dont toutes les autres ont envie de contester les charmes.

[2] *L'art de la Thessalie*, c'est la magie. Les Thessaliennes passoient pour être les plus habiles magiciennes du monde.

Et le charme qu'elle a pour attirer les cœurs,
C'est un air en tout temps désarmé de rigueurs,
Des regards caressans que la bouche seconde,
  Un souris chargé de douceurs,
  Qui tend les bras à tout le monde ⁽¹⁾,
  Et ne vous promet que faveurs.
Notre gloire n'est plus aujourd'hui conservée ;
Et l'on n'est plus au temps de ces nobles fiertés
Qui, par un digne essai d'illustres cruautés,
Vouloient voir d'un amant la constance éprouvée.
De tout ce noble orgueil, qui nous seyoit si bien,
On est bien descendu, dans le siècle où nous sommes ;
Et l'on en est réduite à n'espérer plus rien,
A moins que l'on se jette à la tête des hommes ⁽²⁾.

   CIDIPPE.

Oui, voilà le secret de l'affaire ; et je voi
  Que vous le prenez mieux que moi.
C'est pour nous attacher à trop de bienséance,
Qu'aucun amant, ma sœur, à nous ne veut venir ;
  Et nous voulons trop soutenir
L'honneur de notre sexe et de notre naissance.
Les hommes maintenant aiment ce qui leur rit ;

---

(1) *Un souris qui tend les bras à tout le monde*, est une bien étrange figure. Marivaux n'en a pas de plus extraordinaire.

(2) L'usage veut aujourd'hui, *à moins qu'on ne se jette*, etc.

Il est aisé de voir que la fin de ce couplet contient une allusion fine aux mœurs du temps. Dans les doléances d'Aglaure, Molière nous fait entendre distinctement les regrets de la vieille cour sur cette antique pruderie des précieuses et des femmes formées sur le modèle des héroïnes de mademoiselle de Scudéry, ainsi que ses plaintes contre la galanterie plus vive et moins réservée dont Louis XIV et ses maîtresses avoient donné l'exemple.

ACTE I, SCÈNE I.

L'espoir, plus que l'amour, est ce qui les attire ;
  Et c'est par là que Psyché nous ravit
Tous les amans qu'on voit sous son empire.
Suivons, suivons l'exemple, ajustons-nous au temps ;
Abaissons-nous, ma sœur, à faire des avances,
Et ne ménageons plus de tristes bienséances,
Qui nous ôtent les fruits du plus beau de nos ans.

AGLAURE.

J'approuve la pensée, et nous avons matière
  D'en faire l'épreuve première
Aux deux princes qui sont les derniers arrivés.
Ils sont charmans, ma sœur, et leur personne entière
  Me... Les avez-vous observés ?

CIDIPPE.

Ah ! ma sœur, ils sont faits tous deux d'une manière,
Que mon ame... Ce sont deux princes achevés.

AGLAURE.

Je trouve qu'on pourroit rechercher leur tendresse,
  Sans se faire déshonneur.

CIDIPPE.

Je trouve que, sans honte, une belle princesse
  Leur pourroit donner son cœur.

AGLAURE.

  Les voici tous deux, et j'admire
  Leur air et leur ajustement.

CIDIPPE.

  Ils ne démentent nullement
  Tout ce que nous venons de dire [1].

---

[1] Cette première scène entre deux personnages tragiques, puisqu'ils périront de mort violente avant la fin de l'action, n'en est pas moins une

SCÈNE II.

CLÉOMÈNE, AGÉNOR, AGLAURE, CIDIPPE.

AGLAURE.

D'où vient, princes, d'où vient que vous fuyez ainsi?
Prenez-vous l'épouvante en nous voyant paroître?

CLÉOMÈNE.

On nous faisoit croire qu'ici
La princesse Psyché, madame, pourroit être.

AGLAURE.

Tous ces lieux n'ont-ils rien d'agréable pour vous,
Si vous ne les voyez ornés de sa présence?

AGÉNOR.

Ces lieux peuvent avoir des charmes assez doux;

---

scène de comédie : tant il étoit difficile à Molière de ne pas voir de ce côté toutes les choses humaines! Ces deux sœurs d'un méchant naturel, que la moindre rivalité diviseroit, mais que réunit pour un moment une jalousie commune dont leur jeune sœur est l'objet, se faisant l'une à l'autre des complimens dont chacune n'est si prodigue qu'afin d'en recevoir autant à son tour; cherchant entre elles la cause des triomphes de Psyché, et la trouvant partout ailleurs que dans cette beauté qui les rend furieuses; se relâchant de leur pruderie, que sans doute on n'a pas souvent mise à l'épreuve, et consentant à devenir coquettes, puisque c'est le seul moyen d'avoir des amans; enfin, se sondant mutuellement sur le mérite de deux jeunes princes qu'elles brûlent d'enlever à leur cadette, voilà certainement une situation qui, traitée à la manière des scènes entre Armande et Henriette, dans *les Femmes savantes*, ou entre Célimène et Arsinoé, dans *le Misanthrope*, embelliroit un des chefs-d'œuvre comiques de Molière. Il est fâcheux que cet excellent fond soit gâté par la contrainte et l'insipidité de ce langage guindé, gourmé, qu'on étoit convenu de prêter aux princes et aux princesses de la tragi-comédie, et que Molière réussissoit moins qu'un autre à leur faire parler.

ACTE I, SCÈNE II.

Mais nous cherchons Psyché dans notre impatience.

CIDIPPE.

Quelque chose de bien pressant
Vous doit, à la chercher, pousser tous deux, sans doute.

CLÉOMÈNE.

Le motif est assez puissant,
Puisque notre fortune enfin en dépend toute.

AGLAURE.

Ce seroit trop à nous que de nous informer
Du secret que ces mots nous peuvent enfermer.

CLÉOMÈNE.

Nous ne prétendons point en faire de mystère:
Aussi-bien, malgré nous, paroîtroit-il au jour;
Et le secret ne dure guère,
Madame, quand c'est de l'amour.

CIDIPPE.

Sans aller plus avant, princes, cela veut dire
Que vous aimez Psyché tous deux.

AGÉNOR.

Tous deux soumis à son empire,
Nous allons, de concert, lui découvrir nos feux.

AGLAURE.

C'est une nouveauté, sans doute, assez bizarre,
Que deux rivaux si bien unis.

CLÉOMÈNE.

Il est vrai que la chose est rare,
Mais non pas impossible à deux parfaits amis [1].

---

[1] Les *parfaits amis* et les *parfaits amans* sont de vrais personnages

CIDIPPE.

Est-ce que dans ces lieux il n'est qu'elle de belle,
Et n'y trouvez-vous point à séparer vos vœux?

AGLAURE.

Parmi l'éclat du sang ⁽¹⁾, vos yeux n'ont-ils vu qu'elle
  A pouvoir mériter vos feux?

CLÉOMÈNE.

Est-ce que l'on consulte au moment qu'on s'enflamme?
  Choisit-on qui l'on veut aimer?
  Et, pour donner toute son ame,
Regarde-t-on quel droit on a de nous charmer?

AGÉNOR.

  Sans qu'on ait le pouvoir d'élire,
  On suit, dans une telle ardeur,
  Quelque chose qui nous attire:
  Et, lorsque l'amour touche un cœur,
  On n'a point de raison à dire.

AGLAURE.

En vérité, je plains les fâcheux embarras
  Où je vois que vos cœurs se mettent.
Vous aimez un objet dont les rians appas
Mêleront des chagrins à l'espoir qu'ils vous jettent;
  Et son cœur ne vous tiendra pas
  Tout ce que ses yeux vous promettent.

---

de roman. Molière n'en auroit pas placé de pareils dans une comédie. Avec tout leur dévouement, toute leur générosité, ces deux princes sont bien fades.

(1) *Parmi l'éclat du sang*, pour dire, parmi les personnes d'un sang illustre. L'expression n'est pas heureuse.

ACTE I, SCÈNE II.

CIDIPPE.

L'espoir qui vous appelle au rang de ses amans,
Trouvera du mécompte aux douceurs qu'elle étale;
Et c'est pour essuyer de très-fâcheux momens,
Que les soudains retours de son ame inégale.

AGLAURE.

Un clair discernement de ce que vous valez
Nous fait plaindre le sort où cet amour vous guide;
Et vous pouvez trouver tous deux, si vous voulez,
Avec autant d'attraits, une ame plus solide.

CIDIPPE.

 Par un choix plus doux de moitié,
Vous pouvez de l'amour sauver votre amitié;
Et l'on voit en vous deux un mérite si rare,
Qu'un tendre avis veut bien prévenir, par pitié,
 Ce que votre cœur se prépare.

CLÉOMÈNE.

Cet avis généreux fait, pour nous, éclater
 Des bontés qui nous touchent l'ame;
Mais le ciel nous réduit à ce malheur, madame,
 De ne pouvoir en profiter.

AGÉNOR.

Votre illustre pitié veut en vain nous distraire
D'un amour dont tous deux nous redoutons l'effet;
Ce que notre amitié, madame, n'a pas fait,
 Il n'est rien qui le puisse faire.

CIDIPPE.

Il faut que le pouvoir de Psyché... La voici.

SCÈNE III.

PSYCHÉ, CIDIPPE, AGLAURE, CLÉOMÈNE, AGÉNOR.

CIDIPPE.
Venez jouir, ma sœur, de ce qu'on vous apprête.
AGLAURE.
Préparez vos attraits à recevoir ici
Le triomphe nouveau d'une illustre conquête.
CIDIPPE.
Ces princes ont tous deux si bien senti vos coups,
Qu'à vous le découvrir leur bouche se dispose.
PSYCHÉ.
Du sujet qui les tient si rêveurs parmi nous
  Je ne me croyois pas la cause;
  Et j'aurois cru toute autre chose,
  En les voyant parler à vous.
AGLAURE.
  N'ayant ni beauté ni naissance [1]
A pouvoir mériter leur amour et leurs soins,
  Ils nous favorisent au moins
  De l'honneur de la confidence.
CLÉOMÈNE, *à Psyché.*
L'aveu qu'il nous faut faire à vos divins appas,

---

[1] Pourquoi, *ni naissance?* Elle a la même que Psyché, dont elle est sœur et qui lui est préférée. Elle dit une absurdité, et ce n'est pas une de celles qui peuvent s'attribuer à la passion.

Est sans doute, madame, un aveu téméraire;
   Mais tant de cœurs, près du trépas,
Sont, par de tels aveux, forcés à vous déplaire,
Que vous êtes réduite à ne les punir pas
   Des foudres de votre colère.
   Vous voyez en nous deux amis
Qu'un doux rapport d'humeurs sut joindre dès l'enfance;
Et ces tendres liens se sont vus affermis
Par cent combats d'estime et de reconnoissance.
Du destin ennemi les assauts rigoureux,
Les mépris de la mort, et l'aspect des supplices,
Par d'illustres éclats de mutuels offices,
Ont de notre amitié signalé les beaux nœuds;
Mais, à quelques essais qu'elle se soit trouvée,
   Son grand triomphe est en ce jour;
Et rien ne fait tant voir sa constance éprouvée,
Que de se conserver au milieu de l'amour.
Oui, malgré tant d'appas, son illustre constance
Aux lois qu'elle nous fait a soumis tous nos vœux;
Elle vient, d'une douce et pleine déférence,
Remettre à votre choix le succès de nos feux;
Et, pour donner un poids à notre concurrence,
Qui des raisons d'état entraîne la balance
   Sur le choix de l'un de nous deux,
Cette même amitié s'offre, sans répugnance,
D'unir nos deux états au sort du plus heureux.

AGÉNOR.

   Oui, de ces deux états, madame,
Que sous votre heureux choix nous nous offrons d'unir,
   Nous voulons faire à notre flamme
   Un secours pour vous obtenir.
Ce que, pour ce bonheur, près du roi votre père,

Nous nous sacrifions tous deux,
N'a rien de difficile à nos cœurs amoureux ;
Et c'est au plus heureux faire un don nécessaire
  D'un pouvoir dont le malheureux,
  Madame, n'aura plus affaire.

PSYCHÉ.

Le choix que vous m'offrez, princes, montre à mes yeux
De quoi remplir les vœux de l'ame la plus fière ;
Et vous me le parez tous deux d'une manière
Qu'on ne peut rien offrir qui soit plus précieux.
Vos feux, votre amitié, votre vertu suprême,
Tout me relève en vous l'offre de votre foi,
Et j'y vois un mérite à s'opposer lui-même
  A ce que vous voulez de moi.
Ce n'est pas à mon cœur qu'il faut que je défère,
  Pour entrer sous de tels liens ;
Ma main, pour se donner, attend l'ordre d'un père,
Et mes sœurs ont des droits qui vont devant les miens.
Mais, si l'on me rendoit sur mes vœux absolue,
Vous y pourriez avoir trop de part à la fois ;
Et toute mon estime, entre vous suspendue,
Ne pourroit sur aucun laisser tomber mon choix.
  A l'ardeur de votre poursuite,
Je répondrois assez de mes vœux les plus doux ;
  Mais c'est, parmi tant de mérite,
Trop que deux cœurs pour moi, trop peu qu'un cœur pour vo
De mes plus doux souhaits j'aurois l'ame gênée
  A l'effort de votre amitié ;
Et j'y vois l'un de vous prendre une destinée
  A me faire trop de pitié.
Oui, princes, à tous ceux dont l'amour suit le vôtre,
Je vous préférerois tous deux avec ardeur ;

ACTE I, SCÈNE III.

Mais je n'aurois jamais le cœur
De pouvoir préférer l'un de vous deux à l'autre.
  A celui que je choisirois
Ma tendresse feroit un trop grand sacrifice;
Et je m'imputerois à barbare injustice
  Le tort qu'à l'autre je ferois.
Oui, tous deux vous brillez de trop de grandeur d'ame
  Pour en faire aucun malheureux;
Et vous devez chercher dans l'amoureuse flamme
  Le moyen d'être heureux tous deux.
  Si votre cœur me considère
Assez pour me souffrir de disposer de vous [1],
  J'ai deux sœurs capables de plaire,
Qui peuvent bien vous faire un destin assez doux;
Et l'amitié me rend leur personne assez chère
  Pour vous souhaiter leurs époux [2].

CLÉOMÈNE.

Un cœur dont l'amour est extrême
Peut-il bien consentir, hélas!

---

(1) *Souffrir à quelqu'un de faire une chose*, pour dire, lui permettre de la faire. Cette expression, qui semble barbare aujourd'hui, étoit en usage alors. Molière a dit dans *l'École des Maris* :

  A lui souffrir, en cervelle troublée,
De courir tous les bals et les lieux d'assemblée.

Et Corneille, dans *la Suite du Menteur* :

  Je ne vous puis souffrir de dire une sottise.

(2) Psyché répond à des fadeurs par des subtilités. N'aimant ni l'un ni l'autre de ces deux princes, elle veut leur faire accroire à tous deux que son choix est suspendu entre eux par l'égalité de leur mérite, et que, d'ailleurs, elle répugne à faire le malheur de l'un en comblant les vœux de l'autre. Le fond de ses discours manque de bonne foi, et l'expression de naturel.

D'être donné par ce qu'il aime ?
Sur nos deux cœurs, madame, à vos divins appas
　　Nous donnons un pouvoir suprême ;
　　Disposez-en pour le trépas :
　　Mais pour une autre que vous-même,
Ayez cette bonté, de n'en disposer pas.

AGÉNOR.

Aux princesses, madame, on feroit trop d'outrage ;
Et c'est, pour leurs attraits, un indigne partage,
　　Que les restes d'une autre ardeur.
Il faut d'un premier feu la pureté fidèle,
　　Pour aspirer à cet honneur
　　Où votre bonté nous appelle ;
　　Et chacune mérite un cœur
　　Qui n'ait soupiré que pour elle.

AGLAURE.

　　Il me semble, sans nul courroux,
　　Qu'avant que de vous en défendre,
　　Princes, vous deviez bien attendre
　　Qu'on se fût expliqué sur vous.
Nous croyez-vous un cœur si facile et si tendre ?
Et, lorsqu'on parle ici de vous donner à nous,
　　Savez-vous si l'on veut vous prendre ?

CIDIPPE.

Je pense que l'on a d'assez hauts sentimens
Pour refuser un cœur qu'il faut qu'on sollicite,
Et qu'on ne veut devoir qu'à son propre mérite
　　La conquête de ses amans.

PSYCHÉ.

J'ai cru pour vous, mes sœurs, une gloire assez grande,
Si la possession d'un mérite si haut...

SCÈNE IV.

PSYCHÉ, AGLAURE, CIDIPPE, CLÉOMÈNE,
AGÉNOR, LYCAS.

LYCAS, *à Psyché.*

Ah ! madame !

PSYCHÉ.

Qu'as-tu ?

LYCAS.

Le roi...

PSYCHÉ.

Quoi ?

LYCAS.

Vous demande.

PSYCHÉ.

De ce trouble si grand que faut-il que j'attende ?

LYCAS.

Vous ne le saurez que trop tôt.

PSYCHÉ.

Hélas ! que pour le roi tu me donnes à craindre !

LYCAS.

Ne craignez que pour vous ; c'est vous que l'on doit plaindre.

PSYCHÉ.

C'est pour louer le ciel, et me voir hors d'effroi,
De savoir que je n'aie à craindre que pour moi.
Mais apprends-moi, Lycas, le sujet qui te touche.

LYCAS.

Souffrez que j'obéisse à qui m'envoie ici,

Madame, et qu'on vous laisse apprendre de sa bouche
  Ce qui peut m'affliger ainsi.

PSYCHÉ.

Allons savoir sur quoi l'on craint tant ma foiblesse.

SCÈNE V.

AGLAURE, CIDIPPE, LYCAS.

AGLAURE.

Si ton ordre n'est pas jusqu'à nous étendu,
Dis-nous quel grand malheur nous couvre ta tristesse.

LYCAS.

Hélas! ce grand malheur, dans la cour répandu,
  Voyez-le vous-même, princesse,
Dans l'oracle qu'au roi les destins ont rendu.
Voici ses propres mots que la douleur, madame,
  A gravés au fond de mon ame :
  Que l'on ne pense nullement
A vouloir de Psyché conclure l'hyménée ;
Mais qu'au sommet d'un mont elle soit promptement
  En pompe funèbre menée,
  Et que, de tous abandonnée,
Pour époux elle attende en ces lieux constamment
Un monstre dont on a la vue empoisonnée,
Un serpent qui répand son venin en tous lieux,
Et trouble dans sa rage et la terre et les cieux[1].

---

[1] Cet oracle est à double sens, comme ils l'étoient presque tous. Les paroles où sont décrits les ravages du monstre et ses moyens de nuire, s'appliquent fort bien à l'Amour, dont on dit métaphoriquement les mêmes

ACTE I, SCÈNE V.

Après un arrêt si sévère,
Je vous quitte, et vous laisse à juger entre vous
Si, par de plus cruels et plus sensibles coups,
Tous les dieux nous pouvoient expliquer leur colère.

---

choses. C'est l'Amour lui-même qui a fait rendre cet oracle ambigu, qui semble répondre aux desirs de vengeance de Vénus, et qui, dans la réalité, doit servir les vues de l'Amour sur Psyché. Cette imagination est d'Apulée.

Dans un examen de l'opéra de *Psyché*, par Fontenelle (*), Lamotte dit : « L'oracle qui, en apparence, condamne Psyché, se rend, dans Molière, « à propos de rien. Aucun malheur n'afflige les peuples. La cour n'y res-« sent d'autres troubles que ceux de la jalousie et de l'amour, troubles qui « ne disparoissent jamais des cours les plus calmes et les plus paisibles. Au « milieu de cette paix, un oracle capricieux se rend, sans qu'on ait eu « sujet de s'assembler dans ce temple, ni même qu'on en ait parlé. »

La critique n'est pas fondée. On a vu, dans le prologue, Vénus, irritée des hommages qu'on rend à Psyché, prier son fils de la venger de cette insolente mortelle qui lui enlève ses adorateurs. L'Amour, qui est devenu amoureux de Psyché, feint d'obéir à sa mère, et, comme celle-ci le lui reproche plus tard, suborne Apollon pour lui faire rendre l'oracle qui doit mettre en sa possession celle qu'il aime. Cet oracle ne se rend donc pas *à propos de rien*. Qu'il soit capricieux, qu'il tombe comme la foudre au milieu d'une cour qui ne s'y attend pas, on ne peut le nier; mais qu'importe? Les dieux de la fable sont-ils ordinairement si justes envers les mortels, et pourroient-ils toujours donner les motifs de leur conduite? Plus de préparation auroit fait peu de chose pour la vraisemblance, et auroit rendu l'exposition plus lente que ne le comportoit l'économie de la pièce.

(*) Lamotte attribue cet opéra à Quinault. Quand il auroit su qu'il étoit de Fontenelle, il n'auroit pu en dire plus de bien.

SCÈNE VI.

AGLAURE, CIDIPPE.

CIDIPPE.

Ma sœur, que sentez-vous à ce soudain malheur
Où nous voyons Psyché par les destins plongée?

AGLAURE.

Mais vous, que sentez-vous, ma sœur?

CIDIPPE.

A ne vous point mentir, je sens que, dans mon cœur,
Je n'en suis pas trop affligée.

AGLAURE.

Moi, je sens quelque chose au mien
Qui ressemble assez à la joie.
Allons, le Destin nous envoie
Un mal que nous pouvons regarder comme un bien [1].

---

[1] Ce premier acte est peu attachant. Les deux sœurs, dans leur jalousie, sont d'une férocité révoltante; les deux princes, dans leur rivalité, sont d'une générosité invraisemblable; et Psyché, qui n'aime encore personne, ne devient intéressante qu'au moment où elle devient malheureuse.

FIN DU PREMIER ACTE.

PREMIER INTERMEDE.

La scène est changée en des rochers affreux, et fait voir en l'éloignement une grotte effroyable.
C'est dans ce désert que Psyché doit être exposée pour obéir à l'oracle. Une troupe de personnes affligées y viennent déplorer sa disgrace. Une partie de cette troupe désolée témoigne sa pitié par des plaintes touchantes et par des concerts lugubres; et l'autre exprime sa désolation par une danse pleine de toutes les marques du plus violent désespoir.

PLAINTES EN ITALIEN, *chantées par une femme désolée et deux hommes affligés.*

FEMME DÉSOLÉE.

Deh! piangete al pianto mio,
Sassi duri, antiche selve;
Lagrimate, fonti, e belve,
D'un bel volto il fato rio.

PREMIER HOMME AFFLIGÉ.

Ahi dolore!

SECOND HOMME AFFLIGÉ.

Ahi martire!

PREMIER HOMME AFFLIGÉ.

Cruda morte!

SECOND HOMME AFFLIGÉ.

Empia sorte!

PSYCHÉ.

TOUS TROIS.

Che condanni a morir tanta beltà!
Cieli! stelle! Ahi crudeltà!

FEMME DÉSOLÉE.

Rispondete a miei lamenti,
Antri cavi, ascose rupi;
Deh! ridite, fondi cupi,
Del mio duolo i mesti accenti.

PREMIER HOMME AFFLIGÉ.

Ahi dolore!

SECOND HOMME AFFLIGÉ.

Ahi martire!

PREMIER HOMME AFFLIGÉ.

Cruda morte!

FEMME DÉSOLÉE, ET SECOND HOMME AFFLIGÉ.

Empia sorte!

TOUS TROIS.

Che condanni a morir tanta beltà!
Cieli! stelle! Ahi crudeltà!

SECOND HOMME AFFLIGÉ.

Com'esser può fra voi, o numi eterni,
Chi voglia estinta una beltà innocente?
Ahi! che tanto rigor, cielo inclemente,
Vince di crudeltà gli stessi inferni.

PREMIER HOMME AFFLIGÉ.

Nume fiero!

SECOND HOMME AFFLIGÉ.

Dio severo!

LES DEUX HOMMES AFFLIGÉS.

Perche tanto rigor
Contro innocente cor?

PREMIER INTERMÈDE.

Ahi! sentenza inudita!
Dar morte a la beltà, ch'altrui dà vita!

FEMME DÉSOLÉE.

Ahi! ch'indarno si tarda!
Non resiste a li dei mortale affetto,
Alto impero ne sforza,
Ove comanda il ciel, l'uom cede a forza.

PREMIER HOMME AFFLIGÉ.

Ahi dolore!

SECOND HOMME AFFLIGÉ.

Ahi martire!

PREMIER HOMME AFFLIGÉ.

Cruda morte!

FEMME DÉSOLÉE ET SECOND HOMME AFFLIGÉ.

Empia sorte!

TOUS TROIS.

Che condanni a morir tanta beltà!
Cieli! stelle! Ahi crudeltà (1)!

Ces plaintes sont entrecoupées et finies par une entrée de ballet de huit personnes affligées.

---

(1) Ces paroles italiennes sont, dit-on, de Lulli, ou du moins elles ont été fournies par lui, et il les a mises en musique, comme toutes celles qui devoient être chantées. C'est une espèce d'anachronisme, dans un sujet qui remonte aux temps fabuleux de la Grèce, que des paroles italiennes, c'est-à-dire écrites dans une langue qui n'exista que bien des siècles après. On en peut dire autant du françois; mais l'emploi de cette dernière langue est une concession indispensable : l'emploi de l'autre fait une confusion et une disparate assez ridicules.

Fontenelle, dans cet opéra de *Psyché*, dont mon avant-dernière note fait mention, donne une imitation en vers de ces paroles italiennes : elle est assez fidèle pour tenir lieu d'une traduction en prose, et je prends le parti de la transcrire ici :

FEMME AFFLIGÉE.

Mêlez vos pleurs avec nos larmes,
Durs rochers, froides eaux, et vous, tigres affreux;
Pleurez le destin rigoureux
D'un objet dont le crime est d'avoir trop de charmes.

UN HOMME AFFLIGÉ.

O dieux! quelle douleur!

AUTRE HOMME AFFLIGÉ.

Ah! quel malheur!

UN HOMME AFFLIGÉ.

Rigueur mortelle!

AUTRE HOMME.

Fatalité cruelle!

TOUS TROIS.

Faut-il, hélas!
Qu'un sort barbare
Puisse condamner au trépas
Une beauté si rare!
Cieux, astres, pleins de dureté!
Ah! quelle cruauté!

FEMME AFFLIGÉE.

Répondez à ma plainte, échos de ces bocages;
Qu'un bruit lugubre éclate au fond de ces forêts;
Que les antres profonds, les cavernes sauvages,
Répètent les accens de mes tristes regrets.

AUTRE HOMME AFFLIGÉ.

Quel de vous, ô grands dieux! avec tant de furie,
Veut détruire tant de beauté?
Impitoyable ciel, par cette barbarie,
Voulez-vous surmonter l'enfer en cruauté!

UN HOMME AFFLIGÉ.

Dieu plein de haine!

AUTRE HOMME AFFLIGÉ.

Divinité trop inhumaine!

LES DEUX HOMMES.

Pourquoi ce courroux si puissant
Contre un cœur innocent?
O rigueur inouïe!
Trancher de si beaux jours,
Lorsqu'ils donnent la vie
A tant d'amours!

PREMIER INTERMÈDE.

FEMME DÉSOLÉE.

Que c'est un vain secours contre un mal sans remède,
Que d'inutiles pleurs et des cris superflus !
Quand le ciel a donné des ordres absolus,
    Il faut que l'effort humain cède.
    O dieux ! quelle douleur, etc.

FIN DU PREMIER INTERMÈDE.

ACTE II.

SCENE PREMIÈRE.

LE ROI, PSYCHÉ, AGLAURE, CIDIPPE, LYCAS, suite.

PSYCHÉ.

De vos larmes, seigneur, la source m'est bien chère;
Mais c'est trop aux bontés que vous avez pour moi,
Que de laisser régner les tendresse de père,
 Jusque dans les yeux d'un grand roi.
Ce qu'on vous voit ici donner à la nature,
Au rang que vous tenez, seigneur, fait trop d'injure;
Et j'en dois refuser les touchantes faveurs.
 Laissez moins sur votre sagesse
 Prendre d'empire à vos douleurs,
Et cessez d'honorer mon destin par des pleurs
Qui dans le cœur d'un roi montrent de la foiblesse.

LE ROI.

Ah! ma fille! à ces pleurs laisse mes yeux ouverts.
Mon deuil est raisonnable, encor qu'il soit extrême;
Et, lorsque pour toujours on perd ce que je perds,
La sagesse, crois-moi, peut pleurer elle-même.
 En vain l'orgueil du diadême
Veut qu'on soit insensible à ces cruels revers;

En vain de la raison les secours sont offerts
Pour vouloir d'un œil sec voir mourir ce qu'on aime ;
L'effort en est barbare aux yeux de l'univers,
Et c'est brutalité plus que vertu suprême.
  Je ne veux point, dans cette adversité,
  Parer mon cœur d'insensibilité,
   Et cacher l'ennui qui me touche.
   Je renonce à la vanité
   De cette dureté farouche
   Que l'on appelle fermeté ;
   Et, de quelque façon qu'on nomme
Cette vive douleur dont je ressens les coups,
Je veux bien l'étaler, ma fille, aux yeux de tous,
Et dans le cœur d'un roi montrer le cœur d'un homme.

PSYCHÉ

Je ne mérite pas cette grande douleur :
Opposez, opposez un peu de résistance
   Aux droits qu'elle prend sur un cœur
Dont mille événemens ont marqué la puissance.
Quoi ! faut-il que pour moi vous renonciez, seigneur,
   A cette royale constance
Dont vous avez fait voir, dans les coups du malheur,
   Une fameuse expérience ?

LE ROI.

La constance est facile en mille occasions.
  Toutes les révolutions
Où nous peut exposer la fortune inhumaine,
La perte des grandeurs, les persécutions,
Le poison de l'envie, et les traits de la haine,
  N'ont rien que ne puissent, sans peine,
  Braver les résolutions

D'une ame où la raison est un peu souveraine.
  Mais ce qui porte des rigueurs
  A faire succomber les cœurs
  Sous le poids des douleurs amères,
  Ce sont, ce sont les rudes traits
  De ces fatalités sévères
  Qui nous enlèvent pour jamais
  Les personnes qui nous sont chères.
  La raison, contre de tels coups,
  N'offre point d'armes secourables;
  Et voilà, des dieux en courroux,
  Les foudres les plus redoutables
  Qui se puissent lancer sur nous.

    PSYCHÉ.

Seigneur, une douceur ici vous est offerte :
Votre hymen a reçu plus d'un présent des dieux ;
  Et, par une faveur ouverte,
Ils ne vous ôtent rien, en m'ôtant à vos yeux,
Dont ils n'aient pris soin de réparer la perte.
Il vous reste de quoi consoler vos douleurs ;
Et cette loi du ciel, que vous nommez cruelle,
  Dans les deux princesses mes sœurs,
  Laisse à l'amitié paternelle
  Où placer toutes ses douceurs.

    LE ROI.

 Ah! de mes maux soulagement frivole!
Rien, rien ne s'offre à moi qui de toi me console.
C'est sur mes déplaisirs que j'ai les yeux ouverts ;
  Et, dans un destin si funeste,
  Je regarde ce que je perds,
  Et ne vois point ce qui me reste.

ACTE II, SCÈNE I.

PSYCHÉ.

Vous savez mieux que moi qu'aux volontés des dieux,
  Seigneur, il faut régler les nôtres;
Et je ne puis vous dire, en ces tristes adieux,
Que ce que beaucoup mieux vous pouvez dire aux autres.
   Ces dieux sont maîtres souverains
   Des présens qu'ils daignent nous faire;
   Ils ne les laissent dans nos mains
   Qu'autant de temps qu'il peut leur plaire.
   Lorsqu'ils viennent les retirer,
   On n'a nul droit de murmurer
Des graces que leur main ne veut plus nous étendre.
Seigneur, je suis un don qu'ils ont fait à vos vœux;
Et, quand, par cet arrêt, ils veulent me reprendre,
Ils ne vous ôtent rien que vous ne teniez d'eux,
Et c'est sans murmurer que vous devez me rendre.

LE ROI.

   Ah! cherche un meilleur fondement
Aux consolations que ton cœur me présente;
Et, de la fausseté de ce raisonnement,
   Ne fais point un accablement
   A cette douleur si cuisante,
   Dont je souffre ici le tourment.
Crois-tu là me donner une raison puissante
Pour ne me plaindre point de cet arrêt des cieux?
   Et, dans le procédé des dieux,
   Dont tu veux que je me contente,
   Une rigueur assassinante
   Ne paroît-elle pas aux yeux?
Vois l'état où ces dieux me forcent à te rendre,
Et l'autre où te reçut mon cœur infortuné;

Tu connoîtras par là qu'ils me viennent reprendre
   Bien plus que ce qu'ils m'ont donné.
  Je reçus d'eux en toi, ma fille,
Un présent que mon cœur ne leur demandoit pas;
   J'y trouvois alors peu d'appas,
Et leur en vis, sans joie, accroître ma famille.
  Mais mon cœur, ainsi que mes yeux,
S'est fait de ce présent une douce habitude:
J'ai mis quinze ans de soins, de veilles et d'étude
   A me le rendre précieux;
   Je l'ai paré de l'aimable richesse
   De mille brillantes vertus;
En lui j'ai renfermé, par des soins assidus,
Tous les plus beaux trésors que fournit la sagesse;
A lui j'ai de mon ame attaché la tendresse;
J'en ai fait de ce cœur le charme et l'alégresse,
La consolation de mes sens abattus,
   Le doux espoir de ma vieillesse.
   Ils m'ôtent tout cela, ces dieux!
Et tu veux que je n'aie aucun sujet de plainte
Sur cet affreux arrêt dont je souffre l'atteinte!
Ah! leur pouvoir se joue avec trop de rigueur
   Des tendresses de notre cœur.
Pour m'ôter leur présent, leur falloit-il attendre
   Que j'en eusse fait tout mon bien?
Ou plutôt, s'ils avoient dessein de le reprendre,
N'eût-il pas été mieux de ne me donner rien?

    PSYCHÉ.

  Seigneur, redoutez la colère
De ces dieux contre qui vous osez éclater.

    LE ROI.

Après ce coup, que peuvent-ils me faire?

ACTE II, SCÈNE I.

Ils m'ont mis en état de ne rien redouter.

PSYCHÉ.

Ah! seigneur, je tremble des crimes
Que je vous fais commettre, et je dois me haïr...

LE ROI.

Ah! qu'ils souffrent du moins mes plaintes légitimes;
Ce m'est assez d'effort que de leur obéir;
Ce doit leur être assez que mon cœur t'abandonne
Au barbare respect qu'il faut qu'on ait pour eux,
Sans prétendre gêner la douleur que me donne
L'épouvantable arrêt d'un sort si rigoureux.
Mon juste désespoir ne sauroit se contraindre;
Je veux, je veux garder ma douleur à jamais;
Je veux sentir toujours la perte que je fais;
De la rigueur du ciel je veux toujours me plaindre;
Je veux, jusqu'au trépas, incessamment pleurer
Ce que tout l'univers ne peut me réparer.

PSYCHÉ.

Ah! de grace, seigneur, épargnez ma foiblesse;
J'ai besoin de constance en l'état où je suis.
Ne fortifiez point l'excès de mes ennuis
    Des larmes de votre tendresse.
Seuls ils sont assez forts, et c'est trop pour mon cœur,
    De mon destin et de votre douleur.

LE ROI.

Oui, je dois t'épargner mon deuil inconsolable.
Voici l'instant fatal de m'arracher de toi;
Mais comment prononcer ce mot épouvantable?
Il le faut toutefois; le ciel m'en fait la loi;
    Une rigueur inévitable

M'oblige à te laisser en ce funeste lieu,
    Adieu; je vais...... Adieu [1].

Ce qui suit jusqu'à la fin de la pièce est de M. Corneille, à la réserve de la première scène du troisième acte, qui est de la même main que ce qui a précédé.

SCÈNE II.

PSYCHÉ, AGLAURE, CIDIPPE.

PSYCHÉ.

Suivez le roi, mes sœurs, vous essuierez ses larmes,
    Vous adoucirez ses douleurs;
      Et vous l'accableriez d'alarmes,
Si vous vous exposiez encore à mes malheurs.
    Conservez-lui ce qui lui reste;
Le serpent que j'attends peut vous être funeste,
    Vous envelopper dans mon sort,

---

(1) La situation de Psyché et de son père est la même que celle d'Iphigénie et d'Agamemnon. Le père de Psyché est plus touchant que le roi de Mycènes, parce qu'il ne mérite en rien son malheur, qu'il ne peut rien pour s'y soustraire, et que rien ne pourra l'en consoler. Mais, d'un autre côté, Iphigénie, laissant échapper ces regrets si naturels dans une jeune fille qui va perdre, avec la vie qu'elle aime, un amant qu'elle chérit encore davantage, est bien plus attendrissante que Psyché, encourageant son père à la constance, et lui remontrant ce qu'il doit à sa qualité de roi et à son respect pour les dieux.

    La scène est longue et un peu délayée : il y a, dans les discours des deux personnages, un ton d'argumentation et quelquefois de subtilité qui convient peu dans une situation si terrible; mais il y a souvent aussi, surtout dans la bouche du père, des traits de sentiment aussi vrais que naturellement exprimés.

ACTE II, SCÈNE II.

Et me porter en vous une seconde mort.
    Le ciel m'a seule condamnée
    A son haleine empoisonnée;
    Rien ne sauroit me secourir;
Et je n'ai pas besoin d'exemple pour mourir [1].

AGLAURE.

Ne nous enviez pas ce cruel avantage,
De confondre nos pleurs avec vos déplaisirs,
De mêler nos soupirs à vos derniers soupirs:
D'une tendre amitié souffrez ce dernier gage.

PSYCHÉ.

    C'est vous perdre inutilement.

CIDIPPE.

C'est en votre faveur espérer un miracle,
Ou vous accompagner jusques au monument.

PSYCHÉ.

Que peut-on se promettre après un tel oracle?

AGLAURE.

Un oracle jamais n'est sans obscurité [2],
On l'entend d'autant moins, que mieux on croit l'entendre,

---

[1] Quand on ne seroit pas averti par une note que Corneille vient de prendre la plume, il semble que ce vers sublime,

    Et je n'ai pas besoin d'exemple pour mourir,

suffiroit pour déceler sa main.

[2] La ressemblance de cette situation avec celle d'Iphigénie s'étend jusqu'aux détails. Ce vers,

    Un oracle jamais n'est sans obscurité,

renferme la même pensée que le vers de Racine:

    Un oracle dit-il tout ce qu'il semble dire?

Et peut-être, après tout, n'en devez-vous attendre
Que gloire et que félicité.
Laissez-nous voir, ma sœur, par une digne issue,
Cette frayeur mortelle, heureusement déçue,
Ou mourir du moins avec vous,
Si le ciel à nos vœux ne se montre plus doux.

PSYCHÉ.

Ma sœur, écoutez mieux la voix de la nature,
Qui vous appelle auprès du roi.
Vous m'aimez trop; le devoir en murmure;
Vous en savez l'indispensable loi.
Un père vous doit être encor plus cher que moi.
Rendez-vous toutes deux l'appui de sa vieillesse;
Vous lui devez chacune un gendre et des neveux;
Mille rois, à l'envi, vous gardent leur tendresse;
Mille rois, à l'envi, vous offriront leurs vœux.
L'oracle me veut seule, et seule aussi je veux
Mourir, si je puis, sans foiblesse,
Ou ne vous avoir pas pour témoins toutes deux,
De ce que, malgré moi, la nature m'en laisse.

AGLAURE.

Partager vos malheurs, c'est vous importuner.

CIDIPPE.

J'ose dire un peu plus, ma sœur, c'est vous déplaire.

PSYCHÉ.

Non. Mais, enfin, c'est me gêner,
Et peut-être du ciel redoubler la colère.

AGLAURE.

Vous le voulez, et nous partons.
Daigne ce même ciel, plus juste et moins sévère,

Vous envoyer le sort que nous vous souhaitons,
Et que notre amitié sincère,
En dépit de l'oracle et malgré vous, espère [1].

PSYCHÉ.

Adieu. C'est un espoir, ma sœur, et des souhaits
Qu'aucun des dieux ne remplira jamais.

SCÈNE III.

PSYCHÉ, *seule.*

Enfin, seule et toute à moi-même,
Je puis envisager cet affreux changement,
Qui, du haut d'une gloire extrême,
Me précipite au monument.
Cette gloire étoit sans seconde;
L'éclat s'en répandoit jusqu'aux deux bouts du monde;
Tout ce qu'il a de rois sembloient faits pour m'aimer;
Tous leurs sujets, me prenant pour déesse,
Commençoient à m'accoutumer
Aux encens qu'ils m'offroient sans cesse.
Leurs soupirs me suivoient, sans qu'il m'en coûtât rien;

---

[1] A la fin du premier acte, les deux sœurs ont fait éclater une joie cruelle en apprenant le malheur de leur cadette. La douleur qu'elles viennent de témoigner dans cette scène est-elle sincère? On aimeroit à le croire: le cœur humain donne souvent des preuves de cette sorte d'inconséquence; et, après s'être réjoui du coup qui menaçoit un ennemi, on peut s'en affliger au moment où il va tomber sur sa tête. Si leur douleur est feinte, comme on n'en peut guère douter, leur jalousie est bien barbare, et il y a une affreuse férocité dans ces mots ambigus, *Daigne le ciel*

Vous envoyer le sort que nous vous souhaitons!

Mon ame restoit libre en captivant tant d'ames;
Et j'étois, parmi tant de flammes,
Reine de tous les cœurs, et maîtresse du mien.
O ciel! m'auriez-vous fait un crime
De cette insensibilité?
Déployez-vous sur moi tant de sévérité,
Pour n'avoir à leurs vœux rendu que de l'estime;
Si vous m'imposiez cette loi,
Qu'il fallût faire un choix pour ne pas vous déplaire,
Puisque je ne pouvois le faire,
Que ne le faisiez-vous pour moi?
Que ne m'inspiriez-vous ce qu'inspire à tant d'autres
Le mérite, l'amour, et... Mais que vois-je ici?

SCÈNE IV.

CLÉOMÈNE, AGÉNOR, PSYCHÉ.

CLÉOMÈNE.

Deux amis, deux rivaux, dont l'unique souci
Est d'exposer leurs jours pour conserver les vôtres.

PSYCHÉ.

Puis-je vous écouter, quand j'ai chassé deux sœurs?
Princes, contre le ciel pensez-vous me défendre?
Vous livrer au serpent qu'ici je dois attendre,
Ce n'est qu'un désespoir qui sied mal aux grands cœurs;
Et mourir alors que je meurs,
C'est accabler une ame tendre
Qui n'a que trop de ses douleurs.

AGÉNOR.

Un serpent n'est pas invincible;

ACTE II, SCÈNE IV.

Cadmus, qui n'aimoit rien, défit celui de Mars.
Nous aimons, et l'Amour sait rendre tout possible
  Au cœur qui suit ses étendards,
A la main dont lui-même il conduit tous les dards.

PSYCHÉ.

Voulez-vous qu'il vous serve en faveur d'une ingrate
  Que tous ses traits n'ont pu toucher,
Qu'il dompte sa vengeance au moment qu'elle éclate,
  Et vous aide à m'en arracher?
  Quand même vous m'auriez servie,
  Quand vous m'auriez rendu la vie,
Quel fruit espérez-vous de qui ne peut aimer?

CLÉOMÈNE.

Ce n'est point par l'espoir d'un si charmant salaire
  Que nous nous sentons animer;
  Nous ne cherchons qu'à satisfaire
Aux devoirs d'un amour qui n'ose présumer
  Que jamais, quoi qu'il puisse faire,
  Il soit capable de vous plaire,
  Et digne de vous enflammer.
Vivez, belle princesse, et vivez pour un autre:
  Nous le verrons d'un œil jaloux,
 Nous en mourrons; mais d'un trépas plus doux
  Que s'il nous falloit voir le vôtre;
Et, si nous ne mourons en vous sauvant le jour,
Quelque amour qu'à nos yeux vous préfériez au nôtre,
Nous voulons bien mourir de douleur et d'amour.

PSYCHÉ.

Vivez, princes, vivez, et de ma destinée
Ne songez plus à rompre ou partager la loi:
Je crois vous l'avoir dit, le ciel ne veut que moi;

PSYCHÉ.

Le ciel m'a seule condamnée [1].
Je pense ouïr déja les mortels sifflemens
    De son ministre qui s'approche :
Ma frayeur me le peint, me l'offre à tous momens,
Et, maîtresse qu'elle est de tous mes sentimens,
Elle me le figure au haut de cette roche.
J'en tombe de foiblesse, et mon cœur abattu
Ne soutient plus qu'à peine un reste de vertu.
Adieu, princes, fuyez, qu'il ne vous empoisonne.

AGÉNOR.

Rien ne s'offre à nos yeux encor qui les étonne ;
Et, quand vous vous peignez un si proche trépas,
    Si la force vous abandonne,
    Nous avons des cœurs et des bras
    Que l'espoir n'abandonne pas.
Peut-être qu'un rival a dicté cet oracle ;
Que l'or a fait parler celui qui l'a rendu.
    Ce ne seroit pas un miracle
Que, pour un dieu muet, un homme eût répondu ;
Et, dans tous les climats, on n'a que trop d'exemples
Qu'il est, ainsi qu'ailleurs, des méchans dans les temples [2].

CLÉOMÈNE.

Laissez-nous opposer au lâche ravisseur
A qui le sacrilége indignement vous livre,
Un amour qu'a le ciel choisi pour défenseur
De la seule beauté pour qui nous voulons vivre.

---

(1) Elle l'a dit du moins à ses sœurs, et dans les mêmes termes.

(2) Corneille a placé ici deux vers de son *OEdipe*, acte III, scène V. Il n'y a de différence que dans le premier hémistiche du premier vers, qui, dans la tragédie, est écrit ainsi : *Et par tous les climats.*

ACTE II, SCÈNE IV.

Si nous n'osons prétendre à sa possession,
Du moins, en son péril, permettez-nous de suivre
L'ardeur et les devoirs de notre passion.

PSYCHÉ.

Portez-les à d'autres moi-mêmes [1],
Princes, portez-les à mes sœurs,
Ces devoirs, ces ardeurs extrêmes
Dont pour moi sont remplis vos cœurs;
Vivez pour elles, quand je meurs;
Plaignez de mon destin les funestes rigueurs,
Sans leur donner en vous de nouvelles matières.
Ce sont mes volontés dernières;
Et l'on a reçu, de tout temps,
Pour souveraines lois, les ordres des mourans.

CLÉOMÈNE.

Princesse...

PSYCHÉ.

Encore un coup, princes, vivez pour elles.
Tant que vous m'aimerez, vous devez m'obéir :
Ne me réduisez pas à vouloir vous haïr,
Et vous regarder en rebelles,
A force de m'être fidèles.
Allez, laissez-moi seule expirer en ce lieu,
Où je n'ai plus de voix que pour vous dire adieu.
Mais je sens qu'on m'enlève, et l'air m'ouvre une route,

---

[1] Anciennement, *même*, adverbe ou adjectif singulier, prenoit une *s* finale, et Corneille l'a plusieurs fois écrit de cette manière. Ici, il n'a peut-être pas cru user de la même licence; il a peut-être considéré *moi-même*, dans cette phrase, comme un véritable substantif, susceptible de nombre, et cru pouvoir dire, *d'autres moi-mêmes*, en parlant de plusieurs personnes, comme on dit, *un autre moi-même*, en parlant d'une seule.

D'où vous n'entendrez plus cette mourante voix.
Adieu, princes; adieu, pour la dernière fois:
Voyez si de mon sort vous pouvez être en doute.

(*Psyché est enlevée en l'air par deux Zéphyres.*)

AGÉNOR.

Nous la perdons de vue. Allons tous deux chercher
Sur le faîte de ce rocher
Prince, les moyens de la suivre.

CLÉOMÈNE.

Allons-y chercher ceux de ne lui point survivre [1].

SCÈNE V.

L'AMOUR, *en l'air.*

Allez mourir, rivaux d'un dieu jaloux,
Dont vous méritez le courroux,
Pour avoir eu le cœur sensible aux mêmes charmes.
Et toi, forge, Vulcain, mille brillans attraits
Pour orner un palais

---

[1] On ne peut pas pousser plus loin que ces deux princes la générosité de l'amitié et celle de l'amour. Rivaux sans être désunis, celui des deux à qui l'autre eût été préféré, auroit fait don à ce dernier de ses états, pour qu'il les joignît aux siens, et pût offrir à la princesse un trône plus digne d'elle. Maintenant ils veulent mourir tous deux pour la sauver, dût-elle vivre pour un autre, ou du moins ils veulent périr avec elle. Encore une fois, de tels sacrifices, de tels dévouemens sont trop au-dessus de la nature pour intéresser beaucoup dans une fiction.

Entre cette scène et la suivante, le théâtre resteroit vide si l'on ne devoit supposer qu'avant la sortie des deux princes, l'Amour se montre dans les airs, et qu'il a même entendu, sans être vu d'eux, quelque chose de leur amoureux entretien.

ACTE II, SCÈNE V.

Où l'Amour de Psyché veut essuyer les larmes,
Et lui rendre les armes [1].

[1] Cet acte offre un peu plus d'intérêt que le premier acte, et il le doit uniquement aux douleurs paternelles du roi.

FIN DU SECOND ACTE.

SECOND INTERMEDE.

La scène se change en une cour magnifique, ornée de colonnes de lapis, enrichies de figures d'or, qui forment un palais pompeux et brillant que l'Amour destine pour Psyché. Six cyclopes, avec quatre fées, y font une entrée de ballet, où ils achèvent en cadence quatre gros vases d'argent que les fées leur ont apportés. Cette entrée est entrecoupée par ce récit de Vulcain, qu'il fait à deux reprises :

Dépêchez, préparez ces lieux
Pour le plus aimable des dieux ;
Que chacun pour lui s'intéresse ;
N'oubliez rien des soins qu'il faut.
 Quand l'Amour presse,
On n'a jamais fait assez tôt.

L'Amour ne veut point qu'on diffère ;
 Travaillez, hâtez-vous,
Frappez, redoublez vos coups ;
 Que l'ardeur de lui plaire
 Fasse vos soins les plus doux.

SECOND COUPLET.

Servez bien un dieu si chârmant ;
Il se plaît dans l'empressement ;

SECOND INTERMÈDE.

Que chacun pour lui s'intéresse;
N'oubliez rien de ce qu'il faut.
  Quand l'Amour presse,
On n'a jamais fait assez tôt.

L'Amour ne veut point qu'on diffère;
  Travaillez, hâtez-vous,
 Frappez, redoublez vos coups;
  Que l'ardeur de lui plaire
 Fasse vos soins les plus doux.

FIN DU SECOND INTERMÈDE.

ACTE III.

SCÈNE PREMIÈRE.
L'AMOUR, ZÉPHYRE.

ZÉPHYRE.

Oui, je me suis galamment acquitté
De la commission que vous m'avez donnée ;
Et, du haut du rocher, je l'ai, cette beauté,
Par le milieu des airs doucement amenée
    Dans ce beau palais enchanté,
    Où vous pouvez en liberté
    Disposer de sa destinée.
Mais vous me surprenez par ce grand changement
    Qu'en votre personne vous faites ;
Cette taille, ces traits, et cet ajustement,
    Cachent tout-à-fait qui vous êtes ;
Et je donne aux plus fins à pouvoir, en ce jour,
    Vous reconnoître pour l'Amour.

L'AMOUR.

Aussi ne veux-je pas qu'on puisse me connoître ;
Je ne veux à Psyché découvrir que mon cœur,
Rien que les beaux transports de cette vive ardeur
    Que ses doux charmes y font naître ;
Et, pour en exprimer l'amoureuse langueur,

ACTE III, SCÈNE I.

Et cacher ce que je puis être
Aux yeux qui m'imposent des lois,
J'ai pris la forme que tu vois.

ZÉPHYRE.

En tout vous êtes un grand maître;
C'est ici que je le connois.
Sous des déguisemens de diverse nature,
On a vu les dieux amoureux
Chercher à soulager cette douce blessure
Que reçoivent les cœurs de vos traits pleins de feux;
Mais en bon sens vous l'emportez sur eux;
Et voilà la bonne figure
Pour avoir un succès heureux
Près de l'aimable sexe où l'on porte ses vœux.
Oui, de ces formes-là l'assistance est bien forte;
Et, sans parler ni de rang, ni d'esprit,
Qui peut trouver moyen d'être fait de la sorte,
Ne soupire guère à crédit.

L'AMOUR.

J'ai résolu, mon cher Zéphyre,
De demeurer ainsi toujours;
Et l'on ne peut le trouver à redire
A l'aîné de tous les Amours.
Il est temps de sortir de cette longue enfance
Qui fatigue ma patience;
Il est temps désormais que je devienne grand.

ZÉPHYRE.

Fort bien. Vous ne pouvez mieux faire;
Et vous entrez dans un mystère
Qui ne demande rien d'enfant.

PSYCHÉ.

L'AMOUR.

Ce changement, sans doute, irritera ma mère.

ZÉPHYRE.

Je prévois là-dessus quelque peu de colère.
Bien que les disputes des ans
Ne doivent point régner parmi des immortelles,
Votre mère Vénus est de l'humeur des belles,
Qui n'aiment point de grands enfans [1].
Mais où je la trouve outragée,
C'est dans le procédé que l'on vous voit tenir;
Et c'est l'avoir étrangement vengée,
Que d'aimer la beauté qu'elle vouloit punir!
Cette haine où ses vœux prétendent que réponde
La puissance d'un fils que redoutent les dieux...

L'AMOUR.

Laissons cela, Zéphyre, et me dis si tes yeux
Ne trouvent pas Psyché la plus belle du monde?
Est-il rien sur la terre, est-il rien dans les cieux
Qui puisse lui ravir le titre glorieux
De beauté sans seconde?
Mais je la vois, mon cher Zéphyre,
Qui demeure surprise à l'éclat de ces lieux.

ZÉPHYRE.

Vous pouvez vous montrer pour finir son martyre,
Lui découvrir son destin glorieux,
Et vous dire, entre vous, tout ce que peuvent dire

---

[1] Le germe de cette idée plaisante est dans Apulée, qui fait dire à Vénus elle-même : *Felix verò ego quæ in ipso ætatis meæ flore vocabor avia.* « Ne serai-je pas fort heureuse de m'entendre appeler grand'mère à « la fleur de mon âge? »

Les soupirs, la bouche et les yeux.
En confident discret, je sais ce qu'il faut faire
Pour ne pas interrompre un amoureux mystère [1].

SCÈNE II.

PSYCHÉ, seule.

Où suis-je? Et, dans un lieu que je croyois barbare,
Quelle savante main a bâti ce palais,
  Que l'art, que la nature pare
  De l'assemblage le plus rare
  Que l'œil puisse admirer jamais?
  Tout rit, tout brille, tout éclate
Dans ces jardins, dans ces appartemens,
  Dont les pompeux ameublemens
  N'ont rien qui n'enchante et ne flatte;
Et, de quelque côté que tournent mes frayeurs,
Je ne vois sous mes pas que de l'or ou des fleurs.

Le ciel auroit-il fait cet amas de merveilles

---

[1] Cette scène, la dernière de celles que Molière a écrites, redescend au ton familier qui lui est propre, et au-dessus duquel Corneille s'élève naturellement. Zéphyre parle à l'Amour du ton dont un valet, bel-esprit et familier, parleroit à un jeune maître qui auroit pris un déguisement pour aller en bonne fortune.

La scène de Molière finit par la rime de *mystère*, et la scène suivante, qui est de Corneille, commence par celle de *barbare*. Dans le dernier couplet de l'Amour, on voit de même, à côté l'une de l'autre, deux rimes féminines différentes. Ce sont de pures inadvertances. Dans tout le reste, l'enchaînement, le mélange des rimes est régulier. Molière ne s'étoit pas astreint à la même exactitude dans *Amphitryon*, écrit également en vers libres, et représenté deux ans seulement avant *Psyché*.

PSYCHÉ.
>Pour la demeure d'un serpent?
Et, lorsque, par leur vue, il amuse et suspend
De mon destin jaloux les rigueurs sans pareilles,
>Veut-il montrer qu'il s'en repent?
Non, non; c'est de sa haine, en cruauté féconde,
>Le plus noir, le plus rude trait,
Qui, par une rigueur nouvelle et sans seconde,
>N'étale ce choix qu'elle a fait
>De ce qu'a de plus beau le monde,
Qu'afin que je le quitte, avec plus de regret.

>Que mon espoir est ridicule*,
>S'il croit par là soulager mes douleurs (1)!

VARIANTE. * *Que son espoir est ridicule.*

---

(1) >Que mon espoir est ridicule,
>S'il croit par là soulager mes douleurs!

Toutes les éditions modernes portent, *que son espoir* (l'espoir du serpent, du monstre) *est ridicule, s'il* (si le monstre) *croit par là soulager mes douleurs!* J'avoue que c'est là le sens qui semble se présenter d'abord le plus naturellement; mais, avec un peu de réflexion, on s'aperçoit qu'il n'a rien de raisonnable. Psyché ne peut pas supposer que le monstre a *l'espoir de soulager ses douleurs,* puisqu'elle vient de dire, au contraire, qu'il veut les rendre plus cruelles, en lui montrant, avant qu'elle meure, tout ce que le monde a de plus beau. Il faut d'abord observer que le monologue de Psyché est divisé en manière de stances, division que les éditeurs modernes ont effacée, et que j'ai rétablie. Psyché, après avoir parlé du monstre et de son raffinement de cruauté, s'arrête; et, dans l'intervalle de la strophe qui finit à celle qui va commencer, elle se livre un moment à cet espoir qui n'abandonne jamais les plus malheureux; puis, se blâmant elle-même d'espérer, elle s'écrie:

>Que mon espoir est ridicule,
>S'il croit par là soulager mes douleurs!

Je conviens que cela est fort alambiqué, qu'il faut bien des paroles pour

ACTE III, SCÈNE III.

Tout autant de momens que ma mort se recule,
    Sont autant de nouveaux malheurs :
Plus elle tarde, et plus de fois je meurs.

Ne me fais plus languir, viens prendre ta victime,
    Monstre qui dois me déchirer.
Veux-tu que je te cherche, et faut-il que j'anime
    Tes fureurs à me dévorer ?
Si le ciel veut ma mort, si ma vie est un crime,
De ce peu qui m'en reste ose enfin t'emparer ;
    Je suis lasse de murmurer.
    Contre un châtiment légitime.
    Je suis lasse de soupirer ;
    Viens, que j'achève d'expirer [1].

SCÈNE III.

L'AMOUR, PSYCHÉ, ZÉPHYRE.

L'AMOUR.

Le voilà, ce serpent, ce monstre impitoyable,
Qu'un oracle étonnant pour vous a préparé,

---

l'expliquer et le faire comprendre ; mais je ne vois pas une autre manière de concilier la raison et le texte original. Le texte substitué n'est pas obscur ; mais il est absurde, ce qui est bien pis.

(1) Le conte populaire de *la Belle et la Bête*, dont Marmontel a fait l'opéra comique de *Zémire et Azor*, est évidemment une imitation de la fable de Psyché ; comme Psyché, Zémire a deux sœurs qui sont jalouses d'elle, et un père qui l'aime par prédilection ; elle est abandonnée de même à la merci d'un prétendu monstre qui, loin de vouloir la dévorer, l'adore, et lui prodigue tous les trésors, tous les amusemens qu'enfante son pouvoir surnaturel. Psyché et Zémire, arrivant dans la demeure du monstre, sont également émerveillées des richesses qu'un art divin a rassemblées autour d'elles.

Et qui n'est pas, peut-être, à tel point effroyable,
Que vous vous l'êtes figuré.[1]

PSYCHÉ.

Vous, seigneur, vous seriez ce monstre dont l'oracle
A menacé mes tristes jours,
Vous qui semblez plutôt un dieu qui, par miracle,
Daigne venir lui-même à mon secours !

L'AMOUR.

Quel besoin de secours au milieu d'un empire
Où tout ce qui respire
N'attend que vos regards pour en prendre la loi,
Où vous n'avez à craindre autre monstre que moi [2] ?

PSYCHÉ.

Qu'un monstre tel que vous inspire peu de crainte !
Et que, s'il a quelque poison,
Une ame aurait peu de raison
De hasarder la moindre plainte
Contre une favorable atteinte,
Dont tout le cœur craindroit la guérison !
A peine je vous vois, que mes frayeurs cessées
Laissent évanouir l'image du trépas,

---

(1) Tout le monde sait que, dans le conte d'Apulée, l'Amour est invisible pour Psyché, et que c'est dans l'ombre de la nuit seulement qu'il approche d'elle. Molière n'a pas cru apparemment que ces scènes nocturnes et non éclairées pussent être agréables au théâtre. Il a mieux aimé que l'Amour et Psyché, visibles l'un pour l'autre, fussent aussi vus sans peine par le spectateur ; et au voile de la nuit dont l'Amour s'enveloppe dans le conte, il a substitué le voile d'une espèce de déguisement : le dieu, sans ailes, sans arc et sans flambeau, se montre à son amante sous la figure d'un jeune et beau mortel.

(2) Vers d'une excessive dureté.

Et que je sens couler dans mes veines glacées
Un je ne sais quel feu que je ne connois pas.
J'ai senti de l'estime et de la complaisance,
  De l'amitié, de la reconnoissance;
De la compassion les chagrins innocens
   M'en ont fait sentir la puissance;
Mais je n'ai point encor senti ce que je sens.
Je ne sais ce que c'est; mais je sais qu'il me charme,
   Que je n'en conçois point d'alarme.
Plus j'ai les yeux sur vous, plus je m'en sens charmer.
Tout ce que j'ai senti n'agissoit point de même,
   Et je dirois que je vous aime,
Seigneur, si je savois ce que c'est que d'aimer.
Ne les détournez point, ces yeux qui m'empoisonnent,
Ces yeux tendres, ces yeux perçans, mais amoureux,
Qui semblent partager le trouble qu'ils me donnent.
   Hélas! plus ils sont dangereux,
  Plus je me plais à m'attacher sur eux.
Par quel ordre du ciel, que je ne puis comprendre,
   Vous dis-je plus que je ne dois,
Moi de qui la pudeur devroit du moins attendre
Que vous m'expliquassiez le trouble où je vous vois?
Vous soupirez, seigneur, ainsi que je soupire;
Vos sens, comme les miens, paroissent interdits.
C'est à moi de m'en taire, à vous de me le dire;
 Et cependant c'est moi qui vous le dis.

    L'AMOUR.

Vous avez eu, Psyché, l'ame toujours si dure,
   Qu'il ne faut pas vous étonner
   Si, pour en réparer l'injure,
L'Amour, en ce moment, se paie avec usure
   De ceux qu'elle a dû lui donner.

Ce moment est venu qu'il faut que votre bouche
Exhale des soupirs si long-temps retenus,
Et qu'en vous arrachant à cette humeur farouche,
Un amas de transports aussi doux qu'inconnus,
Aussi sensiblement tout à la fois vous touche,
Qu'ils ont dû vous toucher durant tant de beaux jours,
Dont cette ame insensible a profané le cours.

PSYCHÉ.

N'aimer point c'est donc un grand crime?

L'AMOUR.

En souffrez-vous un rude châtiment?

PSYCHÉ.

C'est punir assez doucement.

L'AMOUR.

C'est lui choisir sa peine légitime,
Et se faire justice, en ce glorieux jour,
D'un manquement d'amour par un excès d'amour.

PSYCHÉ.

Que n'ai-je été plus tôt punie!
J'y mets le bonheur de ma vie.
Je devrois en rougir, ou le dire plus bas;
Mais le supplice a trop d'appas.
Permettez que, tout haut, je le die et redie :
Je le dirois cent fois, et n'en rougirois pas.
Ce n'est point moi qui parle ; et de votre présence
L'empire surprenant, l'aimable violence,
Dès que je veux parler, s'empare de ma voix.
C'est en vain qu'en secret ma pudeur s'en offense,
Que le sexe et la bienséance
Osent me faire d'autres lois;
Vos yeux, de ma réponse eux-mêmes font le choix,

ACTE III, SCÈNE III.

Et ma bouche asservie à leur toute-puissance,
Ne me consulte plus sur ce que je me dois (1).

L'AMOUR.

Croyez, belle Psyché, croyez ce qu'ils vous disent,
 Ces yeux qui ne sont point jaloux;
 Qu'à l'envi les vôtres m'instruisent
 De tout ce qui se passe en vous.
 Croyez-en ce cœur qui soupire,
Et qui, tant que le vôtre y voudra repartir,
 Vous dira bien plus d'un soupir,
 Que cent regards ne peuvent dire.
 C'est le langage le plus doux;
C'est le plus fort, c'est le plus sûr de tous.

PSYCHÉ.

 L'intelligence en étoit due
A nos cœurs, pour les rendre également contens.
 J'ai soupiré, vous m'avez entendue;
 Vous soupirez, je vous entends.
 Mais ne me laissez plus en doute,
Seigneur, et dites-moi si, par la même route,
Après moi, le Zéphyre ici vous a rendu

---

(1) Tous ces discours de Psyché sont d'une grace qui enchante: c'est un mélange délicieux de passion et de naïveté. *Que n'ai-je été plus tôt punie!* est un trait charmant parmi tant d'autres; et, comme cette jeune fille, jusqu'alors si remplie de pudeur, va très-loin dans les aveux qu'elle fait à l'Amour, il y a bien de l'adresse à l'en faire apercevoir elle-même, et à lui faire dire que ce n'est pas elle qui parle, mais, à sa place, quelque puissance inconnue qui *s'empare de sa voix* et répond pour elle. « L'auteur de *Cinna*, dit Voltaire, fit à l'âge de soixante-sept ans (il devoit dire soixante-cinq) cette déclaration de Psyché à l'Amour, qui passe encore pour un des morceaux les plus tendres et les plus naturels qui soient au théâtre. »

Pour me dire ce que j'écoute.
Quand j'y suis arrivée, étiez-vous attendu?
Et, quand vous lui parlez, êtes-vous entendu?

L'AMOUR.

J'ai dans ce doux climat un souverain empire,
   Comme vous l'avez sur mon cœur;
L'Amour m'est favorable, et c'est en sa faveur
Qu'à mes ordres Éole a soumis le Zéphyre.
C'est l'Amour qui, pour voir mes feux récompensés,
   Lui-même a dicté cet oracle
   Par qui vos beaux jours menacés
D'une foule d'amans se sont débarrassés,
Et qui m'a délivré de l'éternel obstacle
   De tant de soupirs empressés
Qui ne méritoient pas de vous être adressés.
Ne me demandez point quelle est cette province,
   Ni le nom de son prince:
 Vous le saurez quand il en sera temps.
Je veux vous acquérir, mais c'est par mes services,
Par des soins assidus et par des vœux constans,
   Par les amoureux sacrifices
    De tout ce que je suis,
    De tout ce que je puis,
Sans que l'éclat du rang pour moi vous sollicite,
Sans que de mon pouvoir je me fasse un mérite;
Et, bien que souverain dans cet heureux séjour,
Je ne vous veux, Psyché, devoir qu'à mon amour.
Venez en admirer avec moi les merveilles,
Princesse; et préparez vos yeux et vos oreilles
   A ce qu'il a d'enchantemens;
 Vous y verrez des bois et des prairies
   Contester sur leurs agrémens

ACTE III, SCÈNE III.

Avec l'or et les pierreries;
Vous n'entendrez que des concerts charmans;
De cent beautés vous y serez servie,
Qui vous adoreront sans vous porter envie,
Et brigueront, à tous momens,
D'une ame soumise et ravie,
L'honneur de vos commandemens.

PSYCHÉ.

Mes volontés suivent les vôtres;
Je n'en saurois plus avoir d'autres :
Mais votre oracle, enfin, vient de me séparer
De deux sœurs et du roi mon père,
Que mon trépas imaginaire
Réduit tous trois à me pleurer.
Pour dissiper l'erreur dont leur ame accablée
De mortels déplaisirs se voit pour moi comblée,
Souffrez que mes sœurs soient témoins
Et de ma gloire et de vos soins.
Prêtez-leur, comme à moi, les ailes du Zéphyre,
Qui leur puissent de votre empire,
Ainsi qu'à moi, faciliter l'accès;
Faites-leur voir en quel lieu je respire;
Faites-leur de ma perte admirer le succès [1].

L'AMOUR.

Vous ne me donnez pas, Psyché, toute votre ame;
Ce tendre souvenir d'un père et de deux sœurs

---

[1] Zémire, comme Psyché, demande qu'il lui soit permis de voir encore son père et ses sœurs; de même que l'Amour, Azor y consent; et c'est par des moyens pareils, c'est-à-dire surnaturels; que chacun des deux amans exauce le vœu de sa maîtresse. L'imitation est évidente.

Me vole une part des douceurs
Que je veux toutes pour ma flamme.
N'ayez d'yeux que pour moi, qui n'en ai que pour vous :
Ne songez qu'à m'aimer, ne songez qu'à me plaire;
Et, quand de tels soucis osent vous en distraire...

PSYCHÉ.

Des tendresses du sang peut-on être jaloux?

L'AMOUR.

Je le suis, ma Psyché, de toute la nature.
Les rayons du soleil vous baisent trop souvent;
Vos cheveux souffrent trop les caresses du vent;
Dès qu'il les flatte, j'en murmure :
L'air même que vous respirez
Avec trop de plaisir passe par votre bouche;
Votre habit de trop près vous touche;
Et, sitôt que vous soupirez,
Je ne sais quoi, qui m'effarouche,
Craint, parmi vos soupirs, des soupirs égarés.
Mais vous voulez vos sœurs; allez, partez, Zéphyre;
Psyché le veut, je ne l'en puis dédire [1].

(*Zéphyre s'envole.*)

---

(1) Cette tirade mille fois citée, et que tout le monde sait par cœur, termine dignement une scène délicieuse. Je crois en apercevoir l'idée dans la XXe ode d'Anacréon, que quelques traducteurs intitulent *les Souhaits*, et dont la chanson si connue, *Que ne suis-je la fougère!* est une assez agréable imitation. C'est la même espèce de jalousie qui inspire et passionne les deux morceaux; non cette jalousie ordinaire que causent à un amant les soins rendus à sa maîtresse par un autre homme, mais cette jalousie plus délicate et plus exaltée, à qui toute personne et toute chose fait ombrage, et qu'inquiètent jusqu'aux objets inanimés qui environnent ou qui touchent l'être préféré. Certainement, lorsqu'il souhaite d'être la

SCÈNE IV.

L'AMOUR, PSYCHÉ.

L'AMOUR.

Quand vous leur ferez voir ce bienheureux séjour,
    De ces trésors faites-leur cent largesses,
    Prodiguez-leur caresses sur caresses;
  Et du sang, s'il se peut, épuisez les tendresses,
      Pour vous rendre toute à l'amour.
Je n'y mêlerai point d'importune présence;
Mais ne leur faites pas de si longs entretiens :
Vous ne sauriez pour eux avoir de complaisance,
    Que vous ne dérobiez aux miens.

PSYCHÉ.

    Votre amour me fait une grace,
    Dont je n'abuserai jamais.

L'AMOUR.

Allons voir cependant ces jardins, ce palais,
Où vous ne verrez rien que votre éclat n'efface.
Et vous, petits Amours, et vous, jeunes Zéphyrs,
Qui, pour armes, n'avez que de tendres soupirs,

---

tunique de sa maitresse, ou l'eau de son bain, ou la bandelette de ses cheveux, ou la chaussure de ses pieds, Anacréon exprime, avec une assez légère différence, le même sentiment que l'Amour, lorsqu'il se dit jaloux de l'habit de Psyché, du vent qui agite sa chevelure, et de l'air qui passe par sa bouche.

Montrez tous à l'envi ce qu'à voir ma princesse
Vous avez senti d'allégresse [1].

---

[1] Ce troisième acte n'a, pour ainsi dire, qu'une scène, celle de la déclaration de Psyché; mais cette scène est un chef-d'œuvre, et l'acte où elle se trouve est le meilleur de tous.

FIN DU TROISIÈME ACTE.

TROISIEME INTERMÈDE.

Il se fait une entrée de ballet de quatre Amours et quatre Zéphyrs, interrompue deux fois par un dialogue chanté par un Amour et un Zéphyr.

L'AMOUR, PSYCHÉ.

LE ZÉPHYR.

Aimable jeunesse,
Suivez la tendresse ;
Joignez aux beaux jours
La douceur des Amours.
C'est pour vous surprendre
Qu'on vous fait entendre
Qu'il faut éviter leurs soupirs ;
Et craindre leurs désirs :
Laissez-vous apprendre
Quels sont leurs plaisirs.

ILS CHANTENT ENSEMBLE.

Chacun est obligé d'aimer
A son tour ;
Et plus on a de quoi charmer,
Plus on doit à l'Amour.

LE ZÉPHYR SEUL.

Un cœur jeune et tendre
Est fait pour se rendre ;
Il n'a point à prendre
De fâcheux détour.

LES DEUX ENSEMBLE.

Chacun est obligé d'aimer
A son tour;
Et plus on a de quoi charmer,
Plus on doit à l'Amour.

L'AMOUR SEUL.

Pourquoi se défendre ?
Que sert-il d'attendre ?
Quand on perd un jour,
On le perd sans retour.

LES DEUX ENSEMBLE.

Chacun est obligé d'aimer
A son tour;
Et plus on a de quoi charmer,
Plus on doit à l'Amour.

SECOND COUPLET.

LE ZÉPHYR.

L'Amour a des charmes,
Rendons-lui les armes ;
Ses soins et ses pleurs
Ne sont pas sans douceurs.
Un cœur, pour le suivre,
A cent maux se livre.
Il faut, pour goûter ses appas,
Languir jusqu'au trépas :
Mais ce n'est pas vivre
Que de n'aimer pas.

ILS CHANTENT ENSEMBLE.

S'il faut des soins et des travaux
En aimant,
On est payé de mille maux
Par un heureux moment.

TROISIÈME INTERMÈDE.

LE ZÉPHYR SEUL.

On craint, on espère ;
Il faut du mystère ;
Mais on n'obtient guère
De bien sans tourment.

LES DEUX ENSEMBLE.

S'il faut des soins et des travaux,
En aimant,
On est payé de mille maux
Pour un heureux moment.

L'AMOUR SEUL.

Que peut-on mieux faire,
Qu'aimer et que plaire ?
C'est un soin charmant,
Que l'emploi d'un amant.

LES DEUX ENSEMBLE.

S'il faut des soins et des travaux
En aimant,
On est payé de mille maux
Par un heureux moment.

FIN DU TROISIÈME INTERMÈDE.

ACTE IV.

Le théâtre devient un autre palais magnifique, coupé dans le fond par un vestibule, au travers duquel on voit un jardin superbe et charmant, décoré de plusieurs vases d'orangers, et d'arbres chargés de toutes sortes de fruits.

SCÈNE PREMIÈRE.

AGLAURE, CIDIPPE.

AGLAURE.

Je n'en puis plus, ma sœur; j'ai vu trop de merveilles,
L'avenir aura peine à les bien concevoir;
Le soleil qui voit tout, et qui nous fait tout voir,
    N'en a vu jamais de pareilles.
    Elles me chagrinent l'esprit :
Et ce brillant palais, ce pompeux équipage
    Font un odieux étalage
Qui m'accable de honte autant que de dépit.
    Que la fortune indignement nous traite,
    Et que sa largesse indiscrète
Prodigue aveuglément, épuise, unit d'efforts,
    Pour faire de tant de trésors
    Le partage d'une cadette [1] !

---

[1] Ces reproches adressés à la Fortune sont imités d'Apulée. *En orba et sæva et iniqua Fortuna! Hiccine tibi complacuit ut utroque*

ACTE IV, SCÈNE I.

CIDIPPE.

J'entre dans tous vos sentimens;
J'ai les mêmes chagrins; et, dans ces lieux charmans,
  Tout ce qui vous déplaît me blesse;
Tout ce que vous prenez pour un mortel affront,
  Comme vous, m'accable, et me laisse
L'amertume dans l'ame, et la rougeur au front.

AGLAURE.

  Non, ma sœur, il n'est point de reines
Qui, dans leur propre état, parlent en souveraines
  Comme Psyché parle en ces lieux.
On l'y voit obéie avec exactitude;
Et de ses volontés une amoureuse étude
  Les cherche jusques dans ses yeux.
  Mille beautés s'empressent autour d'elle,
  Et semblent dire à nos regards jaloux,
Quels que soient nos attraits, elle est encor plus belle,
Et nous, qui la servons, le sommes plus que vous.
  Elle prononce, on exécute;
Aucun ne s'en défend, aucun ne s'en rebute.

---

parente cognatæ diversam sortem sustineremus? Et nos quidem, quæ natu majores sumus, maritis advenis ancillæ deditæ, extorres et Lare et ipsâ patriâ degamus, longè parentum velut exulantes : hæc autem novissima, quam fœtu satiante postremus partus effudit, tantis opibus et deo marito posita, quæ nec uti rectè tantâ bonorum copiâ novit.

« Fortune aveugle et cruelle ! dit l'une, pourquoi faut-il qu'étant nées
« d'un même père et d'une même mère, nous ayons une destinée si diffé-
« rente; que nous, qui sommes les aînées, soyons livrées comme des escla-
« ves à des maris étrangers, et que nous passions notre vie exilées loin de
« notre patrie et de nos parens, pendant que Psyché, qui n'est que notre
« cadette, et qui a bien moins de mérite que nous, a le bonheur d'avoir
« un dieu pour époux, et jouit d'une fortune si éclatante, qu'elle ne sait
« pas même en connoître le prix? »

Flore, qui s'attache à ses pas,
Répand à pleines mains, autour de sa personne,
    Ce qu'elle a de plus doux appas.
  Zéphyre vole aux ordres qu'elle donne ;
Et son amante et lui, s'en laissant trop charmer,
Quittent, pour la servir, les soins de s'entr'aimer.

CIDIPPE.

    Elle a des dieux à son service,
    Elle aura bientôt des autels ;
Et nous ne commandons qu'à de chétifs mortels,
    De qui l'audace et le caprice,
Contre nous, à toute heure, en secret révoltés,
    Opposent à nos volontés
    Ou le murmure, ou l'artifice.

AGLAURE.

    C'étoit peu que, dans notre cour,
Tant de cœurs, à l'envi, nous l'eussent préférée ;
Ce n'étoit pas assez que, de nuit et de jour,
D'une foule d'amans elle y fût adorée.
Quand nous nous consolions de la voir au tombeau
    Par l'ordre imprévu d'un oracle,
    Elle a voulu, de son destin nouveau,
Faire, en notre présence, éclater le miracle,
    Et choisir nos yeux pour témoins
De ce qu'au fond du cœur nous souhaitions le moins [1].

---

[1] Dans Apulée, l'une des sœurs reproche également à Psyché d'avoir étalé avec orgueil devant elles les richesses qu'elle possède.

Recordare enim quàm superbè, quàm arroganter nobiscum egerit, et ipsâ jactatione immodicæ ostentationis tumentem suum prodiderit animum.

« Souvenez-vous avec quelle fierté et quelle arrogance elle en a usé en-
« vers nous, avec quelle ostentation insupportable elle nous a fait voir
« toutes ses richesses. »

ACTE IV, SCÈNE I.

CIDIPPE.

Ce qui le plus me désespère,
C'est cet amant parfait et si digne de plaire,
Qui se captive sous ses lois.
Quand nous pourrions choisir entre tous les monarques,
En est-il un, de tant de rois,
Qui porte de si nobles marques?
Se voir du bien par-delà ses souhaits,
N'est souvent qu'un bonheur qui fait des misérables;
Il n'est ni train pompeux, ni superbe palais
Qui n'ouvre quelque porte à des maux incurables:
Mais avoir un amant d'un mérite achevé,
Et s'en voir chèrement aimée,
C'est un bonheur si haut, si relevé,
Que sa grandeur ne peut être exprimée.

AGLAURE.

N'en parlons plus, ma sœur, nous en mourrions d'ennui.
Songeons plutôt à la vengeance,
Et trouvons le moyen de rompre entre elle et lui
Cette adorable intelligence.
La voici. J'ai des coups tout prêts à lui porter,
Qu'elle aura peine d'éviter [1].

---

[1] Lamotte, dans cet examen de la *Psyché* de Fontenelle, dont j'ai parlé plus haut, fait une autre critique à propos de ce passage. « Molière, « dit-il, dépouille sa Psyché d'un sentiment naturel. Elle aime, elle est « aimée avec des circonstances toutes mystérieuses. Cependant il ne lui « vient pas la moindre pensée de s'éclairer; et cette indolence ne cède « qu'aux raisons de ses sœurs, qui viennent rappeler dans son ame une « curiosité égarée; encore résiste-t-elle. Et quand on lui dit que, pour « être parfaitement heureuse, il lui manque de connoître son amant, elle « répond : *Que m'importe?* Quinault (c'est-à-dire Fontenelle), ne s'écarte « pas ainsi de la nature; il fait sa Psyché plus vive et plus délicate... »

SCÈNE II.

PSYCHÉ, AGLAURE, CIDIPPE.

PSYCHÉ.

Je viens vous dire adieu; mon amant vous renvoie,
Et ne sauroit plus endurer
Que vous lui retranchiez un moment de la joie
Qu'il prend de se voir seul à me considérer.
Dans un simple regard, dans la moindre parole,
Son amour trouve des douceurs
Qu'en faveur du sang je lui vole,
Quand je les partage à des sœurs.

AGLAURE.

La jalousie est assez fine;
Et ces délicats sentimens
Méritent bien qu'on s'imagine
Que celui qui pour vous a ces empressemens

Lamotte cite ensuite une tirade de la Psyché de l'opéra, qui se montre blessée du mystère que lui fait son amant, et se voit, dit-elle, *réduite à douter de sa flamme.* Puis il ajoute : « Si l'on compare, *Que m'importe?* « avec ces sentimens, un cœur délicat ne mettra guère à se décider. »

Il m'en coûteroit peu de convenir que, dans un sujet galant, il est arrivé une fois à Fontenelle de sentir mieux la nature que Molière, bien que la chose dût paroître surprenante; mais je ne crois pas que Fontenelle ait eu cette bonne fortune. Je ne blâme pas le dépit qu'il prête à Psyché, dépit qui vient moins de l'amour offensé que de la curiosité non satisfaite, et qui rentre peut-être mieux dans le caractère donné du personnage; mais il me semble que la Psyché de Molière, contente d'aimer et d'être aimée, et s'inquiétant peu du reste, est plus sensible, plus passionnée, plus *délicate* que celle de Fontenelle; ce qui n'est pas moins *naturel*, mais l'est seulement d'une autre manière.

ACTE IV, SCÈNE II.

  Passe le commun des amans.
Je vous en parle ainsi, faute de le connoître.
Vous ignorez son nom et ceux dont il tient l'être;
  Nos esprits en sont alarmés.
Je le tiens un grand prince, et d'un pouvoir suprême,
  Bien au-delà du diadême;
Ses trésors, sous vos pas confusément semés,
Ont de quoi faire honte à l'abondance même;
  Vous l'aimez autant qu'il vous aime;
  Il vous charme, et vous le charmez :
Votre félicité, ma sœur, seroit extrême,
  Si vous saviez qui vous aimez.

PSYCHÉ.

  Que m'importe? j'en suis aimée [1].
  Plus il me voit, plus je lui plais.
Il n'est point de plaisirs dont l'ame soit charmée,
  Qui ne préviennent mes souhaits;
Et je vois mal de quoi la vôtre est alarmée,
  Quand tout me sert dans ce palais.

AGLAURE.

  Qu'importe qu'ici tout vous serve,
Si toujours cet amant vous cache ce qu'il est?
Nous ne nous alarmons que pour votre intérêt.
En vain tout vous y rit, en vain tout vous y plaît,
Le véritable amour ne fait point de réserve;

---

[1] Ces deux méchantes sœurs, qui sont celles du roman, jouent un rôle bien froidement et bien bassement odieux. Mais il étoit difficile de les exclure du sujet. Elles sont nécessaires à l'action; car Psyché, sans leurs insinuations et leurs conseils perfides, ne pourroit concevoir d'odieux soupçons contre son amant, et s'abandonner à cette curiosité fatale qui doit causer sa ruine.

Et qui s'obstine à se cacher,
Sent quelque chose en soi qu'on lui peut reprocher.
Si cet amant devient volage,
Car souvent, en amour, le change est assez doux,
Et j'ose le dire entre nous,
Pour grand que soit l'éclat dont brille ce visage,
Il en peut être ailleurs d'aussi belles que vous :
Si, dis-je, un autre objet sous d'autres lois l'engage;
Si, dans l'état où je vous voi,
Seule en ses mains, et sans défense,
Il va jusqu'à la violence,
Sur qui vous vengera le roi,
Ou de ce changement, ou de cette insolence?

PSYCHÉ.

Ma sœur, vous me faites trembler.
Juste ciel! pourrois-je être assez infortunée...

CIDIPPE.

Que sait-on si déja les nœuds de l'hyménée...

PSYCHÉ.

N'achevez pas; ce seroit m'accabler.

AGLAURE.

Je n'ai plus qu'un mot à vous dire.
Ce prince qui vous aime, et qui commande aux vents,
Qui nous donne pour char les ailes du Zéphyre,
Et de nouveaux plaisirs vous comble à tous momens,
Quand il rompt à vos yeux l'ordre de la nature,
Peut-être à tant d'amour mêle un peu d'imposture;
Peut-être ce palais n'est qu'un enchantement;
Et ces lambris dorés, ces amas de richesses,
Dont il achète vos tendresses,

ACTE IV, SCÈNE II.

Dès qu'il sera lassé de souffrir vos caresses,
 Disparoîtront en un moment.
Vous savez, comme nous, ce que peuvent les charmes [1].

PSYCHÉ.

Que je sens à mon tour de cruelles alarmes!

AGLAURE.

Notre amitié ne veut que votre bien.

PSYCHÉ.

Adieu, mes sœurs; finissons l'entretien.
J'aime, et je crains qu'on ne s'impatiente.
 Partez; et demain, si je puis,
  Vous me verrez ou plus contente,
Ou dans l'accablement des plus mortels ennuis.

AGLAURE.

Nous allons dire au roi quelle nouvelle gloire,
Quel excès de bonheur le ciel répand sur vous.

CIDIPPE.

Nous allons lui conter d'un changement si doux
 La surprenante et merveilleuse histoire.

PSYCHÉ.

Ne l'inquiétez point, ma sœur, de vos soupçons;

---

[1] Les soupçons que les deux sœurs inspirent à Psyché sont ici d'une autre nature que dans Apulée, et dans La Fontaine. Cette différence tient à celle de la catastrophe. Dans le conte, l'Amour ne veut pas être vu de Psyché, ce qui donne à la fois les moyens de lui persuader qu'il est un monstre effroyable, et de la déterminer à le tuer. Dans la tragi-comédie, l'Amour n'est pas invisible, mais seulement inconnu: pour engager Psyché à lui arracher son secret, il n'y avoit d'autre moyen que de lui faire concevoir des doutes sur la sincérité de ses sentimens et sur la réalité des prodiges dont il entoure son amante.

Et, quand vous lui peindrez un si charmant empire...

AGLAURE.

Nous savons toutes deux ce qu'il faut taire ou dire,
Et n'avons pas besoin, sur ce point, de leçons.

Zéphyre enlève les deux sœurs de Psyché dans un nuage qui descend jusqu'à terre, et dans lequel il les emporte avec rapidité.

SCÈNE III.

L'AMOUR, PSYCHÉ.

L'AMOUR.

Enfin, vous êtes seule, et je puis vous redire,
Sans avoir pour témoins vos importunes sœurs,
Ce que des yeux si beaux ont pris sur moi d'empire,
  Et quels excès ont les douceurs
  Qu'une sincère ardeur inspire
  Sitôt qu'elle assemble deux cœurs.
Je puis vous expliquer de mon ame ravie
  Les amoureux empressemens,
 Et vous jurer qu'à vous seule asservie,
Elle n'a pour objet de ses ravissemens
Que de voir cette ardeur de même ardeur suivie,
  Ne concevoir plus d'autre envie
  Que de régler mes vœux sur vos désirs,
Et de ce qui vous plaît faire tous mes plaisirs.
   Mais d'où vient qu'un triste nuage
  Semble offusquer l'éclat de ces beaux yeux?
  Vous manque-t-il quelque chose en ces lieux?
Des vœux qu'on vous y rend dédaignez-vous l'hommage?

ACTE IV, SCÈNE III.

PSYCHÉ.

Non, seigneur.

L'AMOUR.

Qu'est-ce donc? et d'où vient mon malheur?
J'entends moins de soupirs d'amour que de douleur;
Je vois de votre teint les roses amorties
  Marquer un déplaisir secret;
  Vos sœurs à peine sont parties,
  Que vous soupirez de regret.
Ah! Psyché, de deux cœurs quand l'ardeur est la même,
  Ont-ils des soupirs différens?
Et, quand on aime bien, et qu'on voit ce qu'on aime,
  Peut-on songer à des parens?

PSYCHÉ.

Ce n'est point là ce qui m'afflige.

L'AMOUR.

Est-ce l'absence d'un rival,
Et d'un rival aimé, qui fait qu'on me néglige?

PSYCHÉ.

Dans un cœur tout à vous que vous pénétrez mal!
Je vous aime, seigneur, et mon amour s'irrite
De l'indigne soupçon que vous avez formé.
Vous ne connoissez pas quel est votre mérite,
  Si vous craignez de n'être pas aimé.
Je vous aime; et depuis que j'ai vu la lumière,
  Je me suis montrée assez fière
  Pour dédaigner les vœux de plus d'un roi;
Et, s'il vous faut ouvrir mon ame tout entière,
Je n'ai trouvé que vous qui fût digne de moi [1].

---

[1] Il faudroit, *qui fussiez digne de moi.*

PSYCHÉ.

Cependant j'ai quelque tristesse
Qu'en vain je voudrois vous cacher;
Un noir chagrin se mêle à toute ma tendresse,
Dont je ne la puis détacher.
Ne m'en demandez point la cause;
Peut-être, la sachant, voudrez-vous m'en punir;
Et, si j'ose aspirer encore à quelque chose,
Je suis sûre du moins de ne point l'obtenir.

L'AMOUR.

Eh! ne craignez-vous point qu'à mon tour je m'irrite [1]
Que vous connoissiez mal quel est votre mérite,
Ou feigniez de ne pas savoir
Quel est sur moi votre absolu pouvoir?
Ah! si vous en doutez, soyez désabusée.
Parlez.

PSYCHÉ.

J'aurai l'affront de me voir refusée.

L'AMOUR.

Prenez en ma faveur de meilleurs sentimens;
L'expérience en est aisée.
Parlez, tout se tient prêt à vos commandemens.
Si, pour m'en croire, il vous faut des sermens,
J'en jure vos beaux yeux, ces maîtres de mon ame,
Ces divins auteurs de ma flamme;
Et, si ce n'est assez d'en jurer vos beaux yeux,

---

[1] Quand le verbe *craindre* est accompagné de la négation, la proposition subordonnée ne la prend pas. Mais ici la phrase, négative et interrogative à la fois, équivaut à une phrase affirmative : *ne craignez-vous pas?* est pour, *vous devez craindre*. Il auroit fallu, par conséquent, *ne craignez-vous pas qu'à mon tour je ne m'irrite?*

ACTE IV, SCÈNE III.

J'en jure par le Styx, comme jurent les dieux.

PSYCHÉ.

J'ose craindre un peu moins, après cette assurance.
Seigneur, je vois ici la pompe et l'abondance;
  Je vous adore et vous m'aimez;
Mon cœur en est ravi, mes sens en sont charmés.
  Mais, parmi ce bonheur suprême,
 J'ai le malheur de ne savoir qui j'aime.
  Dissipez cet aveuglement,
Et faites-moi connoître un si parfait amant.

L'AMOUR.

Psyché! que venez-vous de dire?

PSYCHÉ.

 Que c'est le bonheur où j'aspire;
 Et si vous ne me l'accordez...

L'AMOUR.

Je l'ai juré, je n'en suis plus le maître:
Mais vous ne savez pas ce que vous demandez.
Laissez-moi mon secret. Si je me fais connoître,
  Je vous perds, et vous me perdez.
 Le seul remède est de vous en dédire.

PSYCHÉ.

C'est là sur vous mon souverain empire?

L'AMOUR.

Vous pouvez tout, et je suis tout à vous.
 Mais, si nos feux vous semblent doux,
Ne mettez point d'obstacle à leur charmante suite;
  Ne me forcez point à la fuite;
C'est le moindre malheur qui nous puisse arriver
  D'un souhait qui vous a séduite.

19.

PSYCHÉ.

Seigneur, vous voulez m'éprouver;
Mais je sais ce que j'en dois croire.
De grace, apprenez-moi tout l'excès de ma gloire,
Et ne me cachez plus pour quel illustre choix
J'ai rejeté les vœux de tant de rois.

L'AMOUR.

Le voulez-vous?

PSYCHÉ.

Souffrez que je vous en conjure.

L'AMOUR.

Si vous saviez, Psyché, la cruelle aventure
Que par là vous vous attirez...

PSYCHÉ.

Seigneur, vous me désespérez.

L'AMOUR.

Pensez-y bien; je puis encor me taire.

PSYCHÉ.

Faites-vous des sermens pour n'y point satisfaire?

L'AMOUR.

Hé bien, je suis le dieu le plus puissant des dieux,
Absolu sur la terre, absolu dans les cieux;
Dans les eaux, dans les airs, mon pouvoir est suprême:
En un mot, je suis l'Amour même,
Qui de mes propres traits m'étois blessé pour vous [1];
Et, sans la violence, hélas! que vous me faites,

---

[1] Ces deux vers sont imités d'Apulée : *Præclarus ille sagittarius, ipse me telo meo percussi.* « Moi, le plus habile des archers, je me suis blessé
« pour vous d'un de mes traits. »

ACTE IV, SCÈNE III.

Et qui vient de changer mon amour en courroux,
Vous m'alliez avoir pour époux.
Vos volontés sont satisfaites;
Vous avez su qui vous aimiez;
Vous connoissez l'amant que vous charmiez;
Psyché, voyez où vous en êtes.
Vous me forcez vous-même à vous quitter;
Vous me forcez vous-même à vous ôter
Tout l'effet de votre victoire.
Peut-être vos beaux yeux ne me reverront plus.
Ce palais, ces jardins, avec moi disparus,
Vont faire évanouir votre naissante gloire.
Vous n'avez pas voulu m'en croire;
Et, pour tout fruit de ce doute éclairci,
Le Destin, sous qui le ciel tremble,
Plus fort que mon amour, que tous les dieux ensemble,
Vous va montrer sa haine, et me chasse d'ici [1].

(L'Amour disparoît, et, dans l'instant qu'il s'envole, le superbe jardin s'évanouit. Psyché demeure seule au milieu d'une vaste campagne, et sur le bord sauvage d'un grand fleuve où elle veut se précipiter. Le dieu du fleuve paroît assis sur un amas de joncs et de roseaux, et appuyé sur une grande urne, d'où sort une grosse source d'eau.)

---

[1] Dans le conte d'Apulée, Psyché, par le conseil de ses sœurs, s'arme d'une lampe pour voir, pendant la nuit, son invisible époux, et d'un poignard pour l'égorger; une goutte d'huile, échappée de la lampe et tombée sur l'épaule de l'Amour, réveille le dieu qui s'envole, après avoir accablé de reproches sa trop curieuse amante. Molière, par les raisons que j'ai dites plus haut, n'ayant pas cru devoir amener la catastrophe par les mêmes moyens, les a ingénieusement remplacés, ce me semble, par le ser-

SCÈNE IV.

PSYCHÉ, LE DIEU DU FLEUVE.

PSYCHÉ.

Cruel destin, funeste inquiétude !
  Fatale curiosité !
Qu'avez-vous fait, affreuse solitude,
  De toute ma félicité ?
J'aimois un dieu, j'en étois adorée,
Mon bonheur redoubloit de moment en moment ;
  Et je me vois seule, éplorée,
Au milieu d'un désert, où, pour accablement,
  Et confuse et désespérée,
Je sens croître l'amour quand j'ai perdu l'amant.
  Le souvenir m'en charme et m'empoisonne,
  Sa douceur tyrannise un cœur infortuné
Qu'aux plus cuisans chagrins ma flamme a condamné.
  O ciel ! quand l'Amour m'abandonne,
Pourquoi me laisse-t-il l'amour qu'il m'a donné [1] ?
Source de tous les biens, inépuisable et pure,

---

ment terrible que l'Amour fait à Psyché de lui accorder ce qu'elle va demander, et qu'il est obligé de tenir, en se faisant connoître pour ce qu'il est.

(1)   O ciel ! quand l'Amour m'abandonne,
  Pourquoi me laisse-t-il l'amour qu'il m'a donné ?

Dans la même phrase, *Amour*, dieu, et *amour*, sentiment, font une espèce de jeux de mots qui n'est pas d'un bon goût. Plus loin, on remarque la même faute dans ces deux vers :

   Si le *Destin* me l'abandonne,
  Je l'abandonne à son *destin*.

ACTE IV, SCÈNE IV.

Maître des hommes et des dieux,
Cher auteur des maux que j'endure,
Êtes-vous pour jamais disparu de mes yeux?
Je vous en ai banni moi-même :
Dans un excès d'amour, dans un bonheur extrême,
D'un indigne soupçon mon cœur s'est alarmé :
Cœur ingrat! tu n'avois qu'un feu mal allumé;
Et l'on ne peut vouloir, du moment que l'on aime,
Que ce que veut l'objet aimé.
Mourons, c'est le parti qui seul me reste à suivre,
Après la perte que je fais.
Pour qui, grands dieux! voudrois-je vivre?
Et pour qui former des souhaits?
Fleuve, de qui les eaux baignent ces tristes sables,
Ensevelis mon crime dans tes flots;
Et, pour finir des maux si déplorables,
Laisse-moi dans ton lit assurer mon repos.

LE DIEU DU FLEUVE.

Ton trépas souilleroit mes ondes [1],
Psyché, le ciel te le défend;
Et peut-être qu'après des douleurs si profondes,
Un autre sort t'attend.
Fuis plutôt de Vénus l'implacable colère :
Je la vois qui te cherche et qui te veut punir;
L'amour du fils a fait la haine de la mère.
Fuis, je saurai la retenir [2].

---

(1) Imité d'Apulée : *Ne tuâ miserrimâ morte meas sanctas aquas polluas.* « Psyché, gardez-vous de souiller la pureté de mes eaux par votre « mort. »

(2) Dans Apulée, Psyché se précipite dans un fleuve; mais le dieu, par égard pour l'Amour dont il redoute le pouvoir, la soutient, la con-

PSYCHÉ.

J'attends ses fureurs vengeresses ;
Qu'auront-elles pour moi qui ne me soit trop doux ?
Qui cherche le trépas, ne craint dieux ni déesses,
    Et peut braver tout leur courroux.

SCÈNE V.

VÉNUS, PSYCHÉ, LE DIEU DU FLEUVE.

VÉNUS.

Orgueilleuse Psyché, vous m'osez donc attendre,
Après m'avoir, sur terre, enlevé mes honneurs ;
    Après que vos traits suborneurs
Ont reçu les encens qu'aux miens seuls on doit rendre ?
    J'ai vu mes temples désertés ;
J'ai vu tous les mortels, séduits par vos beautés,
Idolâtrer en vous la beauté souveraine,
Vous offrir des respects jusqu'alors inconnus,
    Et ne se mettre pas en peine
    S'il étoit une autre Vénus ;
    Et je vous vois encor l'audace
De n'en pas redouter les justes châtimens,
    Et de me regarder en face,
Comme si c'étoit peu que mes ressentimens.

PSYCHÉ.

Si de quelques mortels on m'a vue adorée,

---

duit au rivage, et la dépose sur un gazon semé de fleurs. Cette fiction gracieuse n'est pas heureusement remplacée par le petit discours que le dieu du fleuve tient à Psyché.

ACTE IV, SCÈNE V.

Est-ce un crime pour moi d'avoir eu des appas,
    Dont leur ame inconsidérée
Laissoit charmer des yeux qui ne vous voyoient pas?
    Je suis ce que le ciel m'a faite;
Je n'ai que les beautés qu'il m'a voulu prêter.
Si les vœux qu'on m'offroit vous ont mal satisfaite,
Pour forcer tous les cœurs à vous les reporter,
    Vous n'aviez qu'à vous présenter,
Qu'à ne leur cacher plus cette beauté parfaite
    Qui, pour les rendre à leur devoir,
Pour se faire adorer, n'a qu'à se faire voir.

VÉNUS.

    Il falloit vous en mieux défendre.
Ces respects, ces encens se doivent refuser;
    Et, pour les mieux désabuser,
Il falloit, à leurs yeux, vous-même me les rendre.
    Vous avez aimé cette erreur,
Pour qui vous ne deviez avoir que de l'horreur.
Vous avez bien fait plus : votre humeur arrogante,
    Sur le mépris de mille rois,
    Jusques aux cieux a porté de son choix
        L'ambition extravagante.

PSYCHÉ.

J'aurois porté mon choix, déesse, jusqu'aux cieux?

VÉNUS.

    Votre insolence est sans seconde.
    Dédaigner tous les rois du monde,
    N'est-ce pas aspirer aux dieux?

PSYCHÉ.

Si l'Amour pour eux tous m'avoit endurci l'ame,
    Et me réservoit toute à lui,

En puis-je être coupable? et faut-il qu'aujourd'hui,
　　　Pour prix d'une si belle flamme,
Vous vouliez m'accabler d'un éternel ennui?

　　　　　　VÉNUS.

　　Psyché, vous deviez mieux connoître
　Qui vous étiez, et quel étoit ce dieu.

　　　　　　PSYCHÉ.

Eh! m'en a-t-il donné ni le temps ni le lieu [1],
Lui qui de tout mon cœur d'abord s'est rendu maître?

　　　　　　VÉNUS.

　Tout votre cœur s'en est laissé charmer,
Et vous l'avez aimé dès qu'il vous a dit : J'aime.

　　　　　　PSYCHÉ.

Pouvois-je n'aimer pas le dieu qui fait aimer,
　　　Et qui me parloit pour lui-même?
　C'est votre fils : vous savez son pouvoir;
　　　Vous en connoissez le mérite.

　　　　　　VÉNUS.

　Oui, c'est mon fils, mais un fils qui m'irrite,
Un fils qui me rend mal ce qu'il sait me devoir,
　　　Un fils qui fait qu'on m'abandonne,
Et qui, pour mieux flatter ses indignes amours,
Depuis que vous l'aimez ne blesse plus personne
Qui vienne à mes autels implorer mon secours.
　　　Vous m'en avez fait un rebelle :

---

(1) On diroit correctement, *il ne m'en a donné ni le temps ni le lieu.* Peut-on dire de même, *m'en a-t-il donné ni le temps ni le lieu?* Il est vrai que la phrase, quoique interrogative, a un sens négatif : *m'en a-t-il donné* signifie évidemment, *il ne m'en a pas donné.*

ACTE IV, SCÈNE V.

On m'en verra vengée, et hautement sur vous;
Et je vous apprendrai s'il faut qu'une mortelle
 Souffre qu'un dieu soupire à ses genoux.
Suivez-moi, vous verrez, par votre expérience,
 A quelle folle confiance
 Vous portoit cette ambition.
Venez, et préparez autant de patience,
 Qu'on vous voit de présomption (1).

---

(1) L'entretien de Vénus et de Psyché me rappelle involontairement celui du loup et de l'agneau : c'est la foible innocence aux prises avec la force injuste, dont la fureur croît avec la douceur de l'autre, et dont l'iniquité augmente à mesure qu'elle lui est démontrée. Molière, dans son plan, et Corneille dans la manière dont il l'a exécuté, semblent s'être attachés à rassembler sur Psyché tout ce que peuvent exciter d'intérêt la jeunesse, la beauté et l'infortune.

FIN DU QUATRIÈME ACTE.

QUATRIEME INTERMEDE.

La scène représente les enfers. On y voit une mer toute de feu, dont les flots sont dans une perpétuelle agitation. Cette mer effroyable est bornée par des ruines enflammées; et, au milieu de ses flots agités, au travers d'une gueule affreuse, paroît le palais infernal de Pluton. Huit furies en sortent et forment une entrée de ballet, où elles se réjouissent de la rage qu'elles ont allumée dans l'ame de la plus douce des divinités. Un lutin mêle quantité de sauts périlleux à leurs danses, cependant que Psyché, qui a passé aux enfers par le commandement de Vénus, repasse dans la barque de Caron, avec la boîte qu'elle a reçue de Proserpine pour cette déesse.

FIN DU QUATRIÈME INTERMÈDE.

ACTE V.

SCÈNE PREMIÈRE.

PSYCHÉ.

Effroyables replis des ondes infernales,
Noirs palais où Mégère et ses sœurs font leur cour,
  Éternels ennemis du jour,
Parmi vos Ixions et parmi vos Tantales,
Parmi tant de tourmens qui n'ont point d'intervalles,
  Est-il, dans votre affreux séjour,
  Quelques peines qui soient égales
Aux travaux où Vénus condamne mon amour?
  Elle n'en peut-être assouvie;
Et, depuis qu'à ses lois je me trouve asservie,
Depuis qu'elle me livre à ses ressentimens,
  Il m'a fallu, dans ces cruels momens,
   Plus d'une ame et plus d'une vie
   Pour remplir ses commandemens [1].

---

[1] Pour que ceci ait un sens raisonnable, il faut supposer que, dans l'intervalle du quatrième acte au cinquième, il s'est écoulé un temps considérable, celui dont Psyché a eu besoin pour accomplir les nombreux travaux auxquels Vénus l'avoit condamnée. Cette infraction à la règle des vingt-quatre heures est peu sensible, et ne tire pas à conséquence dans un ouvrage où le merveilleux domine.

Je souffrirois tout avec joie,
Si, parmi les rigueurs que sa haine déploie,
Mes yeux pouvoient revoir, ne fût-ce qu'un moment,
Ce cher objet, cet adorable amant.
Je n'ose le nommer; ma bouche, criminelle
D'avoir trop exigé de lui,
S'en est rendue indigne; et, dans ce dur ennui,
La souffrance la plus mortelle,
Dont m'accable à toute heure un renaissant trépas,
Est celle de ne le voir pas.
Si son courroux duroit encore,
Jamais aucun malheur n'approcheroit du mien;
Mais, s'il avoit pitié d'une ame qui l'adore,
Quoi qu'il fallût souffrir, je ne souffrirois rien.
Oui, Destins, s'il calmoit cette juste colère,
Tous mes malheurs seroient finis:
Pour me rendre insensible aux fureurs de la mère,
Il ne faut qu'un regard du fils.
Je n'en veux plus douter, il partage ma peine,
Il voit ce que je souffre, et souffre comme moi.
Tout ce que j'endure le gêne;
Lui-même il s'en impose une amoureuse loi.
En dépit de Vénus, en dépit de mon crime,
C'est lui qui me soutient, c'est lui qui me ranime
Au milieu des périls où l'on me fait courir;
Il garde la tendresse où son feu le convie,
Et prend soin de me rendre une nouvelle vie
Chaque fois qu'il me faut mourir.
Mais que me veulent ces deux ombres
Qu'à travers le faux jour de ces demeures sombres
J'entrevois s'avancer vers moi?

SCÈNE II.
PSYCHÉ, CLÉOMÈNE, AGÉNOR.

PSYCHÉ.

Cléomène, Agénor, est-ce vous que je voi?
Qui vous a ravi la lumière?

CLÉOMÈNE.

La plus juste douleur qui, d'un beau désespoir,
Nous eût pu fournir la matière;
Cette pompe funèbre, où du sort le plus noir
Vous attendiez la rigueur la plus fière,
L'injustice la plus entière.

AGÉNOR.

Sur ce même rocher où le ciel en courroux
Vous promettoit, au lieu d'époux,
Un serpent dont soudain vous seriez dévorée,
Nous tenions la main préparée
A repousser sa rage, ou mourir avec vous.
Vous le savez, princesse; et, lorsqu'à notre vue,
Par le milieu des airs vous êtes disparue,
Du haut de ce rocher, pour suivre vos beautés,
Ou plutôt pour goûter cette amoureuse joie
D'offrir pour vous au monstre une première proie,
D'amour et de douleur l'un et l'autre emportés,
Nous nous sommes précipités.

CLÉOMÈNE.

Heureusement déçus au sens de votre oracle;
Nous en avons ici reconnu le miracle;
Et su que le serpent prêt à vous dévorer

Étoit le dieu qui fait qu'on aime,
Et qui, tout dieu qu'il est, vous adorant lui-même,
Ne pouvoit endurer
Qu'un mortel comme nous osât vous adorer.

AGÉNOR.

Pour prix de vous avoir suivie,
Nous jouissons ici d'un trépas assez doux.
Q'avions-nous affaire de vie,
Si nous ne pouvions être à vous?
Nous revoyons ici vos charmes,
Qu'aucun des deux là-haut n'auroit revus jamais.
Heureux si nous voyons la moindre de vos larmes
Honorer des malheurs que vous nous avez faits!

PSYCHÉ.

Puis-je avoir des larmes de reste,
Après qu'on a porté les miens au dernier point?
Unissons nos soupirs dans un sort si funeste;
Les soupirs ne s'épuisent point :
Mais vous soupireriez, princes, pour une ingrate.
Vous n'avez point voulu survivre à mes malheurs;
Et, quelque douleur qui m'abatte,
Ce n'est point pour vous que je meurs.

CLÉOMÈNE.

L'avons-nous mérité, nous dont toute la flamme
N'a fait que vous lasser du récit de nos maux?

PSYCHÉ.

Vous pouviez mériter, princes, toute mon ame,
Si vous n'eussiez été rivaux.
Ces qualités incomparables,
Qui de l'un et de l'autre accompagnoient les vœux,
Vous rendoient tous deux trop aimables

ACTE V, SCÈNE II.
Pour mépriser aucun des deux.

AGÉNOR.

Vous avez pu, sans être injuste ni cruelle,
Nous refuser un cœur réservé pour un dieu.
Mais revoyez Vénus. Le Destin nous rappelle,
 Et nous force à vous dire adieu.

PSYCHÉ.

Ne vous donne-t-il point le loisir de me dire
 Quel est ici votre séjour?

CLÉOMÈNE.

Dans des bois toujours verts, où d'amour on respire,
 Aussitôt qu'on est mort d'amour.
D'amour on y revit, d'amour on y soupire,
Sous les plus douces lois de son heureux empire;
Et l'éternelle nuit n'ose en chasser le jour
 Que lui-même il attire
 Sur nos fantômes qu'il inspire,
Et dont aux enfers même il se fait une cour.

AGÉNOR.

Vos envieuses sœurs, après nous descendues,
 Pour vous perdre se sont perdues;
 Et l'une et l'autre, tour à tour,
Pour le prix d'un conseil qui leur coûte la vie,
A côté d'Ixion, à côté de Titye,
Souffrent tantôt la roue, et tantôt le vautour.
L'Amour, par les Zéphyrs, s'est fait prompte justice
De leur envenimée et jalouse malice;
Ces ministres ailés de son juste courroux,
Sous couleur de les rendre encore auprès de vous,
Ont plongé l'une et l'autre au fond d'un précipice,

Où le spectacle affreux de leurs corps déchirés
N'étale que le moindre et le premier supplice
  De ces conseils, dont l'artifice
  Fait les maux dont vous soupirez.

PSYCHÉ.

Que je les plains (1) !

CLÉOMÈNE.

    Vous êtes seule à plaindre :
Mais nous demeurons trop à vous entretenir ;
Adieu. Puissions-nous vivre en votre souvenir !
Puissiez-vous, et bientôt, n'avoir plus rien à craindre !
Puisse, et bientôt, l'Amour vous enlever aux cieux,
  Vous y mettre à côté des dieux,
Et, rallumant un feu qui ne se puisse éteindre,
Affranchir à jamais l'éclat de vos beaux yeux
  D'augmenter le jour en ces lieux (2) !

---

(1) La Psyché d'Apulée n'a pas aussi bon cœur, il s'en faut, que celle de Molière. Loin de plaindre le malheureux sort de ses sœurs, c'est elle-même qui l'a causé par un esprit de vengeance assez légitime à la vérité. Elle est allée dire à chacune d'elles que l'Amour la vouloit pour femme ; toutes deux, l'une après l'autre, se sont abandonnées au souffle de Zéphire, pour qu'il les portât vers l'Amour ; et, Zéphire se gardant bien de les soutenir en l'air, elles sont tombées dans un affreux précipice, où leurs corps ont été mis en lambeaux.

(2) Cette rencontre aux enfers de Psyché et des deux princes est de l'invention de Molière, ou plutôt c'est une imitation de la rencontre d'Énée et de Didon dans le même lieu, avec cette différence que le héros troyen est beaucoup moins bien accueilli par la belle reine dont il a causé la mort, que Psyché par les deux princes qui ont péri pour elle.

SCÈNE III.

PSYCHÉ, *seule.*

Pauvres amans! Leur amour dure encore!
Tout morts qu'ils sont, l'un et l'autre m'adore,
Moi, dont la dureté reçut si mal leurs vœux!
Tu n'en fais pas ainsi, toi qui seul m'as ravie,
Amant, que j'aime encor cent fois plus que ma vie,
    Et qui brises de si beaux nœuds!
Ne me fuis plus, et souffre que j'espère
Que tu pourras un jour rabaisser l'œil sur moi,
Qu'à force de souffrir j'aurai de quoi te plaire,
    De quoi me rengager ta foi.
Mais ce que j'ai souffert m'a trop défigurée,
    Pour rappeler un tel espoir.
L'œil abattu, triste, désespérée,
    Languissante et décolorée,
    De quoi puis-je me prévaloir,
Si, par quelque miracle, impossible à prévoir,
Ma beauté, qui t'a plu, ne se voit réparée?
    Je porte ici de quoi la réparer:
    Ce trésor de beauté divine,
Qu'en mes mains, pour Vénus, a remis Proserpine,
Enferme des appas dont je puis m'emparer;
    Et l'éclat en doit être extrême,
    Puisque Vénus, la beauté même,
    Les demande pour se parer [1].

---

[1] Nous apprenons bien tard pourquoi Psyché a fait le voyage des enfers. On en voit les motifs dans la description du quatrième intermède;

En dérober un peu, seroit-ce un si grand crime?
Pour plaire aux yeux d'un dieu qui s'est fait mon amant,
Pour regagner son cœur et finir mon tourment,
    Tout n'est-il pas trop légitime?
Ouvrons. Quelles vapeurs m'offusquent le cerveau?
Et que vois-je sortir de cette boîte ouverte?
Amour, si ta pitié ne s'oppose à ma perte,
Pour ne revivre plus, je descends au tombeau.

Elle s'évanouit, et l'Amour descend auprès d'elle en volant.

SCÈNE IV.

L'AMOUR, PSYCHÉ, *évanouie.*

L'AMOUR.

Votre péril, Psyché, dissipe ma colère,
Ou plutôt de mes feux l'ardeur n'a point cessé;
Et, bien qu'au dernier point vous m'ayez su déplaire,
    Je ne me suis intéressé
    Que contre celle de ma mère:
J'ai vu tous vos travaux, j'ai suivi vos malheurs;
Mes soupirs ont partout accompagné vos pleurs.
Tournez les yeux vers moi; je suis encor le même.
Quoi! je dis et redis tout haut que je vous aime,
Et vous ne dites point, Psyché, que vous m'aimez!

---

mais cela est bon pour le lecteur seulement : il falloit, pour la curiosité du spectateur et pour la régularité même de l'ouvrage, qu'aux premiers vers de cet acte, Psyché fît connoître pour quelle cause et par quel moyen elle se trouve vivante dans ces lieux, qu'on ne voyoit ordinairement qu'après sa mort. Du reste, le voyage, et ce qui y donne lieu, et ce qui en résulte, tout cela est de l'invention d'Apulée.

ACTE V, SCÈNE IV.

Est-ce que pour jamais vos beaux yeux sont fermés,
Qu'à jamais la clarté leur vient d'être ravie?
O Mort! devois-tu prendre un dard si criminel,
Et, sans aucun respect pour mon être éternel,
    Attenter à ma propre vie!
  Combien de fois, ingrate déité,
    Ai-je grossi ton noir empire
  Par les mépris et par la cruauté
  D'une orgueilleuse ou farouche beauté!
    Combien même, s'il le faut dire,
  T'ai-je immolé de fidèles amans,
     A force de ravissemens!
    Va, je ne blesserai plus d'ames,
    Je ne percerai plus de cœurs
Qu'avec des dards trempés aux divines liqueurs,
Qui nourrissent du ciel les immortelles flammes,
Et n'en lancerai plus que pour faire à tes yeux
    Autant d'amans, autant de dieux.
    Et vous, impitoyable mère,
     Qui la forcez à m'arracher
    Tout ce que j'avois de plus cher,
Craignez, à votre tour, l'effet de ma colère.
    Vous me voulez faire la loi,
Vous, qu'on voit si souvent la recevoir de moi;
Vous, qui portez un cœur sensible comme un autre,
Vous enviez au mien les délices du vôtre!
Mais dans ce même cœur j'enfoncerai des coups
Qui ne seront suivis que de chagrins jaloux;
Je vous accablerai de honteuses surprises,
Et choisirai partout, à vos vœux les plus doux,
    Des Adonis et des Anchises
    Qui n'auront que haine pour vous.

SCÈNE V.

VÉNUS, L'AMOUR; PSYCHÉ, *évanouie*.

VÉNUS.

La menace est respectueuse;
Et d'un enfant qui fait le révolté,
La colère présomptueuse...

L'AMOUR.

Je ne suis plus enfant, et je l'ai trop été;
Et ma colère est juste autant qu'impétueuse.

VÉNUS.

L'impétuosité s'en devroit retenir;
Et vous pourriez vous souvenir
Que vous me devez la naissance.

L'AMOUR.

Et vous pourriez n'oublier pas
Que vous avez un cœur et des appas
Qui relèvent de ma puissance;
Que mon arc de la vôtre est l'unique soutien;
Que, sans mes traits, elle n'est rien,
Et que, si les cœurs les plus braves
En triomphe, par vous, se sont laissés traîner * [1],

VARIANTE. * *Se sont laissé traîner.*

---

(1) La variante a raison grammaticalement contre le texte. *Se sont laissés traîner,* est une faute, du moins aujourd'hui, que la règle des participes est bien fixée. Ce qui détermine, dans tous les cas semblables, la déclinabilité ou l'indéclinabilité du participe, c'est de savoir si le pronom personnel est le régime de ce participe ou de l'infinitif qui le suit. Ce n'est pas, *ils ont laissé eux traîner;* mais, *ils ont laissé traîner eux*: donc il faut, *ils se sont laisse traîner.*

ACTE V, SCÈNE V.

Vous n'avez jamais fait d'esclaves,
Que ceux qu'il m'a plu d'enchaîner.
Ne me vantez donc plus ces droits de la naissance
Qui tyrannisent mes desirs;
Et, si vous ne voulez perdre mille soupirs,
Songez, en me voyant, à la reconnoissance,
Vous qui tenez de ma puissance
Et votre gloire et vos plaisirs.

VÉNUS.

Comment l'avez-vous défendue,
Cette gloire dont vous parlez?
Comment me l'avez-vous rendue?
Et, quand vous avez vu mes autels désolés,
Mes temples violés,
Mes honneurs ravalés,
Si vous avez pris part à tant d'ignominie,
Comment en a-t-on vu punie
Psyché qui me les a volés?
Je vous ai commandé de la rendre charmée
Du plus vil des mortels,
Qui ne daignât répondre à son ame enflammée
Que par des rebuts éternels,
Par les mépris les plus cruels;
Et vous-même l'avez aimée!
Vous avez contre moi séduit des immortels;
C'est pour vous qu'à mes yeux les Zéphyrs l'ont cachée,
Qu'Apollon même, suborné,
Par un oracle adroitement tourné,
Me l'avoit si bien arrachée,
Que, si sa curiosité,
Par une aveugle défiance,
Ne l'eût rendue à ma vengeance,

Elle échappoit à mon cœur irrité.
Voyez l'état où votre amour l'a mise,
Votre Psyché; son ame va partir;
Voyez; et, si la vôtre en est encore éprise,
Recevez son dernier soupir.
Menacez, bravez-moi, cependant qu'elle expire :
Tant d'insolence vous sied bien;
Et je dois endurer quoi qu'il vous plaise dire,
Moi qui, sans vos traits, ne puis rien.

L'AMOUR.

Vous ne pouvez que trop, déesse impitoyable;
Le Destin l'abandonne à tout votre courroux :
Mais soyez moins inexorable
Aux prières, aux pleurs d'un fils à vos genoux.
Ce doit vous être un spectacle assez doux,
De voir d'un œil Psyché mourante,
Et de l'autre, ce fils, d'une voix suppliante,
Ne vouloir plus tenir son bonheur que de vous.
Rendez-moi ma Psyché, rendez-lui tous ses charmes;
Rendez-la, déesse, à mes larmes;
Rendez à mon amour, rendez à ma douleur,
Le charme de mes yeux, et le choix de mon cœur.

VÉNUS.

Quelque amour que Psyché vous donne,
De ses malheurs par moi n'attendez pas la fin.
Si le Destin me l'abandonne,
Je l'abandonne à son destin.
Ne m'importunez plus; et, dans cette infortune,
Laissez-la, sans Vénus, triompher ou périr.

L'AMOUR.

Hélas! si je vous importune,

ACTE V, SCÈNE V.

Je ne le ferois pas, si je pouvois mourir.

VÉNUS.

Cette douleur n'est pas commune,
Qui force un immortel à souhaiter la mort.

L'AMOUR.

Voyez, par son excès, si mon amour est fort.
Ne lui ferez-vous grace aucune?

VÉNUS.

Je vous l'avoue, il me touche le cœur,
Votre amour; il désarme, il fléchit ma rigueur :
Votre Psyché reverra la lumière.

L'AMOUR.

Que je vous vais partout faire donner d'encens!

VÉNUS.

Oui, vous la reverrez dans sa beauté première;
Mais de vos vœux reconnoissans
Je veux la déférence entière;
Je veux qu'un vrai respect laisse à mon amitié
Vous choisir une autre moitié.

L'AMOUR.

Et moi, je ne veux plus de grace :
Je reprends toute mon audace;
Je veux Psyché, je veux sa foi;
Je veux qu'elle revive, et revive pour moi;
Et tiens indifférent que votre haine lasse
En faveur d'une autre se passe.
Jupiter, qui paroît, va juger, entre nous,
De mes emportemens et de votre courroux.

Après quelques éclairs et des roulemens de tonnerre,
Jupiter paroît en l'air sur son aigle.

SCÈNE VI.

JUPITER, VÉNUS, L'AMOUR; PSYCHÉ, *évanouie.*

L'AMOUR.

Vous, à qui seul tout est possible,
Père des dieux, souverain des mortels,
Fléchissez la rigueur d'une mère inflexible,
Qui, sans moi, n'auroit point d'autels.
J'ai pleuré, j'ai prié, je soupire, menace,
Et perds menaces et soupirs.
Elle ne veut pas voir que de mes déplaisirs
Dépend du monde entier l'heureuse ou triste face;
Et que, si Psyché perd le jour,
Si Psyché n'est à moi, je ne suis plus l'Amour.
Oui, je romprai mon arc, je briserai mes flèches,
J'éteindrai jusqu'à mon flambeau,
Je laisserai languir la Nature au tombeau;
Ou, si je daigne aux cœurs faire encor quelques brèches,
Avec ces pointes d'or qui me font obéir
Je vous blesserai tous là-haut pour des mortelles,
Et ne décocherai sur elles
Que des traits émoussés qui forcent à haïr,
Et qui ne font que des rebelles,
Des ingrates et des cruelles [1].

---

[1] Ces flèches, les unes d'or, les autres de plomb, dont l'effet est tout contraire, sont une heureuse fiction d'Ovide. Cupidon, pour se venger d'Apollon, frappe Daphné d'une des flèches qui inspirent l'aversion, et lance au dieu une de celles qui inspirent l'amour.

Là, sans être aperçu, sous un ombrage épais,
Dans son double carquois sa main choisit deux traits.

ACTE V, SCÈNE VI.

Par quelle tyrannique loi,
Tiendrai-je à vous servir mes armes toujours prêtes,
Et vous ferai-je à tous conquêtes sur conquêtes,
Si vous me défendez d'en faire une pour moi?

JUPITER, *à Vénus.*

Ma fille, sois-lui moins sévère;
Tu tiens de sa Psyché le destin en tes mains.
La Parque, au moindre mot, va suivre ta colère.
Parle, et laisse-toi vaincre aux tendresses de mère,
Ou redoute un courroux que moi-même je crains.
Veux-tu donner le monde en proie
A la haine, au désordre, à la confusion;
Et d'un dieu d'union,
D'un dieu de douceurs * et de joie,
Faire un dieu d'amertume et de division?
Considère ce que nous sommes,
Et si les passions doivent nous dominer.
Plus la vengeance a de quoi plaire aux hommes,
Plus il sied bien aux dieux de pardonner.

VÉNUS.

Je pardonne à ce fils rebelle;

VARIANTE. * *De douceur et de joie.*

L'un inspire l'amour, et l'autre le repousse.
L'un est un fer doré, l'autre un trait qui s'émousse.
Ce trait frappe la nymphe et mollit sur son cœur;
L'autre perce le dieu : blessé du fer vengeur,
C'en est fait; malheureux ! il se consume, il aime, etc.
(Trad. de SAINT-ANGE.)

Voltaire a employé la même idée dans ces vers si connus de *Nanine :*

Je vous l'ai dit, l'Amour a deux carquois;
L'un est rempli de ces traits tout de flamme, etc.

Mais voulez-vous qu'il me soit reproché
  Qu'une misérable mortelle,
L'objet de mon courroux, l'orgueilleuse Psyché,
  Sous ombre qu'elle est un peu belle,
  Par un hymen dont je rougis,
Souille mon alliance, et le lit de mon fils ?

JUPITER.

  Hé bien, je la fais immortelle,
  Afin d'y rendre tout égal.

VÉNUS.

Je n'ai plus de mépris ni de haine pour elle,
Et l'admets à l'honneur de ce nœud conjugal.
  Psyché, reprenez la lumière
  Pour ne la reperdre jamais.
  Jupiter a fait votre paix ;
  Et je quitte cette humeur fière
  Qui s'opposoit à vos souhaits.

PSYCHÉ, *sortant de son évanouissement.*

  C'est donc vous, ô grande déesse,
Qui redonnez la vie à ce cœur innocent !

VÉNUS.

Jupiter vous fait grace, et ma colère cesse.
Vivez, Vénus l'ordonne ; aimez, elle y consent.

PSYCHÉ, *à l'Amour.*

Je vous revois, enfin, cher objet de ma flamme !

L'AMOUR, *à Psyché.*

Je vous possède, enfin, délices de mon ame !

JUPITER.

  Venez, amans, venez aux cieux

Achever un si grand et si digne hyménée.
Viens-y, belle Psyché, changer de destinée;
   Viens prendre place au rang des dieux.

*Deux grandes machines descendent aux deux côtés de
Jupiter, cependant qu'il dit ces derniers vers. Vénus,
avec sa suite, monte dans l'une, et tous ensemble re-
montent au ciel.*
*Les divinités qui avoient été partagées entre Vénus et son
fils, se réunissent en les voyant d'accord; et toutes ensemble, par des concerts, des chants et des danses,
célèbrent la fête des noces de l'Amour. Apollon paroît
le premier, et, comme dieu de l'harmonie, commence à
chanter, pour inviter les autres dieux à se réjouir.*

RÉCIT D'APOLLON.

Unissons-nous, troupe immortelle,
Le dieu d'Amour devient heureux amant,
Et Vénus a repris sa douceur naturelle
En faveur d'un fils si charmant;
Il va goûter en paix, après un long tourment,
Une félicité qui doit être éternelle.

TOUTES LES DIVINITÉS *chantent ensemble ce couplet
à la gloire de l'Amour.*

Célébrons ce grand jour,
Célébrons tous une fête si belle;
Que nos chants en tous lieux en portent la nouvelle,
Qu'ils fassent retentir le céleste séjour.
Chantons, répétons tour à tour,
Qu'il n'est point d'ame si cruelle
Qui tôt ou tard ne se rende à l'Amour.

APOLLON *continue.*

Le dieu qui nous engage
A lui faire la cour,

ACTE V, SCÈNE VI.

    Défend qu'on soit trop sage.
    Les plaisirs ont leur tour :
    C'est leur plus doux usage
Que de finir les soins du jour.
    La nuit est le partage
    Des jeux et de l'amour.

    Ce seroit grand dommage
    Qu'en ce charmant séjour
    On eût un cœur sauvage.
    Les plaisirs ont leur tour :
    C'est leur plus doux usage
Que de finir les soins du jour.
    La nuit est le partage
    Des jeux et de l'amour.

Deux Muses, qui ont toujours évité de s'engager sous les lois de l'Amour, conseillent aux belles qui n'ont point encore aimé de s'en défendre avec soin, à leur exemple.

CHANSON DES MUSES.

    Gardez-vous, beautés sévères,
    Les amours font trop d'affaires ;
Craignez toujours de vous laisser charmer.
    Quand il faut que l'on soupire,
    Tout le mal n'est pas de s'enflammer ;
        Le martyre
        De le dire
Coûte plus cent fois que d'aimer.

SECOND COUPLET DES MUSES.

    On ne peut aimer sans peines ;
    Il est peu de douces chaînes ;
A tout moment on se sent alarmer.
    Quand il faut que l'on soupire,

Tout le mal n'est pas de s'enflammer;
Le martyre
De le dire
Coûte plus cent fois que d'aimer.

Bacchus faisant entendre qu'il n'est pas si dangereux que l'Amour.

RÉCIT DE BACCHUS.

Si quelquefois
Suivant nos douces lois,
La raison se perd et s'oublie,
Ce que le vin nous cause de folie,
Commence et finit en un jour;
Mais quand un cœur est enivré d'amour,
Souvent c'est pour toute la vie.

Mome déclare qu'il n'a point de plus doux emploi que de médire, et que ce n'est qu'à l'Amour seul qu'il n'ose se jouer.

RÉCIT DE MOME.

Je cherche à médire
Sur la terre et dans les cieux;
Je soumets à ma satire
Les plus grands des dieux.
Il n'est dans l'univers que l'Amour qui m'étonne,
Il est le seul que j'épargne aujourd'hui;
Il n'appartient qu'à lui
De n'épargner personne.

ENTRÉE DE BALLET,

Composée de deux ménades et de deux égypans qui suivent Bacchus.

ACTE V, SCÈNE VI.

ENTRÉE DE BALLET,

Composée de quatre polichinelles et de deux matassins qui suivent Mome, et viennent joindre leur plaisanterie et leur badinage aux divertissemens de cette grande fête. Bacchus et Mome, qui les conduisent, chantent au milieu d'eux chacun une chanson, Bacchus à la louange du vin, et Mome une chanson enjouée sur le sujet et les avantages de la raillerie.

RÉCIT DE BACCHUS.

Admirons le jus de la treille :
Qu'il est puissant, qu'il a d'attraits !
Il sert aux douceurs de la paix,
Et dans la guerre il fait merveille :
   Mais surtout pour les amours
   Le vin est d'un grand secours.

RÉCIT DE MOME.

Folâtrons, divertissons-nous,
Raillons, nous ne saurions mieux faire ;
La raillerie est nécessaire
   Dans les jeux les plus doux.
Sans la douceur que l'on goûte à médire,
On trouve peu de plaisirs sans ennui :
   Rien n'est si plaisant que de rire,
   Quand on rit aux dépens d'autrui.
Plaisantons, ne pardonnons rien,
Rions, rien n'est plus à la mode ;
On court péril d'être incommode
   En disant trop de bien.
Sans la douceur que l'on goûte à médire,
On trouve peu de plaisirs sans ennui ;

Rien n'est si plaisant que de rire,
Quand on rit aux dépens d'autrui.

Mars arrive au milieu du théâtre, suivi de sa troupe guerrière, qu'il excite à profiter de leur loisir, en prenant part aux divertissemens.

RÉCIT DE MARS.

Laissons en paix toute la terre;
Cherchons de doux amusemens;
Parmi les jeux les plus charmans,
Mêlons l'image de la guerre.

ENTRÉE DE BALLET.

Suivans de Mars, qui font, en dansant avec des enseignes, une manière d'exercice.

DERNIÈRE ENTRÉE DE BALLET.

Les troupes différentes de la suite d'Apollon, de Bacchus, de Mome et de Mars, après avoir achevé leurs entrées particulières, s'unissent ensemble, et forment la dernière entrée, qui renferme toutes les autres.

Un chœur de toutes les voix et de tous les instrumens, qui sont au nombre de quarante, se joint à la danse générale, et termine la fête des noces de l'Amour et de Psyché.

DERNIER CHOEUR.

Chantons les plaisirs charmans
Des heureux amans.
Que tout le ciel s'empresse
A leur faire sa cour.
Célébrons ce beau jour

ACTE V, SCÈNE VI.

Par mille doux chants d'allégresse;
Célébrons ce beau jour
Par mille doux chants pleins d'amour.

Dans le grand salon du palais des Tuileries, où Psyché a été représentée devant leurs majestés, il y avoit des tymbales, des trompettes et des tambours mêlés dans ces derniers concerts; et ce dernier couplet se chantoit ainsi :

Chantons les plaisirs charmans
Des heureux amans.
Répondez-nous, trompettes,
Tymbales et tambours;
Accordez-vous toujours
Avec le doux son des musettes;
Accordez-vous toujours
Avec le doux chant des amours*.

VARIANTES. * J'ai donné ce cinquième intermède, ainsi que tous les autres, tel qu'il se trouve dans l'édition originale et dans celle de 1682, sans égard aux changemens que l'éditeur de 1734 y a faits, et que tous les autres ont suivis depuis. Ces changemens sont de peu d'importance, et ne concernent que les explications qui accompagnent le texte. Mais ici, c'est-à-dire dans le cinquième intermède, je m'aperçois que les éditions nouvelles donnent des couplets que ne contient point l'édition originale. Quoique ce soient des vers de Quinault, et malheureusement d'assez méchans vers, je les donne en variante. Je me dispense seulement d'en marquer la place.

MARS.
Mes plus fiers ennemis, vaincus ou pleins d'effroi,
Ont vu toujours ma valeur triomphante;
L'Amour est le seul qui se vante
D'avoir pu triompher de moi.

SILÈNE, *monté sur un âne.*
Bacchus veut qu'on boive à longs traits;
On ne se plaint jamais
Sous son heureux empire;
Tout le jour on n'y fait que rire,

Et la nuit on y dort en paix.
Ce dieu rend nos vœux satisfaits :
Que sa cour a d'attraits !
Chantons-y bien sa gloire.
Tout le jour on n'y fait que boire,
Et la nuit on y dort en paix.

SILÈNE ET DEUX SATYRES ENSEMBLE.

Voulez-vous des douceurs parfaites ?
Ne les cherchez qu'au fond des pots.

PREMIER SATYRE.

Les grandeurs sont sujettes
A mille peines secrètes.

SECOND SATYRE.

L'amour fait perdre le repos.

TOUS TROIS ENSEMBLE.

Voulez-vous des douceurs parfaites ?
Ne les cherchez qu'au fond des pots.

PREMIER SATYRE.

C'est là que sont les ris, les jeux, les chansonnettes.

SECOND SATYRE.

C'est dans le vin qu'on trouve les bons mots.

TOUS TROIS ENSEMBLE.

Voulez-vous des douceurs parfaites ?
Ne les cherchez qu'au fond des pots.

FIN DE PSYCHÉ.

NOMS

DES PERSONNES QUI ONT RÉCITÉ, DANSÉ ET CHANTÉ
DANS PSYCHÉ, TRAGÉDIE-BALLET.

DANS LE PROLOGUE.

Flore, mademoiselle *Hilaire*.
Vertumne, le sieur *de la Grille*.
Sylvains dansans, les sieurs *Chicanneau, la Pierre, Favier, Magny*.
Dryades dansantes, les sieurs *de Lorge, Bonnard, Chauveau, Favre*.
Palémon, le sieur *Gaye*.
Dieux des fleuves dansans, les sieurs *Beauchamp, Mayeu, Desbrosses* et *Saint-André le cadet*.
Naïades dansantes, les sieurs *Lestang, Arnal, Favier le cadet*, et *Foignard le cadet*.
Chœurs des divinités chantantes de la terre et des eaux...
Vénus, mademoiselle *de Brie*.
Les deux Graces, mesdemoiselles *la Thorillière* et *du Croisy*.
L'Amour, le sieur *la Thorillière le fils*.
Six amours...

DANS LA TRAGÉDIE-BALLET.

L'Amour, le sieur *Baron*.
Psyché, mademoiselle *Molière*.

Les deux soeurs de Psyché, mesdemoiselles *Marotte* et *Beauval*.

Le roi, le sieur *la Thorillière*.

Lycas, le sieur *Châteauneuf*.

Les deux amans de Psyché, les sieurs *Hubert* et *la Grange*.

Vénus, mademoiselle *de Brie*.

Un Fleuve, le sieur *de Brie*.

Jupiter, le sieur *du Croisy*.

Zéphyre, le sieur *Molière*.

Suite du roi...

DANS LE BALLET.

PREMIER INTERMÈDE.

Femme désolée, mademoiselle *Hilaire*.

Hommes affligés, les sieurs *Morel* et *Langeais*.

Hommes affligés dansans, les sieurs *Dolivet, le Chantre, Saint-André l'aîné* et *Saint-André le cadet, la Montagne* et *Foignard l'aîné*.

Femmes affligées dansantes, les sieurs *Bonnard, Joubert, Dolivet le fils, Isaac, Vaignard l'aîné*, et *Girard*.

SECOND INTERMÈDE.

Vulcain, le sieur...

Cyclopes dansans, les sieurs *Beauchamp, Chicanneau, Mayeu, la Pierre, Favier, Desbrosses, Joubert* et *Saint-André le cadet*.

Fées dansantes, les sieurs *Noblet, Magny, de Lorge, Lestang, la Montagne, Foignard l'aîné* et *Foignard le cadet, Vaignard l'aîné*.

TROISIÈME INTERMÈDE.

ZÉPHYRE CHANTANT, le sieur *Jeannot*.
DEUX AMOURS CHANTANS, les sieurs *Renier* et *Pierrot*.
ZÉPHYRS DANSANS, les sieurs *Bouteville*, *des Airs*, *Artus*, *Vaignard le cadet*, *Germain*, *Pécourt*, *du Mirail* et *Lestang le jeune*.
AMOURS DANSANS, le chevalier *Pol*, les sieurs *Rouillant*, *Thibaut*, *la Montagne*, *Dolivet fils*, *Daluzeau*, *Vitrou* et *la Thorillière*.

QUATRIÈME INTERMÈDE.

FURIES DANSANTES, les sieurs *Beauchamp*, *Hidieu*, *Chicanneau*, *Mayeu*, *Desbrosses*, *Magny*, *Foignard le cadet*, *Joubert*, *Lestang*, *Favier l'aîné* et *Saint-André le cadet*.
LUTINS FAISANT DES SAUTS PÉRILLEUX, les sieurs *Cobus*, *Maurice*, *Poulet* et *Petit-Jean*.

DERNIER INTERMÈDE.

APOLLON, le sieur *Langeais*.
ARTS, TRAVESTIS EN BERGERS, DANSANS, les sieurs *Beauchamp*, *Chicanneau*, *la Pierre*, *Favier l'aîné*, *Magny*, *Noblet*, *Desbrosses*, *Lestang*, *Foignard l'aîné* et *Foignard le cadet*.
DEUX MUSES CHANTANTES, mesdemoiselles *Hilaire* et *Desfronteaux*.
BACCHUS, le sieur *Gaye*.
MÉNADES DANSANTES, les sieurs *Isaac*, *Paysan*, *Joubert*, *Dolivet fils*, *Bretau* et *Desforges*.
ÉGIPANS DANSANS, les sieurs *Dolivet*, *Hidieu*, *le Chantre*, *Royer*, *Saint-André l'aîné* et *Saint-André le cadet*.

Silène, le sieur *Blondel*.
Satyres chantans, les sieurs *la Grille* et *Bernard*.
Satyres voltigeurs, les sieurs *de Miniglaise* et *de Vieux-Amant*.
Mome, le sieur *Morel*.
Matassins dansans, les sieurs *de Lorge*, *Bonnard*, *Arnal*, *Favier le cadet*, *Goyer* et *Bureau*.
Polichinelles dansans, les sieurs *Manceau*, *Girard*, *la Vallée*, *Favre*, *le Febvre* et *la Montagne*.
Mars, le sieur *Estival*.
Conducteur de la suite de Mars, le sieur *Rebel*.
Suivans de Mars dansans.
Guerriers avec des drapeaux, les sieurs *Beauchamp*, *Mayeu*, *la Pierre* et *Favier*.
Guerriers armés de piques, les sieurs *Noblet*, *Chicanneau*, *Magny* et *Lestang*.
Guerriers portant des masses et des boucliers, les sieurs *Camet*, *la Haye*, *le Duc* et *du Buisson*.
Choeur des divinités célestes...

NOTICE

HISTORIQUE ET LITTÉRAIRE

Sur Psyché.

Le carnaval de 1671 approchoit. Le Roi, qui vouloit marquer cette saison des plaisirs et de la folie par un des plus magnifiques amusemens qu'il eût encore donnés à sa cour, demanda à Molière une pièce dont le genre permît de mettre en jeu toutes les merveilles de la mécanique du temps, nouvellement rassemblées dans la salle de spectacle du palais des Tuileries.

La Fontaine avoit fait paroître, l'année précédente, son roman des *Amours de Psyché et de Cupidon*, imité d'Apulée. Ce fut probablement cette publication qui donna à Molière l'idée de traiter ce sujet si propre à satisfaire les intentions du monarque, ce sujet qui, comme a dit ingénieusement Lamotte, « eût pu faire inventer l'opéra. » Déja son plan étoit entièrement tracé; déja il avoit écrit le premier acte, la première scène du second, et la première aussi du troisième. Mais, le Roi ayant déclaré qu'il vouloit voir plusieurs représentations de l'ouvrage avant le carême, il se vit trop pressé par le temps pour pouvoir achever lui-même ce qu'il avoit commencé; et il eut recours à Corneille, qui se chargea du reste de la pièce, et n'y employa qu'une quinzaine de jours. Quinault composa les paroles destinées à être chantées, et Lulli, qui les mit en musique, fournit les paroles italiennes du premier intermède.

La tragédie-ballet de *Psyché* fut représentée, pour la première fois, sur le théâtre des machines du palais des Tuileries, au mois de janvier 1671; et, le 24 juillet de la même année, elle parut sur le théâtre du Palais-Royal, où elle eut trente-huit représentations consécutives. Deux fois reprise dans le courant de l'année suivante, elle eut treize représentations la première fois, et trente-une la seconde [1]. De toutes les reprises qui suivirent, la plus brillante fut celle de 1703, dont vingt-neuf représentations attestèrent le succès, et où deux acteurs jeunes et charmans, Baron fils et mademoiselle Desmares, trouvèrent doux, à l'abri de leurs rôles, de se déclarer, de se témoigner, en face du public, l'amour dont ils étoient enflammés l'un pour l'autre.

La magnifique salle des machines, qui avoit coûté des sommes considérables, et où le célèbre Vigarani avoit déployé toutes les ressources de son génie pour la mécanique, ne servit qu'aux représentations de *Psyché*, et fut abandonnée jusqu'en 1716, époque où l'on en fit usage pour les ballets dont on amusoit la jeunesse de Louis XV. C'est cette même salle qui recueillit l'Opéra après son incendie, en 1763, et qui servit ensuite d'asile à la Comédie Françoise, lorsqu'en 1770 elle fut forcée d'abandonner son théâtre du faubourg Saint-Germain.

La fable de Psyché est une des plus ingénieuses et des plus

---

[1] C'est cette seconde reprise, commencée le 11 novembre 1672 et terminée le 31 janvier 1673, que les frères Parfaict, ordinairement si exacts, ont prise pour le premier cours de représentations, qui commença et finit en 1671.

intéressantes que nous ait laissées l'antiquité. On ne peut douter qu'elle ne soit d'origine grecque : quand le nom seul de l'héroïne [1] n'en seroit pas une preuve certaine, la grace de la fiction suffiroit pour l'attester. Cette fable est aussi très-ancienne, car on la trouve empreinte dans de nombreux monumens des arts de la Grèce, qui appartiennent à l'âge reculé de leur plus grande perfection. Le premier écrivain à qui nous devions la connoissance des aventures de Psyché, est Apulée, né à Madaure, ville d'Afrique, vers la fin du deuxième siècle : elles font partie de son roman de *la Métamorphose,* plus connu sous le titre de *l'Ane d'or.* La latinité d'Apulée, comme celle de tous les Africains qui ont écrit dans la langue des Romains, est rude, obscure, remplie de termes à la fois barbares et affectés; mais ses idées sont plus naturelles que ses expressions; son style, infecté des vices communs à son siècle et propres à son pays, brille néanmoins de toutes les qualités d'un esprit vif et gracieux, éloquent et poétique.

La littérature du moyen âge nous parle aussi de Psyché. Fulgence, écrivain du sixième siècle, à qui l'on doit un ouvrage intitulé *Mythologicum,* y donne un précis de la fable d'Apulée, renvoyant ceux qui désireroient un récit plus détaillé au philosophe de Madaure et à l'Athénien Aristophante : les ouvrages de celui-ci ne nous sont point parvenus, et nous ignorons s'il vivoit après ou avant Apulée.

L'histoire de Psyché a exercé la sagacité de plusieurs de ceux qui ont essayé de découvrir les vérités morales ou physiques cachées sous le voile des fables. La plupart, et Fulgence le pre-

---

[1] *Psyché*, est le nom grec ψυχή, qui signifie, ame.

mier, y ont vu une image de l'union de l'ame et du corps, ou plutôt de l'empire des passions sur l'ame; d'autres y ont aperçu la peinture de l'homme profane régénéré par son admission aux mystères; des théosophes, sans s'inquiéter si une fiction du paganisme pouvoit se prêter raisonnablement à une interprétation toute chrétienne, y ont reconnu le péché originel effacé par la rédemption; enfin, un savant danois de nos jours y a découvert un *mythe moral,* faisant partie de ces mystères (*sacra*) auxquels les femmes seules étoient initiées, et destiné à être représenté devant elles, sous la forme d'un drame symbolique (*symbolica et dramatica representatio*), afin de leur rappeler les dangers qui assiègent la beauté, les devoirs que la femme mariée doit accomplir au milieu des difficultés et des épreuves de tout genre, et les récompenses qui sont réservées à celle dont la chasteté et la foi conjugale ne se seront point démenties. Ce qui se passoit dans les mystères ne pouvoit être divulgué sans crime : c'est par là que l'auteur de la dissertation explique ce silence absolu, difficile à exprimer autrement, que jusqu'au siècle d'Apulée, les écrivains, surtout les poëtes de la Grèce et de Rome, ont gardé sur les aventures si poétiques de Psyché. Quant aux ouvrages du ciseau ou du burin antique qui en retracent quelques circonstances, ils avoient été exécutés en secret pour ces cérémonies secrètes; et, d'ailleurs, ils pouvoient sans danger être mis sous les yeux des profanes, puisqu'ils ne donnoient qu'une idée partielle et par là même insuffisante de la mystérieuse allégorie [1].

---

(1) *Fabula de Psyche et Cupidine.* Disquisitio, autore M. Birgero Thorlacio. Hauniæ, 1806.

Les arts, qui n'ont point à s'occuper du sens emblématique des fables, n'ont vu, dans celle de Psyché, que ce qui pouvoit les inspirer, c'est-à-dire une foule de sujets gracieux, touchans ou même terribles. Raphaël le premier, rouvrant cette mine que les artistes de l'antiquité avoient exploitée comme à l'envi, en tira la matière de douze des tableaux dont il orna le palais Chigi, autrement nommé la Farnésine; et, bientôt après, son crayon traduisit en entier l'histoire de Psyché dans une suite de trente-deux dessins qu'a reproduits le burin de Marc-Antoine ou plutôt de ses élèves. Deux siècles après, la France a, pour ainsi dire, répondu au signal donné par l'Italie. Le couple charmant de Psyché et de l'Amour a respiré de nouveau sous les pinceaux du chef de notre école actuelle, d'un de ses plus dignes élèves devenu à son tour un grand maître, et d'un plus jeune peintre qui marche avec honneur sur leurs traces [1]. Enfin, la pantomime, qui est aussi une peinture, mais une peinture animée et vivante, a retracé le triomphe, l'infortune et l'apothéose de la beauté qui enflamma Cupidon d'amour, et Vénus de jalousie [2].

Le premier des arts, la poésie, ne pouvoit négliger la fable de Psyché, et il sembloit appartenir à notre La Fontaine d'être le premier à nous la raconter. Il n'est point de mon sujet d'examiner son roman, ouvrage un peu long, un peu inégal, mais gracieux dans ses négligences et naïf dans ses divagations, où une prose, trop uniformément badine, est le fond sur lequel

---

[1] MM. David, Gérard et Picot.

[2] Qui pourroit ne pas connoître le charmant ballet de *Psyché*, par M. Gardel ?

sont semés çà et là, et comme sans dessein, les vers que laissoit échapper sa Muse.

L'ouvrage plut, le sujet devint populaire, et dès lors le théâtre ne devoit pas tarder à s'en emparer. La pièce de Molière parut. Tous les arts qui concourent à l'embellissement des représentations théâtrales firent de leur mieux pour orner celle de la tragédie-ballet de *Psyché* des pompes et des prestiges qu'exigeoit le merveilleux de la fable. Mais, quand la magnificence de Louis XIV eut élevé ce théâtre magique, où la baguette d'Armide semble disposer de l'univers entier, Psyché vint prendre naturellement sa place sur une scène destinée aux enchantemens et aux métamorphoses, *pour y chanter*, comme a dit Lamotte, *les mêmes amours qu'elle n'avoit encore que déclamées*. En 1678, sept ans après la *Psyché* de Molière et de Corneille, parut, sous le même titre, un opéra dont Lulli avoit aussi fait la musique. L'auteur étoit Fontenelle, qui ne s'étoit point fait connoître. Peut-être se faisoit-il un scrupule respectueux d'avoir traité un sujet auquel son oncle, le grand Corneille, avoit mis la main, et vouloit-il, au moins, que d'autres ne pussent pas lui reprocher cette espèce de témérité.

Comme si le roman de La Fontaine et deux pièces de théâtre n'eussent pas suffi pour rendre l'histoire de Psyché assez vulgaire, la féerie l'emprunta à l'antique mythologie, et en fit, sous le titre de *la Belle et la Bête*, un conte destiné à l'amusement des enfans. Ce conte eut la même fortune que la fable originale, c'est-à-dire fut aussi transporté sur la scène dans l'opéra-comique de *Zémire et Azor*.

Je reviens à la tragédie-ballet de Molière, véritable et seul objet de cette Notice. C'est sans doute un fait remarquable dans

l'histoire des lettres, qu'une pièce de théâtre composée par trois hommes de génie, créateurs en France, l'un de la tragédie, l'autre de la comédie, et l'autre de l'opéra. Mais ce qui est presque aussi singulier qu'une telle association, c'est que l'ouvrage qui en fut le résultat ne s'élève pas au-dessus du médiocre, et n'est, dans sa totalité, digne d'aucun des trois poëtes illustres qui y contribuèrent. Auteur du plan tout entier, Molière, jeté, pour ainsi dire, par un ordre suprême, hors de sa sphère accoutumée, ne put déployer, dans ce sujet merveilleux, héroïque et galant, aucune des ressources de son génie. L'action, quoique peu développée, est froide et languissante. Les deux sœurs de Psyché sont, dans leur jalousie, d'une férocité révoltante, et les deux princes qui prétendent à sa main sont, dans leur rivalité, comme dans leur amour, d'une générosité plus que romanesque. Dans ce que Molière eut le temps d'exécuter lui-même, quelques traits d'observation comique percent, par intervalle, à travers la dignité obligée du langage; mais ils sont déplacés, et semblent n'être là que pour attester combien peu le caractère du sujet convient à celui du poëte. Les intermèdes versifiés par Quinault égalent, s'ils ne le surpassent, tout ce que les échos de l'Opéra ont redit de plus fade et de plus insipide. Corneille seul se montra digne de lui-même : ce n'est pas assez dire, il fit preuve d'une délicatesse, d'une suavité, d'une mollesse de style que la jeunesse de son talent n'avoit pas possédées au même degré, et dont il sembloit, d'ailleurs, que le déclin de ses années eût dû le priver entièrement. « Ce génie
« mâle, dit Voltaire, que l'âge rendoit sec et sévère, s'amollit
« pour plaire à Louis XIV. L'auteur de *Cinna* fit, à l'âge de
« soixante-cinq ans, cette déclaration de l'Amour à Psyché, qui

« passe encore pour être un des morceaux les plus tendres et
« les plus naturels qui soient au théâtre. » Fontenelle convient,
avec tout le monde, que jamais Corneille n'exprima avec autant
de douceur les doux emportemens de l'amour; mais, ne laissant
échapper aucune occasion de témoigner sa haine contre Racine,
il prend le parti de ravaler un genre de sentimens que ce poëte
excelloit à rendre, afin de le déprimer lui-même, et il prétend
que, si Corneille réussit une fois dans ce genre qui n'étoit pas
le sien, et qu'il dédaignoit, c'est qu'*étant à l'ombre du nom
d'autrui, il s'abandonna à un excès de tendresse dont il n'auroit pas voulu déshonorer son nom.* Voilà bien de l'esprit employé pour faire vainement insulte à Racine, sans faire plus
d'honneur à Corneille.

LES FOURBERIES
DE SCAPIN,

COMÉDIE EN TROIS ACTES.

1671.

ACTEURS.

ARGANTE, père d'Octave et de Zerbinette.
GÉRONTE, père de Léandre et d'Hyacinte.
OCTAVE, fils d'Argante, et amant d'Hyacinte.
LÉANDRE, fils de Géronte, et amant de Zerbinette.
ZERBINETTE, crue Égyptienne, et reconnue fille d'Argante, et amante de Léandre.
HYACINTE, fille de Géronte, et amante d'Octave.
SCAPIN, valet de Léandre, et fourbe.
SYLVESTRE, valet d'Octave.
NÉRINE, nourrice d'Hyacinte.
CARLE, fourbe.
DEUX PORTEURS.

La scène est à Naples.

LES FOURBERIES DE SCAPIN,

COMÉDIE.

ACTE PREMIER.

SCÈNE PREMIÈRE.

OCTAVE, SYLVESTRE.

OCTAVE.

Ah! fâcheuses nouvelles pour un cœur amoureux! Dures extrémités où je me vois réduit! Tu viens, Sylvestre, d'apprendre au port que mon père revient?

SYLVESTRE.

Oui.

OCTAVE.

Qu'il arrive ce matin même?

SYLVESTRE.

Ce matin même.

OCTAVE.

Et qu'il revient dans la résolution de me marier?

SYLVESTRE.

Oui.

OCTAVE.

Avec une fille du seigneur Géronte?

SYLVESTRE.

Du seigneur Géronte.

OCTAVE.

Et que cette fille est mandée de Tarente ici pour cela?

SYLVESTRE.

Oui.

OCTAVE.

Et tu tiens ces nouvelles de mon oncle?

SYLVESTRE.

De votre oncle.

OCTAVE.

A qui mon père les a mandées par une lettre?

SYLVESTRE.

Par une lettre.

OCTAVE.

Et cet oncle, dis-tu, sait toutes nos affaires?

SYLVESTRE.

Toutes nos affaires [1].

---

[1] Il faut toujours admirer l'art de Molière dans ses expositions. Claires, vives et naturelles, voilà ce qu'elles sont toutes; et elles le sont toutes diversement. Ici, comme il doit y avoir quelque complication dans la fable, à cause des deux pères, des deux fils, de leurs deux maîtresses et de leurs deux valets, il importe que le spectateur soit frappé des premiers détails qui lui sont donnés. Sylvestre pouvoit ouvrir la scène en racontant à son maître ce qu'il vient d'apprendre au port; mais ce simple récit n'eût peut-être pas fait assez d'impression. Octave est déja informé par son valet de ces nouvelles qui le désespèrent; et, comme il voudroit n'y pas croire, il les répète lui-même à Sylvestre en manière de question et sur le ton du doute; et Sylvestre confirme ce qu'il a dit, en redisant, comme

ACTE I, SCÈNE I.

OCTAVE.

Ah! parle, si tu veux, et ne te fais point, de la sorte, arracher les mots de la bouche.

SYLVESTRE.

Qu'ai-je à parler davantage? Vous n'oubliez aucune circonstance, et vous dites les choses tout justement comme elles sont [1].

OCTAVE.

Conseille-moi, du moins, et me dis ce que je dois faire dans ces cruelles conjonctures.

SYLVESTRE.

Ma foi, je m'y trouve autant embarrassé que vous; et j'aurois bon besoin que l'on me conseillât moi-même.

OCTAVE.

Je suis assassiné par ce maudit retour.

SYLVESTRE.

Je ne le suis pas moins.

OCTAVE.

Lorsque mon père apprendra les choses, je vais voir fondre sur moi un orage soudain d'impétueuses réprimandes.

---

un écho, le mot qui termine chaque interrogation faite par son maître. Rien n'est plus propre à exciter et à fixer l'attention que cette forme de dialogue, déja employée par Molière dans *Mélicerte*, acte II, scène I, et avant lui, par Rotrou, dans la première scène de la comédie intitulée *la Sœur*. Voir *Mélicerte*, tome V, page 400, note 1.

[1] Dans *la Sœur* et dans *Mélicerte*, même impatience causée par le laconisme des réponses, et même excuse alléguée par celui qui les a faites. La ressemblance s'étend jusques aux mots.

SYLVESTRE.

Les réprimandes ne sont rien; et plût au ciel que j'en fusse quitte à ce prix! mais j'ai bien la mine, pour moi, de payer plus cher vos folies; et je vois se former, de loin, un nuage de coups de bâton qui crèvera sur mes épaules [1].

OCTAVE.

O ciel! par où sortir de l'embarras où je me trouve!

SYLVESTRE.

C'est à quoi vous deviez songer, avant que de vous y jeter.

OCTAVE.

Ah! tu me fais mourir par tes leçons hors de saison.

SYLVESTRE.

Vous me faites bien plus mourir par vos actions étourdies.

OCTAVE.

Que dois-je faire? Quelle résolution prendre? A quel remède recourir [2]?

---

[1] Le *nuage de coups de bâton* que Sylvestre craint de voir crever sur ses épaules, parodie fort gaiement *l'orage de réprimandes* qu'Octave s'attend à voir fondre sur sa tête. Dans *le Médecin volant*, farce attribuée à Molière, Sganarelle dit : « Le nuage est fort épais, et j'ai bien peur que, « s'il vient à crever, il ne grêle sur mon dos force coups de bâton. » Dans le *Phormion*, cette comédie de Térence d'où Molière a tiré une partie de la sienne, et dont il sera parlé plus loin, l'esclave Géta dit plus simplement à son jeune maître : « Vous allez recevoir une réprimande, et moi les « étrivières, ou je serois bien trompé. »

[2] Octave, dans le plus cruel embarras, ne sait qu'imaginer pour en sortir; son valet, découragé, n'a pas la force de chercher un expédient:

SCÈNE II.

OCTAVE, SCAPIN, SYLVESTRE.

SCAPIN.

Qu'est-ce, seigneur Octave? Qu'avez-vous? Qu'y a-t-il? Quel désordre est-ce là? Je vous vois tout troublé.

OCTAVE.

Ah! mon pauvre Scapin, je suis perdu; je suis désespéré; je suis le plus infortuné de tous les hommes.

SCAPIN.

Comment?

OCTAVE.

N'as-tu rien appris de ce qui me regarde?

SCAPIN.

Non.

OCTAVE.

Mon père arrive avec le seigneur Géronte, et ils me veulent marier.

SCAPIN.

Hé bien! qu'y a-t-il là de si funeste?

OCTAVE.

Hélas! tu ne sais pas la cause de mon inquiétude.

SCAPIN.

Non; mais il ne tiendra qu'à vous que je la sache

---

en attendant ils querellent faute de mieux. Il est bien temps qu'on vienne à leur secours, et Scapin ne peut arriver plus à propos.

bientôt [1]; et je suis homme consolatif [2], homme à m'intéresser aux affaires des jeunes gens.

OCTAVE.

Ah! Scapin, si tu pouvois trouver quelque invention, forger quelque machine, pour me tirer de la peine où je suis, je croirois t'être redevable de plus que de la vie.

SCAPIN.

A vous dire la vérité, il y a peu de choses qui me soient impossibles, quand je m'en veux mêler. J'ai sans doute reçu du ciel un génie assez beau pour toutes les fabriques [3] de ces gentillesses d'esprit, de ces galanteries ingénieuses, à qui le vulgaire ignorant donne le nom de fourberies; et je puis dire, sans vanité, qu'on n'a guère vu d'homme qui fût plus habile ouvrier de ressorts et d'intrigues [4], qui ait acquis plus de gloire que moi

---

(1) On lit dans *l'Étourdi:*

TRUFALDIN.

Écoute, sais-tu bien ce que je viens de faire?

MASCARILLE.

Non; mais, si vous voulez, je ne tarderai guère,
Sans doute, à le savoir.

Et dans *les Femmes savantes:*

ARISTE.

..... Savez-vous ce qui m'amène ici?

CHRYSALE.

Non; mais, si vous voulez, je suis prêt à l'apprendre.

(2) *Consolatif* n'est pas dans le dictionnaire de la langue usuelle; mais il se trouve dans quelques écrivains. Gui Patin parle d'une gazette très-récréative et très-*consolative*. Du reste, nos anciens auteurs ont forgé sans scrupule beaucoup d'adjectifs de cette terminaison: Scarron en est rempli.

(3) *Fabrique,* pour *fabrication.*

(4) On dit, *ouvrier en...,* et non, *ouvrier de...;* et toutefois ce dernier convient mieux dans la phrase de Molière, qui rappelle l'expression de l'Écriture: *Ouvriers d'iniquité.*

ACTE I, SCÈNE II.

dans ce noble métier. Mais, ma foi, le mérite est trop maltraité aujourd'hui; et j'ai renoncé à toutes choses depuis certain chagrin d'une affaire qui m'arriva.

OCTAVE.

Comment? quelle affaire, Scapin?

SCAPIN.

Une aventure où je me brouillai avec la justice.

OCTAVE.

La justice?

SCAPIN.

Oui. Nous eûmes un petit démêlé ensemble.

SYLVESTRE.

Toi et la justice?

SCAPIN.

Oui. Elle en usa fort mal avec moi; et je me dépitai de telle sorte contre l'ingratitude du siècle, que je résolus de ne plus rien faire (1). Baste! Ne laissez pas de me conter votre aventure.

OCTAVE.

Tu sais, Scapin, qu'il y a deux mois que le seigneur

---

(1) Ces valets si fourbes, et qui se vantent si impudemment de leurs exploits, appartiennent à la scène antique, d'où ils ont passé sur les théâtres modernes, à l'époque de leur naissance. On les en a exclus depuis, et avec raison, puisqu'ils n'ont jamais eu de modèles, ou du moins n'en ont eu que bien rarement dans nos sociétés nouvelles : des valets ne sont pas des esclaves, et ne doivent pas en avoir entièrement les mœurs. Molière s'est bien gardé d'introduire, dans ses grandes comédies, de ces Daves déguisés; mais il en a placé dans deux de ses farces, où ils excitent toujours le rire. Le *démêlé* de Scapin avec la justice, et sa résolution de punir un siècle ingrat en ne faisant plus rien, sont des traits fort plaisans qui ont été souvent imités, et ne l'ont jamais été plus heureusement que par Lesage, dans *Crispin rival de son maître*.

Géronte et mon père s'embarquèrent ensemble pour un voyage qui regarde certain commerce où leurs intérêts sont mêlés (1).

SCAPIN.

Je sais cela.

OCTAVE.

Et que Léandre et moi nous fûmes laissés par nos pères, moi sous la conduite de Sylvestre, et Léandre sous ta direction.

SCAPIN.

Oui. Je me suis fort bien acquitté de ma charge.

OCTAVE.

Quelque temps après, Léandre fit rencontre d'une jeune Égyptienne, dont il devint amoureux.

SCAPIN.

Je sais cela encore.

OCTAVE.

Comme nous sommes grands amis, il me fit aussitôt confidence de son amour, et me mena voir cette fille,

---

(1) Ici, Molière commence à imiter le *Phormion* de Térence. L'aventure dont Octave va faire le récit est, avec d'assez légères différences, celle que, dans la pièce latine, raconte l'esclave à qui les deux pères ont confié leurs deux fils pendant leur absence. De ces deux fils, l'un est devenu amoureux d'une chanteuse, comme Léandre d'une Égyptienne; et l'autre, s'étant enflammé pour une jeune fille honnête et de condition libre, de la même manière qu'Octave pour Hyacinte, l'a épousée comme a fait celui-ci. L'imitation étant presque uniquement celle du fait et de ses principales circonstances, il me semble inutile de transcrire ici un long passage de Térence, qui ne feroit que répéter en d'autres termes ce qu'on va entendre de la bouche d'Octave. Quand l'imitation se rapprochera davantage du modèle pour l'expression, ou qu'elle reproduira quelque trait frappant de sentiment ou d'observation, j'aurai soin de l'indiquer.

que je trouvai belle, à la vérité, mais non pas tant qu'il vouloit que je la trouvasse. Il ne m'entretenoit que d'elle chaque jour, m'exagéroit à tous momens sa beauté et sa grace, me louoit son esprit, et me parloit avec transport des charmes de son entretien, dont il me rapportoit jusqu'aux moindres paroles, qu'il s'efforçoit toujours de me faire trouver les plus spirituelles du monde. Il me querelloit quelquefois de n'être pas assez sensible aux choses qu'il me venoit dire, et me blâmoit sans cesse de l'indifférence où j'étois pour les feux de l'amour.

SCAPIN.

Je ne vois pas encore où ceci veut aller.

OCTAVE.

Un jour que je l'accompagnois pour aller chez les gens qui gardent l'objet de ses vœux, nous entendîmes, dans une petite maison d'une rue écartée, quelques plaintes mêlées de beaucoup de sanglots. Nous demandons ce que c'est; une femme nous dit, en soupirant, que nous pouvions voir là quelque chose de pitoyable en des personnes étrangères, et qu'à moins que d'être insensibles, nous en serions touchés.

SCAPIN.

Où est-ce que cela nous mène?

OCTAVE.

La curiosité me fit presser Léandre de voir ce que c'étoit. Nous entrons dans une salle, où nous voyons une vieille femme mourante, assistée d'une servante qui faisoit des regrets [1], et d'une jeune fille toute fondante en

---

[1] *Regrets*, se dit bien au sens de plaintes, lamentations; mais je

larmes [1], la plus belle et la plus touchante qu'on puisse jamais voir.

SCAPIN.

Ah! ah!

OCTAVE.

Une autre auroit paru effroyable en l'état où elle étoit; car elle n'avoit pour habillement qu'une méchante petite jupe, avec des brassières de nuit, qui étoient de simple futaine; et sa coiffure étoit une cornette jaune, retroussée au haut de sa tête, qui laissoit tomber en désordre ses cheveux sur ses épaules; et cependant, faite comme cela, elle brilloit de mille attraits, et ce n'étoit qu'agrémens et que charmes que toute sa personne [2].

SCAPIN.

Je sens venir la chose.

---

doute qu'on ait jamais dit, *faire des regrets*, comme on dit, *faire des lamentations, des plaintes.*

[1] *Fondante en larmes.* — Dans cette phrase, *fondant*, ayant un complément indirect, n'est point un adjectif verbal; mais bien un participe présent. D'après cela, il devroit être indéclinable : on dit, *à glace fondante*, et l'on doit dire, *une femme fondant en larmes.*

[2] Voici le portrait que, dans le *Phormion*, Géta fait de la belle éplorée dont son jeune maître est devenu amoureux :

« Nous partons, nous arrivons, nous la voyons. Belle personne! et ce « qui te l'auroit fait trouver plus belle encore, c'est que rien ne relevoit « ses attraits. Elle étoit déchevelée, pieds nus, en désordre, éplorée, mal « vêtue; de sorte que, si elle n'avoit été naturellement très-belle, tout cela « auroit éteint sa beauté ». (Trad. de LE MONNIER.)

Il y a de la délicatesse et du charme dans cette peinture; il n'y en a pas moins dans la copie que Molière en a faite, et il y a beaucoup plus de passion. La raison en est simple : là, c'est un esclave qui raconte froidement ce qu'il a vu; ici, c'est un amant qui décrit avec feu ce qu'il a senti.

OCTAVE.

Si tu l'avois vue, Scapin, en l'état que je te dis, tu l'aurois trouvée admirable.

SCAPIN.

Oh! je n'en doute point; et, sans l'avoir vue, je vois bien qu'elle étoit tout-à-fait charmante.

OCTAVE.

Ses larmes n'étoient point de ces larmes désagréables qui défigurent un visage; elle avoit, à pleurer, une grace touchante, et sa douleur étoit la plus belle du monde.

SCAPIN.

Je vois tout cela.

OCTAVE.

Elle faisoit fondre chacun en larmes, en se jetant amoureusement sur le corps de cette mourante, qu'elle appeloit sa chère mère; et il n'y avoit personne qui n'eût l'ame percée de voir un si bon naturel.

SCAPIN.

En effet, cela est touchant; et je vois bien que ce bon naturel-là vous la fit aimer.

OCTAVE.

Ah! Scapin, un barbare l'auroit aimée [1].

---

[1] Trait passionné qui termine admirablement la délicieuse peinture qu'Octave vient de faire de son aimable affligée, de ses haillons qui relevoient ses charmes, de ses pleurs qui ajoutoient à sa grace, et de sa douleur, *la plus belle du monde*. Ce mélange d'amour et de pitié rend Octave doublement intéressant. Tout ce qu'il y a de plus propre à toucher un cœur tendre s'étoit réuni pour émouvoir le sien, une honnête pauvreté, un malheur irréparable, une douleur sincère, et la beauté embellie par les larmes. Qui n'eût agi comme lui? ou du moins qui pourroit ne pas l'excuser?

SCAPIN.

Assurément. Le moyen de s'en empêcher !

OCTAVE.

Après quelques paroles, dont je tâchai d'adoucir la douleur de cette charmante affligée, nous sortîmes de là; et demandant à Léandre ce qu'il lui sembloit de cette personne, il me répondit froidement qu'il la trouvoit assez jolie. Je fus piqué de la froideur avec laquelle il m'en parloit, et je ne voulus point lui découvrir l'effet que ses beautés avoient fait sur mon ame [1].

SYLVESTRE, *à Octave*.

Si vous n'abrégez ce récit, nous en voilà pour jusqu'à demain. Laissez-le-moi finir en deux mots [2]. (*à Scapin.*) Son cœur prend feu dès ce moment; il ne sauroit plus

---

[1] Nous avons vu que Léandre reprochoit à Octave de ne pas trouver son Égyptienne assez jolie, et de n'être pas assez sensible aux choses qu'il lui en venoit dire. Octave de même a été piqué de ce que Léandre ne paroissoit pas aussi frappé que lui des charmes d'Hyacinte. C'est ainsi qu'est fait le cœur d'un amant: rien ne le touche hors de l'objet dont il est épris; et il s'étonne qu'on n'en soit pas touché comme lui, lorsque lui-même reste indifférent à tout ce qui transporte les autres. Ces caprices de la plus exclusive, de la plus despotique de toutes les passions ne pouvoient échapper à l'œil ni au pinceau de Molière.

[2] Si les amans écoutent impatiemment les discours d'autrui, qui leur semblent toujours trop prolixes, en revanche ils étendent démesurément les leurs; et l'on peut dire qu'ils n'ont jamais fini, ou qu'ils ne finissent que pour recommencer. Ce long récit d'Octave, interrompu par Sylvestre, qui se charge de l'achever, est une imitation d'un passage de *la Sœur*, cette comédie de Rotrou, dont il est parlé plus haut. Lélie contant à son ami Éraste l'histoire de ses amours, Ergaste, son valet, impatienté du nombre et de l'étendue des détails, lui dit:

> Si de ce long récit vous n'abrégez le cours,
> Le jour achèvera plus tôt que ce discours.
> Laissez-moi le finir avec une parole.

vivre qu'il n'aille consoler son aimable affligée. Ses fréquentes visites sont rejetées de la servante, devenue la gouvernante par le trépas de la mère. Voilà mon homme au désespoir; il presse, supplie, conjure: point d'affaire. On lui dit que la fille, quoique sans bien et sans appui, est de famille honnête, et qu'à moins que de l'épouser, on ne peut souffrir ses poursuites. Voilà son amour augmenté par les difficultés. Il consulte dans sa tête, agite, raisonne, balance, prend sa résolution : le voilà marié avec elle depuis trois jours [1].

SCAPIN.

J'entends.

SYLVESTRE.

Maintenant, mets avec cela le retour imprévu du père, qu'on n'attendoit que dans deux mois; la découverte que l'oncle a faite du secret de notre mariage, et l'autre mariage qu'on veut faire de lui [2] avec la fille que le seigneur Géronte a eue d'une seconde femme qu'on dit qu'il a épousée à Tarente.

---

[1] Dans le *Phormion*, Antiphon épouse aussi Phanie; mais il use de stratagême pour paroître en cela moins coupable aux yeux de son père. Un parasite, d'intelligence avec lui, déclare en justice que Phanie est cousine d'Antiphon, et qu'aux termes de la loi, celui-ci la doit prendre pour femme. Antiphon, appelé au tribunal, ne dit rien pour sa défense, et est condamné. C'est là ce que raconte l'esclave Géta avec un laconisme admirable, dont la concision de Sylvestre n'approche pas. Voici son résumé :

...... *Factum est; ventum est; vincimur;*
Duxit.

« assignations; plaidoieries; procès perdu; mariage. » (Traduction de Le Monnier.)

[2] *De lui*, c'est-à-dire, d'Octave. Octave n'est point nommé dans la phrase; et *lui*, grammaticalement, se rapporte à *l'oncle*; mais il n'y a point, il ne peut point y avoir d'équivoque.

OCTAVE.

Et par-dessus tout cela, mets encore l'indigence où se trouve cette aimable personne, et l'impuissance où je me vois d'avoir de quoi la secourir.

SCAPIN.

Est-ce là tout? Vous voilà bien embarrassés tous deux pour une bagatelle! c'est bien là de quoi se tant alarmer (1)! N'as-tu point de honte, toi, de demeurer court à si peu de chose? Que diable! te voilà grand et gros comme père et mère, et tu ne saurois trouver dans ta tête, forger dans ton esprit quelque ruse galante, quelque honnête petit stratagême, pour ajuster vos affaires! Fi! peste soit du butor! Je voudrois bien que l'on m'eût donné autrefois nos vieillards à duper; je les aurois joués tous deux par-dessous la jambe : et je n'étois pas plus grand que cela, que je me signalois déja par cent tours d'adresse jolis.

SYLVESTRE.

J'avoue que le ciel ne m'a pas donné tes talens, et que je n'ai pas l'esprit, comme toi, de me brouiller avec la justice.

---

(1) *Est-ce là tout?* Voilà bien le mot d'un drôle que rien n'étonne, que rien n'arrête. Un mariage avec une fille sans biens, contracté par un jeune homme à l'insu d'un père riche et avare qui lui en commande un autre, c'est une *bagatelle* : que lui faut-il donc pour l'embarrasser? Cette résolution, cette audace du personnage, si bien annoncée par ses paroles, nous prépare à ses actions, qui n'en paroîtront que plus brillantes. La jactance des discours ne nuit à l'éclat des faits que quand ceux-ci n'y répondent pas; mais celui qui, ayant promis beaucoup de choses, les accomplit et au-delà, se montre comme un homme qui avoit la conscience de ses forces, et qui étoit sûr de maîtriser les événemens : sa présomption donne du relief à sa capacité.

OCTAVE.

Voici mon aimable Hyacinte [1].

SCÈNE III.

HYACINTE, OCTAVE, SCAPIN, SYLVESTRE.

HYACINTE.

Ah! Octave, est-il vrai ce que Sylvestre vient de dire à Nérine, que votre père est de retour, et qu'il veut vous marier?

OCTAVE.

Oui, belle Hyacinte; et ces nouvelles m'ont donné une atteinte cruelle. Mais que vois-je? vous pleurez! Pourquoi ces larmes? Me soupçonnez-vous, dites-moi, de quelque infidélité? et n'êtes-vous pas assurée de l'amour que j'ai pour vous?

HYACINTE.

Oui, Octave, je suis sûre que vous m'aimez; mais je ne le suis pas que vous m'aimiez toujours.

OCTAVE.

Hé! peut-on vous aimer, qu'on ne vous aime toute sa vie?

HYACINTE.

J'ai ouï dire, Octave, que votre sexe aime moins longtemps que le nôtre, et que les ardeurs que les hommes

---

[1] Voilà, dans deux scènes assez courtes, toute l'exposition d'une action assez compliquée, où les fils d'une double intrigue se croiseront jusqu'au dénouement qui doit les réunir. Tous les personnages sont nommés ou désignés; la situation actuelle, la passion, l'intérêt de chacun d'eux est connu; et déja trois des plus importans ont paru devant nous.

font voir, sont des feux qui s'éteignent aussi facilement qu'ils naissent.

OCTAVE.

Ah! ma chère Hyacinte, mon cœur n'est donc pas fait comme celui des autres hommes; et je sens bien, pour moi, que je vous aimerai jusqu'au tombeau.

HYACINTE.

Je veux croire que vous sentez ce que vous dites, et je ne doute point que vos paroles ne soient sincères; mais je crains un pouvoir qui combattra dans votre cœur les tendres sentimens que vous pouvez avoir pour moi. Vous dépendez d'un père qui veut vous marier à une autre personne; et je suis sûre que je mourrai si ce malheur m'arrive.

OCTAVE.

Non, belle Hyacinte, il n'y a point de père qui puisse me contraindre à vous manquer de foi; et je me résoudrai à quitter mon pays, et le jour même, s'il est besoin, plutôt qu'à vous quitter (1). J'ai déja pris, sans l'avoir vue, une aversion effroyable pour celle que l'on me destine; et, sans être cruel, je souhaiterois que la mer l'écartât d'ici pour jamais (2). Ne pleurez donc point, je vous prie, mon aimable Hyacinte, car vos larmes me

---

(1) On dit au propre, *quitter son pays*, *quitter quelqu'un*; mais *quitter le jour* est une expression figurée : ces deux sens différens ne devoient pas être mêlés et confondus dans une même phrase.

(2) Si le spectateur étoit instruit que la même personne, pour qui Octave annonce une aversion effroyable, est celle qu'il adore, dont il est l'époux, et à qui il parle, il y auroit un effet comique; mais il l'ignore encore, et, par conséquent, l'effet est nul.

tuent, et je ne les puis voir sans me sentir percer le cœur.

HYACINTE.

Puisque vous le voulez, je veux bien essuyer mes pleurs, et j'attendrai, d'un œil constant, ce qu'il plaira au ciel de résoudre de moi.

OCTAVE.

Le ciel nous sera favorable.

HYACINTE.

Il ne sauroit m'être contraire, si vous m'êtes fidèle.

OCTAVE.

Je le serai, assurément.

HYACINTE.

Je serai donc heureuse.

SCAPIN, *à part*.

Elle n'est pas tant sotte, ma foi; et je la trouve assez passable (1).

OCTAVE, *montrant Scapin*.

Voici un homme qui pourroit bien, s'il le vouloit, nous être, dans tous nos besoins, d'un secours merveilleux.

SCAPIN.

J'ai fait de grands sermens de ne me mêler plus du monde; mais, si vous m'en priez bien fort tous deux, peut-être...

---

(1) *Nil mirari* semble être la devise de Scapin. Le plus cruel embarras où fils de famille puisse se trouver n'a été à ses yeux qu'une *bagatelle*. De même une fille d'esprit ne lui paroît point *tant sotte*; et, si elle est jolie, il la trouve *passable*. En fait de personnes et de choses, il en a tant vu de toutes les façons, qu'il ne peut plus s'émouvoir ni s'étonner de rien.

OCTAVE.

Ah! s'il ne tient qu'à te prier bien fort pour obtenir ton aide, je te conjure de tout mon cœur de prendre la conduite de notre barque.

SCAPIN, *à Hyacinte.*

Et vous, ne me dites-vous rien * ?

HYACINTE.

Je vous conjure, à son exemple, par tout ce qui vous est le plus cher au monde, de vouloir servir notre amour.

SCAPIN.

Il faut se laisser vaincre, et avoir de l'humanité. Allez, je veux m'employer pour vous.

OCTAVE.

Crois que...

SCAPIN, *à Octave.*

Chut! (*à Hyacinte.*) Allez-vous-en, vous, et soyez en repos [1].

VARIANTE. * *Et vous, ne dites-vous rien ?*

---

[1] Cette scène est entièrement inutile à l'action, puisque Hyacinte n'est rien venue dire que les autres ne sussent déja, et qu'Octave n'avoit pas besoin d'elle pour déterminer Scapin à servir leur amour; mais il étoit bon qu'Hyacinte justifiât, par la délicatesse de ses sentimens et les graces de son langage, la haute opinion que nous ont fait concevoir d'elle les discours d'Octave; et, en effet, il y a dans toutes ses paroles un mélange de raison et de sensibilité qui donne gain de cause à son amant, et nous met tous de leur parti.

SCÈNE IV.

OCTAVE, SCAPIN, SYLVESTRE.

SCAPIN, *à Octave.*

Et vous, préparez-vous à soutenir avec fermeté l'abord de votre père.

OCTAVE.

Je t'avoue que cet abord me fait trembler par avance; et j'ai une timidité naturelle que je ne saurois vaincre.

SCAPIN.

Il faut pourtant paroître ferme au premier choc, de peur que, sur votre foiblesse, il ne prenne le pied de vous mener comme un enfant [1]. Là, tâchez de vous composer par étude. Un peu de hardiesse; et songez à répondre résolument sur tout ce qu'il vous pourra dire * [2].

VARIANTE. * *Sur ce qu'il pourra vous dire.*

---

[1] On dit, *se mettre sur le pied*, et non, *prendre le pied de faire une chose*.

[2] Mon respect accoutumé pour le texte original de Molière m'empêche de faire ici une correction que je crois pourtant nécessaire. Toutes les éditions, sans exception, portent : *Tâchez de vous composer par étude. Un peu de hardiesse; et songez,* etc. Cela, sans doute, forme un sens. Mais la petite phrase détachée : *Tâchez de vous composer par étude,* est assez mal écrite. *Se composer,* c'est travailler, s'étudier à paroître autrement qu'on ne seroit naturellement : *par étude,* est donc une espèce de superfluité vicieuse. Ensuite Scapin ne doit pas dire à Octave : *un peu de hardiesse,* puisque celui-ci vient de déclarer qu'il n'en sauroit avoir. Voici ma conjecture. Octave a dit : *J'ai une timidité naturelle que je ne saurois vaincre.* Scapin lui répond en réunissant les deux phrases que le texte

OCTAVE.

Je ferai du mieux que je pourrai.

SCAPIN.

Çà, essayons un peu, pour vous accoutumer. Répétons un peu votre rôle, et voyons si vous ferez bien. Allons; la mine résolue, la tête haute, les regards assurés.

OCTAVE.

Comme cela?

SCAPIN.

Encore un peu davantage.

OCTAVE.

Ainsi?

SCAPIN.

Bon. Imaginez-vous que je suis votre père qui arrive, et répondez-moi fermement, comme si c'étoit à lui-même. Comment! pendard, vaurien, infâme, fils indigne d'un père comme moi, oses-tu bien paroître devant mes yeux, après tes bons déportemens, après le lâche tour que tu m'as joué pendant mon absence? Est-ce là le fruit de mes soins, maraud? est-ce là le fruit de mes soins? le respect qui m'est dû? le respect que tu me conserves? (Allons donc.) Tu as l'insolence, fripon, de t'engager

---

sépare : *Tâchez de vous composer par étude un peu de hardiesse* (*); *et songez à répondre résolument*, etc. Le passage ainsi restitué a beaucoup plus de naturel, se rapporte mieux à ce qui précède, et est d'un meilleur style. Les premières éditions de Molière doivent faire autorité sans doute; mais en tant qu'elles ne sont pas visiblement altérées dans l'exécution typographique; et elles le sont souvent de la manière la plus choquante. Ici, un point mis où il n'en falloit pas, a fait toute la faute.

(*) C'est ainsi que Sosie dit dans *Amphitryon* :

Faisons-nous du cœur par raison.

ACTE I, SCÈNE IV.

sans le consentement de ton père, de contracter un mariage clandestin! Réponds-moi, coquin, réponds-moi. Voyons un peu tes belles raisons... (1) Oh! que diable, vous demeurez interdit.

OCTAVE.

C'est que je m'imagine que c'est mon père que j'entends.

SCAPIN.

Hé! oui; c'est par cette raison qu'il ne faut pas être comme un innocent.

OCTAVE.

Je m'en vais prendre plus de résolution, et je répondrai fermement.

SCAPIN.

Assurément?

OCTAVE.

Assurément.

SYLVESTRE.

Voilà votre père qui vient.

OCTAVE.

O ciel! je suis perdu (2).

---

(1) Il n'y a pas là un mot qui sente l'exagération et la charge : le père d'Octave ne tiendroit pas un autre langage.

(2) Le motif de cette scène, que termine si plaisamment la fuite précipitée d'Octave, est dans le *Phormion;* mais Molière, suivant son usage, a fort embelli ce qu'il empruntoit. Il suffit de dire que Scapin, jouant le rôle de M. Argante, afin d'aguerrir son fils aux réprimandes du bonhomme, est une idée qui appartient au comique françois, et dont on n'aperçoit pas même le germe dans Térence.

SCÈNE V.

SCAPIN, SYLVESTRE.

SCAPIN.

Holà, Octave! demeurez, Octave. Le voilà enfui! Quelle pauvre espèce d'homme! Ne laissons pas d'attendre le vieillard.

SYLVESTRE.

Que lui dirai-je?

SCAPIN.

Laisse-moi dire, moi, et ne fais que me suivre.

SCÈNE VI.

ARGANTE, SCAPIN, et SYLVESTRE dans le fond du théâtre.

ARGANTE, *se croyant seul.*

A-t-on jamais ouï parler d'une action pareille à celle-là?

SCAPIN, *à Sylvestre.*

Il a déjà appris l'affaire; et elle lui tient si fort en tête, que, tout seul, il en parle haut [1].

ARGANTE, *se croyant seul.*

Voilà une témérité bien grande.

---

(1) Parler seul et tout haut est l'effet d'une extrême agitation. Argante est dans cet état, et son monologue est des plus naturels. La judicieuse remarque de Scapin est une adroite apologie de l'auteur.

ACTE I, SCÈNE VI.

SCAPIN, *à Sylvestre.*

Écoutons-le un peu.

ARGANTE, *se croyant seul.*

Je voudrois bien savoir ce qu'ils me pourront dire sur ce beau mariage.

SCAPIN, *à part.*

Nous y avons songé.

ARGANTE, *se croyant seul.*

Tâcheront-ils de me nier la chose?

SCAPIN, *à part.*

Non, nous n'y pensons pas.

ARGANTE, *se croyant seul.*

Ou s'ils entreprendront de l'excuser.

SCAPIN, *à part.*

Celui-là se pourra faire.

ARGANTE, *se croyant seul.*

Prétendront-ils m'amuser par des contes en l'air?

SCAPIN, *à part.*

Peut-être.

ARGANTE, *se croyant seul.*

Tous leurs discours seront inutiles.

SCAPIN, *à part.*

Nous allons voir.

ARGANTE, *se croyant seul.*

Ils ne m'en donneront point à garder.

SCAPIN, *à part.*

Ne jurons de rien.

ARGANTE, *se croyant seul.*

Je saurai mettre mon pendard de fils en lieu de sûreté.

SCAPIN, *à part.*

Nous y pourvoirons.

ARGANTE, *se croyant seul.*

Et pour le coquin de Silvestre, je le rouerai de coups.

SYLVESTRE, *à Scapin.*

J'étois bien étonné s'il m'oublioit [1].

---

(1) Ce monologue d'Argante, coupé par les *à parte* de Scapin, est imité du *Phormion*. Voici le passage :

DÉMIPHON.

« Voilà donc Antiphon marié sans mon consentement ! N'avoir pas res-
« pecté mon autorité ! Mais laissons-là mon autorité : n'avoir pas au moins
« redouté ma colère ! n'avoir pas de honte ! Ah ! quelle audace ! ah ! Géta,
« bon conseiller !

GÉTA.

« A la fin, m'y voilà.

DÉMIPHON.

« Que me diront-ils ? quelle excuse trouveront-ils ? J'en suis inquiet.

GÉTA.

« L'excuse est déja trouvée. Inquiétez-vous d'autre chose.

DÉMIPHON.

« Me dira-t-il : J'ai fait ce mariage malgré moi ? La loi m'y a contraint.
« J'entends cela, j'en conviens.

GÉTA.

« Bon.

DÉMIPHON.

« Mais, contre sa propre connoissance, sans rien répondre, donner
« gain de cause à son adversaire ; y a-t-il été contraint par la loi ? » (Trad.
de LE MONNIER.)

Démiphon continue longuement son dialogue, et Géta s'entretient avec Phédria qui est aussi en scène. On voit que Molière a tiré un bien plus grand parti de la situation : peut-être même l'a-t-il prolongée au-delà de ce que permettoit l'exacte vraisemblance. Du reste, les phrases dont se

ACTE I, SCÈNE VI.

ARGANTE, *apercevant Sylvestre.*

Ah! ah! vous voilà donc, sage gouverneur de famille, beau directeur de jeunes gens [1] !

SCAPIN.

Monsieur, je suis ravi de vous voir de retour.

ARGANTE.

Bonjour, Scapin. (*à Sylvestre.*) Vous avez suivi mes ordres vraiment d'une belle manière! et mon fils s'est comporté fort sagement pendant mon absence!

SCAPIN.

Vous vous portez bien, à ce que je vois.

ARGANTE.

Assez bien. (*à Sylvestre.*) Tu ne dis mot, coquin, tu ne dis mot.

SCAPIN.

Votre voyage a-t-il été bon?

ARGANTE.

Mon dieu, fort bon! Laisse-moi un peu quereller en repos.

SCAPIN.

Vous voulez quereller?

---

composent le long monologue de M. Argante sont conçues et distribuées de manière que les repos qui les séparent sont tous naturels, et que Scapin doit avoir tout le temps de placer ses *à parte* dans les intervalles. C'est une véritable conversation entre deux personnes qui ne se parlent pas l'une à l'autre. Destouches, dans la XIe scène du *Triple mariage*, a imité le commencement de la scène de Molière.

(1) Dans le *Phormion*, Démiphon dit de même à Géta, qu'enfin il aperçoit : « Ah! bonjour, bon gouverneur, l'appui de notre famille, à qui « j'avois recommandé mon fils en partant. »

ARGANTE.

Oui, je veux quereller.

SCAPIN.

Hé, qui, monsieur?

ARGANTE, *montrant Sylvestre.*

Ce maraud-là.

SCAPIN.

Pourquoi?

ARGANTE.

Tu n'as pas ouï parler de ce qui s'est passé dans mon absence?

SCAPIN.

J'ai bien ouï parler de quelque petite chose [1].

ARGANTE.

Comment! quelque petite chose! Une action de cette nature!

SCAPIN.

Vous avez quelque raison.

ARGANTE.

Une hardiesse pareille à celle-là!

SCAPIN.

Cela est vrai.

ARGANTE.

Un fils qui se marie sans le consentement de son père!

---

[1] Avec quelle dextérité Scapin détourne ou rompt tous les coups qui s'adressent à Sylvestre! Il a si bien fait, que le vieillard, oubliant le valet qu'il veut *quereller,* se trouve engagé dans une discussion dont Scapin va profiter pour commencer à accommoder l'affaire du jeune homme.

ACTE I, SCÈNE VI.

SCAPIN.

Oui, il y a quelque chose à dire à cela. Mais je serois d'avis que vous ne fissiez point de bruit.

ARGANTE.

Je ne suis pas de cet avis, moi ; et je veux faire du bruit tout mon saoul. Quoi ! tu ne trouves pas que j'aie tous les sujets du monde d'être en colère ?

SCAPIN.

Si fait. J'y ai d'abord été, moi, lorsque j'ai su la chose ; et je me suis intéressé pour vous, jusqu'à quereller votre fils. Demandez-lui un peu quelles belles réprimandes je lui ai faites, et comme je l'ai chapitré sur le peu de respect qu'il gardoit à un père dont il devoit baiser les pas. On ne peut pas lui mieux parler, quand ce seroit vous-même [1]. Mais quoi ! je me suis rendu à la raison, et j'ai considéré que, dans le fond, il n'a pas tant de tort qu'on pourroit croire.

ARGANTE.

Que me viens-tu conter ? Il n'a pas tant de tort de s'aller marier de but en blanc avec une inconnue ?

SCAPIN.

Que voulez-vous ? Il y a été poussé par sa destinée.

ARGANTE.

Ah ! ah ! Voici une raison la plus belle du monde. On n'a plus qu'à commettre tous les crimes imaginables,

---

[1] Vrai ou faux, ce ne seroit là, partout ailleurs, qu'un discours ordinaire et sans sel ; mais ici c'est un trait comique, parce qu'on se rappelle aussitôt qu'en effet Scapin, faisant le personnage d'Argante, a *querellé* son fils, et lui a parlé comme si c'eût été Argante lui-même.

tromper, voler, assassiner, et dire, pour excuse, qu'on y a été poussé par sa destinée (1).

SCAPIN.

Mon dieu, vous prenez mes paroles trop en philosophe. Je veux dire qu'il s'est trouvé fatalement (2) engagé dans cette affaire.

ARGANTE.

Et pourquoi s'y engageoit-il ?

SCAPIN.

Voulez-vous qu'il soit aussi sage que vous ? Les jeunes gens sont jeunes, et n'ont pas toute * la prudence qu'il leur faudroit pour ne rien faire que de raisonnable : témoin notre Léandre, qui, malgré toutes mes leçons, malgré toutes mes remontrances, est allé faire, de son côté, pis encore que votre fils (3). Je voudrois bien savoir si

VARIANTE. * N'ont pas toujours.

---

(1) Molière attaque, en passant, ce fatalisme impie et anti-social qui nie le libre arbitre, dépouille de moralité toutes nos actions, ôte aux bonnes leur mérite et aux mauvaises leur blâme, détruit ainsi le vice et la vertu, et nous livre sans défense à toutes nos passions.

(2) *Fatalement*, hors du langage philosophique, signifie, comme dans la phrase de Scapin, par un malheur extraordinaire, par un fâcheux enchaînement de circonstances.

(3) Envieux comme nous le sommes par une disposition naturelle que toute notre raison a peine à corriger, il n'y a rien de plus propre à nous refroidir sur l'événement le plus fortuné, et de même à nous consoler du plus affligeant, que l'idée d'un bonheur ou d'un malheur plus grand arrivé à quelque autre. Scapin qui, en sa qualité de fourbe, connoît les foiblesses du cœur humain, a très-bien jugé qu'Argante seroit moitié moins fâché de la conduite de son fils, du moment qu'il apprendroit que le fils de son ami a fait pis encore. Je remarquerai seulement que l'habile Scapin semble commettre ici une double imprudence. Il compromet les intérêts de son

vous-même n'avez pas été jeune, et n'avez pas, dans votre temps, fait des fredaines comme les autres. J'ai ouï dire, moi, que vous avez été autrefois un compagnon * parmi les femmes, que vous faisiez de votre drôle avec les plus galantes de ce temps-là (1), et que vous n'en approchiez point que vous ne poussassiez à bout (2).

ARGANTE.

Cela est vrai, j'en demeure d'accord ; mais je m'en suis toujours tenu à la galanterie, et je n'ai point été jusqu'à faire ce qu'il a fait.

SCAPIN.

Que vouliez-vous qu'il fît? Il voit une jeune personne

VARIANTE. * Un bon compagnon.

---

jeune maître en servant ceux d'Octave, qui doivent lui être moins chers, et il s'expose lui-même au ressentiment de Léandre, comme la suite le prouvera. Mais cette petite faute, si toutefois c'en est une, est en même temps un artifice dramatique singulièrement heureux par ses conséquences. Ce peu de mots que Scapin dit à Argante, sont, pour ainsi dire, une semence qui va germer et produire une foule d'événemens. Argante les redira à Géronte ; Géronte s'en autorisera pour faire une scène à son fils, et ce fils, à son tour, viendra faire, à ce sujet, une violente querelle à Scapin lui-même.

(1) Moron, dans *la Princesse d'Élide*, se sert de la même expression : *J'ai fait de mon drôle comme un autre.*

(2) Ce fourbe de Scapin sait mettre en mouvement toutes les passions de l'homme les plus puissantes. Tout à l'heure c'étoit l'envie qu'il caressoit ; maintenant c'est la vanité qu'il flatte. Parler à un vieillard des galantes prouesses de son adolescence, c'est lui rappeler les plus doux momens de sa vie. A ce souvenir il se ranime, se sent rajeunir, et croit, pour quelques instans du moins, redevenir ce qu'il étoit jadis. Il est alors disposé à l'indulgence ; et, s'il vient à être question des fredaines amoureuses de son fils, il fera plus que les excuser comme des torts qu'il a eus lui-même, il sera prêt à s'en applaudir comme d'une gloire de famille et d'un genre d'exploits dont il a donné l'exemple.

qui lui veut du bien (car il tient cela de vous, d'être aimé*
de toutes les femmes); il la trouve charmante, il lui rend
des visites, lui conte des douceurs, soupire galamment,
fait le passionné. Elle se rend à sa poursuite; il pousse
sa fortune. Le voilà surpris avec elle par ses parens, qui,
la force à la main, le contraignent de l'épouser [1].

SYLVESTRE, *à part.*

L'habile fourbe que voilà!

SCAPIN.

Eussiez-vous voulu qu'il se fût laissé tuer? Il vaut
mieux encore être marié qu'être mort.

ARGANTE.

On ne m'a pas dit que l'affaire se soit ainsi passée.

SCAPIN, *montrant Sylvestre.*

Demandez-lui plutôt; il ne vous dira pas le contraire.

ARGANTE, *à Sylvestre.*

C'est par force qu'il a été marié?

SYLVESTRE.

Oui, monsieur.

SCAPIN.

Voudrois-je vous mentir?

VARIANTE. * *Car il tient de vous d'être aimé.*

---

[1] Cette contrainte de la part des parens de la jeune fille, est une fable
imaginée par Scapin; et l'*à parte* de Sylvestre, *L'habile fourbe que voilà!*
est pour empêcher qu'on ne s'y méprenne. Cette fable est la même que
Dorante, du *Menteur,* emploie pour écarter un mariage que son père lui
propose.

ACTE I, SCÈNE VI.

ARGANTE.

Il devoit donc aller tout aussitôt protester de violence chez un notaire.

SCAPIN.

C'est ce qu'il n'a pas voulu faire.

ARGANTE.

Cela m'auroit donné plus de facilité à rompre ce mariage.

SCAPIN.

Rompre ce mariage?

ARGANTE.

Oui.

SCAPIN.

Vous ne le romprez point.

ARGANTE.

Je ne le romprai point?

SCAPIN.

Non.

ARGANTE.

Quoi! je n'aurai pas pour moi les droits de père, et la raison de la violence qu'on a faite à mon fils?

SCAPIN.

C'est une chose dont il ne demeurera pas d'accord.

ARGANTE.

Il n'en demeurera pas d'accord?

SCAPIN.

Non.

ARGANTE.

Mon fils?

SCAPIN.

Votre fils. Voulez-vous qu'il confesse qu'il ait été capable de crainte, et que ce soit par force qu'on lui ait fait faire les choses (1)? Il n'a garde d'aller avouer cela; ce seroit se faire tort, et se montrer indigne d'un père comme vous.

ARGANTE.

Je me moque de cela.

SCAPIN.

Il faut, pour son honneur et pour le vôtre, qu'il dise dans le monde que c'est de bon gré qu'il l'a épousée.

ARGANTE.

Et je veux, moi, pour mon honneur et pour le sien, qu'il dise le contraire.

SCAPIN.

Non, je suis sûr qu'il ne le fera pas.

ARGANTE.

Je l'y forcerai bien.

SCAPIN.

Il ne le fera pas, vous dis-je.

ARGANTE.

Il le fera, ou je le déshériterai.

SCAPIN.

Vous?

ARGANTE.

Moi.

---

(1) *Voulez-vous qu'il confesse qu'il ait été capable de crainte, et que ce soit par force qu'on lui ait fait faire les choses?* — Il faudroit, à l'indicatif, *qu'il a été, que c'est,* et, *qu'on lui a fait faire.*

ACTE I, SCÈNE VI.

SCAPIN.

Bon!

ARGANTE.

Comment, bon?

SCAPIN.

Vous ne le déshériterez point.

ARGANTE.

Je ne le déshériterai point?

SCAPIN.

Non.

ARGANTE.

Non?

SCAPIN.

Non.

ARGANTE.

Ouais! voici qui est plaisant! Je ne déshériterai pas mon fils?

SCAPIN.

Non, vous dis-je.

ARGANTE.

Qui m'en empêchera?

SCAPIN.

Vous-même.

ARGANTE.

Moi?

SCAPIN.

Oui. Vous n'aurez pas ce cœur-là.

ARGANTE.

Je l'aurai.

SCAPIN.

Vous vous moquez.

ARGANTE.

Je ne me moque point.

SCAPIN.

La tendresse paternelle fera son office.

ARGANTE.

Elle ne fera rien.

SCAPIN.

Oui, oui.

ARGANTE.

Je vous dis que cela sera.

SCAPIN.

Bagatelles.

ARGANTE.

Il ne faut point dire, Bagatelles.

SCAPIN.

Mon dieu! je vous connois; vous êtes bon naturellement.

ARGANTE.

Je ne suis point bon, et je suis méchant quand je veux [1]. Finissons ce discours, qui m'échauffe la bile.

---

(1) Dorine du *Tartuffe* et Toinette du *Malade imaginaire* soutiennent de même, l'une à Orgon, l'autre à Argan, qu'ils n'effectueront pas le mariage projeté par eux pour leur fille. Entre *le Malade imaginaire* et *les Fourberies de Scapin*, c'est plus qu'une imitation, une ressemblance; c'est une répétition. Tout le passage, depuis cette phrase de Scapin, *Non, je suis sûr qu'il ne le fera pas*, jusqu'à cette boutade d'Argante, *Je ne suis point bon, et je suis méchant quand je veux*, se trouve mot pour mot dans *le Malade imaginaire*, avec cette seule différence qu'Argan parle de *mettre sa fille dans un couvent*, et qu'Argante parle de *déshériter son fils*. J'observerai que les éditeurs de 1682 ont jugé à propos de retrancher des *Fourberies de Scapin* tout ce passage, qui existe pourtant dans l'édition

ACTE I, SCÈNE VI.

(*à Sylvestre.*) Va-t'en, pendard; va-t'en me chercher mon fripon, tandis que j'irai rejoindre le seigneur Géronte, pour lui conter ma disgrace.

SCAPIN.

Monsieur, si je vous puis être utile en quelque chose, vous n'avez qu'à me commander.

ARGANTE.

Je vous remercie. (*à part.*) Ah! pourquoi faut-il qu'il soit fils unique! et que n'ai-je à cette heure la fille que le ciel m'a ôtée, pour la faire mon héritière [1] !

---

originale de 1671. Est-ce Molière qui l'a transporté lui-même dans *le Malade imaginaire?* Sont-ce les comédiens après sa mort? On ne sait. En tout cas, ce sont les éditeurs de 1682 qui l'ont fait disparoître de la comédie des *Fourberies de Scapin*, et il est assez difficile de deviner leur motif.

(1) Cette phrase, si naturelle dans la bouche d'un père mécontent de son fils, est une adroite préparation au dénouement, qui doit nous présenter, dans cette même fille regrettée par Argante, la jeune Égyptienne aimée par Léandre.

Argante ne nous dit pas ce qui se passe dans son ame; mais certainement, si ses résolutions ne sont pas encore changées, son courroux est du moins fort adouci. N'a-t-il pas de quoi être moins affligé, puisque Léandre s'est encore plus mal comporté qu'Octave? N'a-t-il pas été lui-même un bon compagnon parmi les femmes, et peut-il trouver si mauvais que son fils lui ressemble? Enfin, ce fils n'a-t-il pas agi en homme d'honneur, en homme digne de son père, lorsqu'il n'a pas voulu convenir que la force l'eût contraint à se marier? Il est impossible que le bonhomme ne soit pas un peu ébranlé par tous ces motifs; et il faut en faire honneur à Scapin, qui n'avoit pas tort de nous vanter son adresse.

SCÈNE VII.

SCAPIN, SYLVESTRE.

SYLVESTRE.

J'avoue que tu es un grand homme, et voilà l'affaire en bon train; mais l'argent, d'autre part, nous presse pour notre subsistance, et nous avons de tous côtés des gens qui aboient après nous.

SCAPIN.

Laisse-moi faire, la machine est trouvée. Je cherche seulement dans ma tête un homme qui nous soit affidé, pour jouer un personnage dont j'ai besoin. Attends. Tiens-toi un peu. Enfonce ton bonnet en méchant garçon. Campe-toi sur un pied. Mets la main au côté. Fais les yeux furibonds. Marche un peu en roi de théâtre [1]. Voilà qui est bien. Suis-moi. J'ai des secrets pour déguiser ton visage et ta voix.

SYLVESTRE.

Je te conjure, au moins, de ne m'aller point brouiller avec la justice.

SCAPIN.

Va, va, nous partagerons les périls en frères; et trois ans de galères de plus ou de moins ne sont pas pour arrêter un noble cœur [2].

---

(1) Encore, si je ne me trompe, un petit trait de satire contre les comédiens de l'Hôtel de Bourgogne : du moins c'est à peu près de la même manière que Molière les peint dans *l'Impromptu de Versailles*.

(2) Excellent premier acte, acte plein de naturel, de gaieté et de verve

comique, que cette dernière petite scène termine de la manière la plus vive et la plus brillante. Comme dit Sylvestre, *l'affaire est en bon train*, pour ce qui regarde les amours d'Octave; mais ce n'est pas tout: l'argent manque à nos jeunes amoureux, et il s'agit de leur en procurer. Soyons tranquilles : Scapin s'en charge, et déja *sa machine est trouvée*. Cette légère indication nous prépare aux événemens du second acte.

FIN DU PREMIER ACTE.

ACTE II.

SCÈNE PREMIÈRE.
GÉRONTE, ARGANTE.

GÉRONTE.

Oui, sans doute, par le temps qu'il fait, nous aurons ici nos gens aujourd'hui; et un matelot qui vient de Tarente m'a assuré qu'il avoit vu mon homme qui étoit près de s'embarquer. Mais l'arrivée de ma fille trouvera les choses mal disposées à ce que nous nous proposions; et ce que vous venez de m'apprendre de votre fils rompt étrangement les mesures que nous avions prises ensemble.

ARGANTE.

Ne vous mettez pas en peine; je vous réponds de renverser tout cet obstacle, et j'y vais travailler de ce pas.

GÉRONTE.

Ma foi, seigneur Argante, voulez-vous que je vous dise? l'éducation des enfans est une chose à quoi il faut s'attacher fortement.

ARGANTE.

Sans doute. A quel propos cela?

GÉRONTE.

A propos de ce que les mauvais déportemens des jeunes gens viennent le plus souvent de la mauvaise éducation que leurs pères leur donnent.

ARGANTE.

Cela arrive par fois. Mais que voulez-vous dire par-là?

GÉRONTE.

Ce que je veux dire par-là?

ARGANTE.

Oui.

GÉRONTE.

Que si vous aviez, en brave père, bien morigéné votre fils, il ne vous auroit pas joué le tour qu'il vous a fait.

ARGANTE.

Fort bien. De sorte donc que vous avez bien mieux morigéné le vôtre?

GÉRONTE.

Sans doute; et je serois bien fâché qu'il m'eût rien fait approchant de cela.

ARGANTE.

Et si ce fils, que vous avez, en brave père, si bien morigéné, avoit fait pis encore que le mien? Hé?

GÉRONTE.

Comment?

ARGANTE.

Comment?

GÉRONTE.

Qu'est-ce que cela veut dire?

ARGANTE.

Cela veut dire, seigneur Géronte, qu'il ne faut pas être si prompt à condamner la conduite des autres; et que ceux qui veulent gloser doivent bien regarder chez eux s'il n'y a rien qui cloche (1).

GÉRONTE.

Je n'entends point cette énigme.

ARGANTE.

On vous l'expliquera.

GÉRONTE.

Est-ce que vous auriez oui dire quelque chose de mon fils?

ARGANTE.

Cela se peut faire.

GÉRONTE.

Et quoi, encore?

ARGANTE.

Votre Scapin, dans mon dépit, ne m'a dit la chose qu'en gros (2), et vous pourrez de lui, ou de quelque autre, être instruit du détail. Pour moi, je vais vite consulter un avocat, et aviser des biais (3) que j'ai à prendre. Jusqu'au revoir (4).

---

(1) *Qui cloche*, c'est-à-dire, qui boite, qui soit défectueux, en mauvais état. *Clocher* vient de *claudicare*.

(2) *Dans mon dépit*. La circonstance exprimée par cette incise explique comment Argante ne sait *la chose qu'en gros*. Comme il étoit fort en colère, ce n'étoit pas le moment de lui parler longuement de ce qui ne le regardoit pas personnellement; et lui-même, d'ailleurs, n'étoit pas en état d'y prêter beaucoup d'attention.

(3) *Aviser*, dans le sens de consulter, délibérer, doit se construire avec la préposition *à*. On dit, *Je vais aviser aux moyens de sortir d'embarras*.

(4) Excellente scène de deux vieillards égoïstes et chagrins, qui, quoique amis, sont charmés d'avoir à se dire l'un à l'autre quelque chose de mortifiant. Cette scène est le commencement d'une suite de scènes qui vont s'enchaîner entre elles avec un art admirable, et dont la force comique ira toujours croissant.

SCÈNE II.

GÉRONTE, *seul.*

Que pourroit-ce être que cette affaire-ci? Pis encore que le sien? Pour moi, je ne vois pas ce que l'on peut faire de pis; et je trouve que se marier sans le consentement de son père, est une action qui passe tout ce qu'on peut s'imaginer [1].

SCÈNE III.

GÉRONTE, LÉANDRE.

GÉRONTE.

Ah! vous voilà!

LÉANDRE, *courant à Géronte pour l'embrasser.*

Ah! mon père, que j'ai de joie de vous voir de retour!

GÉRONTE, *refusant d'embrasser Léandre.*

Doucement. Parlons un peu d'affaire.

LÉANDRE.

Souffrez que je vous embrasse, et que...

GÉRONTE, *le repoussant encore.*

Doucement, vous dis-je.

---

[1] Voilà bien le mot de la passion! Comme le mariage d'Octave contrarie les vues qu'il avoit sur lui pour sa fille, ce mariage doit être à ses yeux une action condamnable au-delà de toute imagination.

LÉANDRE.

Quoi! vous me refusez, mon père, de vous exprimer mon transport par mes embrassemens?

GÉRONTE.

Oui. Nous avons quelque chose à démêler ensemble.

LÉANDRE.

Et quoi?

GÉRONTE.

Tenez-vous, que je vous voie en face.

LÉANDRE.

Comment?

GÉRONTE.

Regardez-moi entre deux yeux.

LÉANDRE.

Hé bien!

GÉRONTE.

Qu'est-ce donc qu'il s'est passé ici*?

LÉANDRE.

Ce qui s'est passé?

GÉRONTE.

Oui. Qu'avez-vous fait dans mon absence**?

LÉANDRE.

Que voulez-vous, mon père, que j'aie fait?

GÉRONTE.

Ce n'est pas moi qui veux que vous ayez fait, mais qui demande ce que c'est que vous avez fait?

VARIANTES. * *Qu'est-ce donc qui s'est passé ici?* — ** *Pendant mon absence.*

ACTE II, SCÈNE III.

LÉANDRE.

Moi? Je n'ai fait aucune chose dont vous ayez lieu de vous plaindre.

GÉRONTE.

Aucune chose?

LÉANDRE.

Non.

GÉRONTE.

Vous êtes bien résolu.

LÉANDRE.

C'est que je suis sûr de mon innocence.

GÉRONTE.

Scapin pourtant m'a dit de vos nouvelles.

LÉANDRE.

Scapin?

GÉRONTE.

Ah! ah! ce mot vous fait rougir.

LÉANDRE.

Il vous a dit quelque chose de moi?

GÉRONTE.

Ce lieu n'est pas tout-à-fait propre à vider cette affaire, et nous allons l'examiner ailleurs. Qu'on se rende au logis; j'y vais revenir tout à l'heure. Ah! traître, s'il faut que tu me déshonores, je te renonce pour mon fils, et tu peux bien, pour jamais, te résoudre à fuir de ma présence [1].

---

[1] Le père sait qu'il a des reproches à faire à son fils, et il se doute bien qu'il s'agit de quelque frasque amoureuse; mais, n'étant informé de rien positivement, il n'ose pousser Léandre, et il voudroit bien l'amener à

SCÈNE IV.

LÉANDRE, *seul.*

Me trahir de cette manière! Un coquin qui doit, par cent raisons, être le premier à cacher les choses que je lui confie, est le premier à les aller découvrir à mon père. Ah! je jure le ciel que cette trahison ne demeurera pas impunie.

SCÈNE V.

OCTAVE, LÉANDRE, SCAPIN.

OCTAVE.

Mon cher Scapin, que ne dois-je point à tes soins! Que tu es un homme admirable! et que le ciel m'est favorable de t'envoyer à mon secours!

LÉANDRE.

Ah! ah! vous voilà! Je suis ravi de vous trouver, monsieur le coquin [1].

---

lui confesser cette faute qu'il ignore. De son côté, Léandre, qui soupçonne avec raison que c'est au sujet de ses amours avec la jeune Égyptienne qu'on l'a dénoncé, craindroit de se trahir lui-même en se défendant, et il se tient sur la négative. Une telle scène est de peu d'effet, sans doute; mais elle mérite d'être remarquée des connoisseurs pour le naturel et la vérité dont elle est remplie. Cette scène, d'ailleurs, sort bien de celle qui précède, et elle amène bien celles qui vont suivre. La marche de tout cet acte est un modèle de composition.

(1) Cette différence d'accueil et de langage de la part d'Octave et de Léandre envers Scapin, forme un contraste comique. Molière fait attention à tout et ne néglige rien.

ACTE II, SCÈNE V.

SCAPIN.

Monsieur, votre serviteur. C'est trop d'honneur que vous me faites.

LÉANDRE, *mettant l'épée à la main.*

Vous faites le méchant plaisant! Ah! je vous apprendrai...

SCAPIN, *se mettant à genoux.*

Monsieur!

OCTAVE, *se mettant entre deux pour empêcher Léandre de frapper Scapin.*

Ah! Léandre!

LÉANDRE.

Non, Octave, ne me retenez point, je vous prie.

SCAPIN, *à Léandre.*

Hé! monsieur!

OCTAVE, *retenant Léandre.*

De grace!

LÉANDRE, *voulant frapper Scapin.*

Laissez-moi contenter mon ressentiment.

OCTAVE.

Au nom de l'amitié, Léandre, ne le maltraitez point.

SCAPIN.

Monsieur, que vous ai-je fait?

LÉANDRE, *voulant frapper Scapin.*

Ce que tu m'as fait, traître!

OCTAVE, *retenant encore Léandre.*

Hé! doucement.

LÉANDRE.

Non, Octave, je veux qu'il me confesse lui-même,

tout à l'heure, la perfidie qu'il m'a faite. Oui, coquin, je sais le trait que tu m'as joué [1]; on vient de me l'apprendre, et tu ne croyois pas peut-être que l'on me dût révéler ce secret; mais je veux en avoir la confession de ta propre bouche, ou je vais te passer cette épée au travers du corps.

SCAPIN.

Ah! monsieur, auriez-vous bien ce cœur-là?

LÉANDRE.

Parle donc.

SCAPIN.

Je vous ai fait quelque chose, monsieur?

LÉANDRE.

Oui, coquin, et ta conscience ne te dit que trop ce que c'est.

SCAPIN.

Je vous assure que je l'ignore.

LÉANDRE, *s'avançant pour frapper Scapin.*

Tu l'ignores!

OCTAVE, *retenant Léandre.*

Léandre!

SCAPIN.

Hé bien, monsieur, puisque vous le voulez, je vous confesse que j'ai bu avec mes amis ce petit quartaut de vin d'Espagne dont on vous fit présent il y a quelques jours, et que c'est moi qui fis une fente au tonneau, et

---

[1] Molière dit souvent, *jouer un trait*, et *faire un tour*. L'usage actuel est inverse : on dit communément, *jouer un tour*, et *faire un trait*.

ACTE II, SCÈNE V.

répandis de l'eau autour, pour faire croire que le vin s'étoit échappé.

LÉANDRE.

C'est toi, pendard, qui m'as bu mon vin d'Espagne, et qui as été cause que j'ai tant querellé la servante, croyant que c'étoit elle qui m'avoit fait le tour?

SCAPIN.

Oui, monsieur, je vous en demande pardon.

LÉANDRE.

Je suis bien aise d'apprendre cela. Mais ce n'est pas l'affaire dont il est question maintenant.

SCAPIN.

Ce n'est pas cela, monsieur?

LÉANDRE.

Non : c'est une autre affaire qui me touche bien plus*, et je veux que tu me la dises.

SCAPIN.

Monsieur, je ne me souviens pas d'avoir fait autre chose.

LÉANDRE, *voulant frapper Scapin.*

Tu ne veux pas parler?

SCAPIN.

Hé!

OCTAVE, *retenant Léandre.*

Tout doux!

SCAPIN.

Oui, monsieur; il est vrai qu'il y a trois semaines que

VARIANTE. * *Une autre affaire encore qui me touche bien plus.*

vous m'envoyâtes porter, le soir, une petite montre à la jeune Égyptienne que vous aimez. Je revins au logis mes habits tout couverts de boue, et le visage plein de sang, et vous dis que j'avois trouvé des voleurs qui m'avoient bien battu, et m'avoient dérobé la montre. C'étoit moi, monsieur, qui l'avois retenue.

LÉANDRE.

C'est toi qui as retenu ma montre?

SCAPIN.

Oui, monsieur, afin de voir quelle heure il est.

LÉANDRE.

Ah! ah! j'apprends ici de jolies choses, et j'ai un serviteur fort fidèle, vraiment! Mais ce n'est pas cela encore que je demande.

SCAPIN.

Ce n'est pas cela?

LÉANDRE.

Non infâme; c'est autre chose encore que je veux que tu me confesses.

SCAPIN, *à part.*

Peste!

LÉANDRE.

Parle vite, j'ai hâte.

SCAPIN.

Monsieur, voilà tout ce que j'ai fait.

LÉANDRE, *voulant frapper Scapin.*

Voilà tout?

OCTAVE, *se mettant au-devant de Léandre.*

Hé!

ACTE II, SCÈNE V.

SCAPIN.

Hé bien! oui, monsieur. Vous vous souvenez de ce loup-garou, il y a six mois, qui vous donna tant de coups de bâton la nuit, et vous pensa faire rompre le cou dans une cave où vous tombâtes en fuyant.

LÉANDRE.

Hé bien?

SCAPIN.

C'étoit moi, monsieur, qui faisois le loup-garou.

LÉANDRE.

C'étoit toi, traître, qui faisoit le loup-garou?

SCAPIN.

Oui, monsieur, seulement pour vous faire peur, et vous ôter l'envie de nous faire courir toutes les nuits comme vous aviez de coutume [1].

LÉANDRE.

Je saurai me souvenir, en temps et lieu, de tout ce que je viens d'apprendre. Mais je veux venir au fait, et que tu me confesses ce que tu as dit à mon père.

SCAPIN.

A votre père?

LÉANDRE.

Oui, fripon, à mon père.

SCAPIN.

Je ne l'ai pas seulement vu depuis son retour.

LÉANDRE.

Tu ne l'as pas vu?

---

[1] On dit aujourd'hui, *avoir coutume*.

SCAPIN.

Non, monsieur.

LÉANDRE.

Assurément?

SCAPIN.

Assurément. C'est une chose que je vais vous faire dire par lui-même.

LÉANDRE.

C'est de sa bouche que je le tiens pourtant*.

SCAPIN.

Avec votre permission, il n'a pas dit la vérité ⁽¹⁾.

VARIANTE. * *C'est de sa bouche que je tiens pourtant.....*

---

(1) Si Léandre savoit avec précision de quoi Scapin l'a accusé, il seroit peu vraisemblable qu'au lieu de l'en punir tout de suite, en lui disant pourquoi, il voulût en avoir *la confession de sa propre bouche*, et lui fît subir une espèce d'interrogatoire. Mais songeons que Scapin n'a rien dit que de très-vague à M. Argante, et que celui-ci l'a rendu non moins vaguement à M. Géronte, qui n'a pas pû en parler plus explicitement à son fils. Celui-ci doit donc désirer d'apprendre au juste ce que Scapin a rapporté contre lui, tout en ayant l'air de le savoir : de là cette confession qu'il exige, et de là aussi ces indiscrets aveux de Scapin, qui s'accuse de tout autre chose que de ce qui lui est reproché. Ne peut-on pas dire que Scapin, pour un si habile homme, s'enferre jusqu'à trois fois de suite un peu maladroitement? Quoi qu'il en soit, la scène est, sans contredit, une des plus divertissantes qui soient au théâtre.

SCÈNE VI.

LÉANDRE, OCTAVE, CARLE, SCAPIN.

CARLE.

Monsieur, je vous apporte une nouvelle qui est fâcheuse pour votre amour.

LÉANDRE.

Comment?

CARLE.

Vos Égyptiens sont sur le point de vous enlever Zerbinette; et elle-même, les larmes aux yeux, m'a chargé de venir promptement vous dire que, si dans deux heures vous ne songez à leur porter l'argent qu'ils vous ont demandé pour elle, vous l'allez perdre pour jamais.

LÉANDRE.

Dans deux heures?

CARLE.

Dans deux heures [1].

---

[1] Nouvel incident fort naturel, qui interrompt à propos la situation précédente, et qui va produire les excellentes scènes qu'on va voir.

SCÈNE VII.

LÉANDRE, OCTAVE, SCAPIN.

LÉANDRE.

Ah! mon pauvre Scapin, j'implore ton secours.

SCAPIN, *se levant et passant fièrement devant Léandre.*

Ah! mon pauvre Scapin! Je suis mon pauvre Scapin, à cette heure qu'on a besoin de moi [1].

LÉANDRE.

Va, je te pardonne tout ce que tu viens de me dire, et pis encore, si tu me l'as fait.

SCAPIN.

Non, non; ne me pardonnez rien; passez-moi votre épée au travers du corps. Je serai ravi que vous me tuïez.

LÉANDRE.

Non. Je te conjure plutôt de me donner la vie, en servant mon amour.

SCAPIN.

Point, point; vous ferez mieux de me tuer.

LÉANDRE.

Tu m'es trop précieux; et je te prie de vouloir em-

---

[1] Dans *George Dandin*, le héros de la pièce dit de même à sa femme qui le cajole, et qui l'appelle son *pauvre petit mari* : « Je suis votre petit mari, « maintenant, parce que vous vous sentez prise. » Et Destouches, imitant Molière, fait dire à un valet dans la même situation : « Ah! je suis donc « mon cher Pasquin présentement. » (*Jeune homme à l'épreuve.*)

ployer pour moi ce génie admirable qui vient à bout de toutes choses.

SCAPIN.

Non. Tuez-moi, vous dis-je.

LÉANDRE.

Ah! de grace, ne songe plus à tout cela, et pense à me donner le secours que je te demande.

OCTAVE.

Scapin, il faut faire quelque chose pour lui.

SCAPIN.

Le moyen, après une avanie de la sorte?

LÉANDRE.

Je te conjure d'oublier mon emportement, et de me prêter ton adresse.

OCTAVE.

Je joins mes prières aux siennes.

SCAPIN.

J'ai cette insulte-là sur le cœur.

OCTAVE.

Il faut quitter ton ressentiment.

LÉANDRE.

Voudrois-tu m'abandonner, Scapin, dans la cruelle extrémité où se voit mon amour?

SCAPIN.

Me venir faire, à l'improviste, un affront comme celui-là!

LÉANDRE.

J'ai tort, je le confesse.

SCAPIN.

Me traiter de coquin, de fripon, de pendard, d'infâme!

LÉANDRE.

J'en ai tous les regrets du monde.

SCAPIN.

Me vouloir passer son épée au travers du corps!

LÉANDRE.

Je t'en demande pardon de tout mon cœur; et, s'il ne tient qu'à me jeter à tes genoux, tu m'y vois, Scapin, pour te conjurer encore une fois de ne me point abandonner (1).

OCTAVE.

Ah! ma foi, Scapin, il se faut rendre à cela.

SCAPIN.

Levez-vous. Une autre fois ne soyez point si prompt.

LÉANDRE.

Me promets-tu de travailler pour moi?

SCAPIN.

On y songera.

LÉANDRE.

Mais tu sais que le temps presse.

SCAPIN.

Ne vous mettez pas en peine. Combien est-ce qu'il vous faut?

---

(1) Léandre aux genoux d'un valet, et d'un valet qui l'a bâtonné! Cette posture humiliante peint bien l'excès de son amour; mais elle le dégrade, et un personnage avili ne peut plus exciter d'intérêt.

ACTE II, SCÈNE VII.

LÉANDRE.

Cinq cents écus.

SCAPIN.

Et à vous?

OCTAVE.

Deux cents pistoles.

SCAPIN.

Je veux tirer cet argent de vos pères. (*à Octave.*) Pour ce qui est du vôtre, la machine est déja toute trouvée. (*à Léandre.*) Et, quant au vôtre, bien qu'avare au dernier degré, il y faudra moins de façons encore *; car vous savez que pour l'esprit, il n'en a pas, graces à Dieu, grande provision; et je le livre pour une espèce d'homme à qui l'on fera toujours croire tout ce que l'on voudra. Cela ne vous offense point; il ne tombe entre lui et vous aucun soupçon de ressemblance; et vous savez assez l'opinion de tout le monde, qui veut qu'il ne soit votre père que pour la forme.

LÉANDRE.

Tout beau, Scapin.

SCAPIN.

Bon, bon, on fait bien scrupule de cela. Vous moquez-vous (1)? Mais j'aperçois venir le père d'Octave. Commen-

VARIANTE. * *Moins de façon encore.*

---

(1) Scapin est un impudent drôle; mais Léandre est encore plus coupable que lui, lorsqu'il souffre, sans presque s'en émouvoir, qu'un insolent valet outrage, en sa présence, l'honneur de son père et la vertu de sa mère. Nous verrons ce Léandre faire pis encore. Au reste, Molière n'a nullement prétendu nous intéresser à lui. Octave a donné un grave sujet de plainte à son père; mais sa passion avoit un digne objet, et son mariage même est une action honnête. Léandre, au contraire, s'est amouraché d'une fille qui se trouvera à la fin être de bonne famille, mais qui n'est

çons par lui, puisqu'il se présente. Allez-vous-en tous deux. (*à Octave.*) Et vous, avertissez votre Sylvestre de venir vite jouer son rôle.

SCÈNE VIII.

ARGANTE, SCAPIN.

SCAPIN, *à part.*

Le voilà qui rumine.

ARGANTE, *se croyant seul.*

Avoir si peu de conduite et de considération! S'aller jeter dans un engagement comme celui-là! Ah! ah! jeunesse impertinente!

SCAPIN.

Monsieur, votre serviteur.

ARGANTE.

Bonjour, Scapin.

SCAPIN.

Vous rêvez à l'affaire de votre fils?

ARGANTE.

Je t'avoue que cela me donne un furieux chagrin.

SCAPIN.

Monsieur, la vie est mêlée de traverses; il est bon de s'y tenir sans cesse préparé; et j'ai ouï dire, il y a longtemps, une parole d'un ancien que j'ai toujours retenue.

---

encore, pour lui comme pour nous, qu'une espèce d'aventurière, de coureuse; et il ne nous a point encore appris qu'il en voulût faire sa femme. On diroit que, pour diminuer les torts du fils, Molière a exprès aggravé ceux du père, et qu'il a fait de Géronte un avare odieux, semblable à Harpagon, afin d'avoir le droit de faire de Léandre un mauvais sujet pareil à Cléante.

ARGANTE.

Quoi?

SCAPIN.

Que, pour peu qu'un père de famille ait été absent de chez lui, il doit promener son esprit sur tous les fâcheux accidens que son retour peut rencontrer, se figurer sa maison brûlée, son argent dérobé, sa femme morte, son fils estropié, sa fille subornée; et ce qu'il trouve qui ne lui est point arrivé, l'imputer à bonne fortune. Pour moi, j'ai pratiqué toujours cette leçon dans ma petite philosophie; et je ne suis jamais revenu au logis que je ne me sois tenu prêt à la colère de mes maîtres, aux réprimandes, aux injures, aux coups de pied au cul, aux bastonnades, aux étrivières; et ce qui a manqué à m'arriver, j'en ai rendu graces à mon bon destin [1].

---

[1] Cette tirade de Scapin est empruntée à Térence. Démiphon, dans le monologue dont celui de M. Argante (acte I, scène IV) est une imitation, dit :

Peregrè rediens semper cogitet,
Aut filii peccatum, aut uxoris mortem, aut morbum filiæ.
Communia esse hæc; fieri posse : ut ne quid animo sit novum.
Quidquid præter spem eveniat, omne id deputare esse in lucro.

« Un père de famille, qui revient de voyage, devroit s'attendre à trou-
« ver son fils dérangé, sa femme morte, sa fille malade; se dire que ces
« accidens sont communs, qu'ils ont pu lui arriver. Avec cette prévoyance,
« rien ne l'étonneroit. Les malheurs dont il seroit exempt contre son at-
« tente, il les regarderoit comme autant de gagné. »

Et Géta, parodiant le discours du vieillard, dit :

Meditata mihi sunt omnia mea incommoda. Herus si redierit,
Molendum usquè in pistrino ; vapulandum ; habendæ compedes ;
Opus ruri faciundum. Horum nihil quidquam accidet animo novum.
Quidquid præter spem eveniet, omne id deputabo esse in lucro.

« J'ai déja passé en revue toutes les infortunes dont je suis menacé. Au
« retour de mon maître, me suis-je dit, on m'enverra, pour le reste de

ARGANTE.

Voilà qui est bien ; mais ce mariage impertinent, qui trouble celui que nous voulons faire, est une chose que je ne puis souffrir, et je viens de consulter des avocats pour le faire casser.

SCAPIN.

Ma foi, monsieur, si vous m'en croyez, vous tâcherez, par quelque autre voie, d'accommoder l'affaire. Vous savez ce que c'est que les procès en ce pays-ci, et vous allez vous enfoncer dans d'étranges épines [1].

ARGANTE.

Tu as raison, je le vois bien. Mais quelle autre voie ?

SCAPIN.

Je pense que j'en ai trouvé une. La compassion que m'a donnée tantôt votre chagrin, m'a obligé à chercher dans ma tête quelque moyen pour vous tirer d'inquiétude ; car je ne saurois voir d'honnêtes pères chagrinés par leurs enfans, que cela ne m'émeuve ; et, de tout temps, je me suis senti pour votre personne une inclination particulière.

« mes jours, tourner la meule du moulin ; je recevrai les étrivières ; je
« serai chargé de chaînes ; je serai condamné à travailler aux champs. Au-
« cun de ces malheurs ne m'étonnera. Ceux dont je serai exempt, contre
« mon attente, je les regarderai comme autant de gagné. »

Les discours de Démiphon et de Géta sont fondus dans celui de Scapin. Il est plus plaisant que ce soit un drôle comme Scapin qui moralise, et qui donne sa pratique en exemple à un grave et honnête vieillard.

(1) *S'enfoncer dans des épines,* comme on diroit, *s'enfoncer dans des halliers, dans un bois fourré, plein d'arbustes épineux.* Figurément, c'est s'engager dans une affaire pleine de difficultés et de désagrémens.

ACTE II, SCÈNE VIII.

ARGANTE.

Je te suis obligé.

SCAPIN.

J'ai donc été trouver le frère de cette fille qui a été épousée. C'est un de ces braves de profession, de ces gens qui sont tout coups d'épée, qui ne parlent que d'échiner, et ne font non plus de conscience de tuer un homme, que d'avaler un verre de vin. Je l'ai mis sur ce mariage, lui ai fait voir quelle facilité offroit la raison de la violence pour le faire casser, vos prérogatives du nom de père, et l'appui que vous donneroient auprès de la justice et votre droit, et votre argent, et vos amis. Enfin, je l'ai tant tourné de tous les côtés, qu'il a prêté l'oreille aux propositions que je lui ai faites d'ajuster l'affaire pour quelque somme; et il donnera son consentement à rompre le mariage, pourvu que vous lui donniez de l'argent.

ARGANTE.

Et qu'a-t-il demandé?

SCAPIN.

Oh! d'abord des choses par-dessus les maisons.

ARGANTE.

Et quoi?

SCAPIN.

Des choses extravagantes.

ARGANTE.

Mais encore?

SCAPIN.

Il ne parloit pas moins que de cinq ou six cents pistoles.

ARGANTE.

Cinq ou six cents fièvres quartaines qui le puissent serrer! Se moque-t-il des gens?

SCAPIN.

C'est ce que je lui ai dit. J'ai rejeté bien loin de pareilles propositions, et je lui ai bien fait entendre que vous n'étiez point une dupe, pour vous demander des cinq ou six cents pistoles. Enfin, après plusieurs discours, voici où s'est réduit le résultat de notre conférence. Nous voilà au temps, m'a-t-il dit, que je dois partir pour l'armée; je suis après à m'équiper; et le besoin que j'ai de quelque argent, me fait consentir, malgré moi, à ce qu'on me propose. Il me faut un cheval de service, et je n'en saurois avoir un qui soit tant soit peu raisonnable (1), à moins de soixante pistoles.

ARGANTE.

Hé bien! pour soixante pistoles, je les donne.

SCAPIN.

Il faudra le harnois et les pistolets; et cela ira bien à vingt pistoles encore.

ARGANTE.

Vingt pistoles et soixante, ce seroit quatre-vingts.

SCAPIN.

Justement.

---

(1) *Raisonnable*, qui signifie proprement, doué de raison, signifie aussi, convenable, tel qu'on doit s'en contenter. C'est dans ce dernier sens que Perette de la fable dit en parlant de son cochon :

Il étoit, quand je l'eus, de grosseur raisonnable.

Mais cela n'empêche pas que *cheval raisonnable* ne soit une singulière expression. Un étranger demanderoit si c'est qu'on veut un cheval qui ait de la raison.

ACTE II, SCÈNE VIII.

ARGANTE.

C'est beaucoup : mais, soit; je consens à cela.

SCAPIN.

Il me faut aussi un cheval pour monter mon valet*, qui coûtera bien trente pistoles.

ARGANTE.

Comment, diantre! Qu'il se promène, il n'aura rien du tout.

SCAPIN.

Monsieur!

ARGANTE.

Non : c'est un impertinent.

SCAPIN.

Voulez-vous que son valet aille à pied?

ARGANTE.

Qu'il aille comme il lui plaira, et le maître aussi.

SCAPIN.

Mon dieu, monsieur! ne vous arrêtez point à peu de chose. N'allez point plaider, je vous prie; et donnez tout, pour vous sauver des mains de la justice.

ARGANTE.

Hé bien! soit; je me résous à donner encore ces trente pistoles.

SCAPIN.

Il me faut encore, a-t-il dit, un mulet pour porter...

ARGANTE.

Oh! qu'il aille au diable avec son mulet! C'en est trop; et nous irons devant les juges.

VARIANTE. * *Il lui faut aussi un cheval pour monter son valet.*

SCAPIN.

De grace! monsieur...

ARGANTE.

Non, je n'en ferai rien.

SCAPIN.

Monsieur, un petit mulet.

ARGANTE.

Je ne lui donnerois pas seulement un âne.

SCAPIN.

Considérez...

ARGANTE.

Non : j'aime mieux plaider.

SCAPIN.

Eh! monsieur, de quoi parlez-vous là, et à quoi vous résolvez-vous? Jetez les yeux sur les détours de la justice. Voyez combien d'appels et de degrés de jurisdiction; combien de procédures embarrassantes; combien d'animaux ravissans, par les griffes desquels il vous faudra passer; sergens, procureurs, avocats, greffiers, substituts, rapporteurs, juges, et leurs clercs. Il n'y a pas un de tous ces gens-là qui, pour la moindre chose, ne soit capable de donner un soufflet au meilleur droit du monde. Un sergent baillera de faux exploits, sur quoi vous serez condamné sans que vous le sachiez. Votre procureur s'entendra avec votre partie, et vous vendra à beaux deniers comptans. Votre avocat, gagné de même, ne se trouvera point lorsqu'on plaidera votre cause, ou dira des raisons qui ne feront que battre la campagne, et n'iront point au fait. Le greffier délivrera par contumace des sentences et arrêts contre vous. Le clerc du rapporteur soustraira des pièces, ou le rapporteur même ne dira pas ce qu'il a vu; et quand, par les plus grandes précautions du monde, vous aurez paré tout cela, vous serez ébahi que vos juges auront été sollicités contre vous, ou par des gens dévots, ou par des femmes qu'ils aimeront [1]. Eh! monsieur, si vous le pouvez, sauvez-vous de cet enfer-là. C'est être damné dès ce monde, que d'avoir à plaider; et la seule pensée d'un procès seroit capable de me faire fuir jusqu'aux Indes [2].

ARGANTE.

A combien est-ce qu'il fait monter le mulet [3]?

SCAPIN.

Monsieur, pour le mulet, pour son cheval et celui de son homme, pour le harnois et les pistolets, et pour payer quelque petite chose qu'il doit à son hôtesse, il demande en tout deux cents pistoles.

ARGANTE.

Deux cents pistoles!

SCAPIN.

Oui.

ARGANTE, *se promenant en colère.*

Allons, allons; nous plaiderons.

---

(1) *Vous serez ébahi que vos juges auront été sollicités contre vous.* — Il y a, dans cette phrase, une ellipse qui peut être facilement suppléée ainsi, *vous serez ébahi* (de voir, d'entendre) *que vos juges auront été,* etc.

(2) Le chancelier d'Aguesseau disoit: *Si l'on m'accusoit d'avoir emporté les tours de Notre-Dame, je commencerois par prendre la fuite.*

(3) Il ne vouloit pas donner seulement *un âne;* et voilà qu'il demande à quoi monteroit *le mulet.* Effet naturel et comique du discours de Scapin.

SCAPIN.

Faites réflexion.

ARGANTE.

Je plaiderai.

SCAPIN.

Ne vous allez point jeter...

ARGANTE.

Je veux plaider.

SCAPIN.

Mais pour plaider, il vous faudra de l'argent. Il vous en faudra pour l'exploit; il vous en faudra pour le contrôle; il vous en faudra pour la procuration, pour la présentation, conseils, productions, et journées du procureur *. Il vous en faudra pour les consultations et plaidoiries des avocats, pour le droit de retirer le sac [1], et pour les grosses d'écritures. Il vous en faudra pour le rapport des substituts, pour les épices de conclusion [2], pour l'enregistrement du greffier, façon d'appointement, sentences et arrêts, contrôles, signatures et expéditions de leurs clercs; sans parler de tous les présens qu'il vous

VARIANTE. * *Et journées de procureur.*

---

[1] On appelle *sac*, les pièces d'un procès, parce qu'ordinairement elles étoient renfermées dans un sac. Cette espèce de métonymie existe dans plusieurs phrases de palais et dans plusieurs proverbes; tels que, *retirer le sac, communiquer le sac, juger sur l'étiquette du sac, c'est la meilleure pièce de son sac,* etc.

[2] Anciennement les plaideurs donnoient aux juges des dragées et des confitures, pour les remercier du gain d'un procès; et cela s'appeloit des *épices*, parce qu'avant la découverte des Indes, on employoit, dans ces friandises, les épices au lieu de sucre; les épices du palais, qui n'étoient d'abord qu'un présent volontaire, devinrent par la suite une véritable taxe qui se payoit en argent et n'en conservoit pas moins le nom d'*épices*.

ACTE II, SCÈNE VIII.

faudra faire. Donnez cet argent-là à cet homme-ci, vous voilà hors d'affaire.

ARGANTE.

Comment! deux cents pistoles!

SCAPIN.

Oui. Vous y gagnerez. J'ai fait un petit calcul, en moi-même, de tous les frais de la justice, et j'ai trouvé qu'en donnant deux cents pistoles à votre homme, vous en aurez de reste, pour le moins, cent cinquante, sans compter les soins, les pas et les chagrins que vous vous épargnerez. Quand il n'y auroit à essuyer que les sottises que disent devant tout le monde de méchans plaisans d'avocats, j'aimerois mieux donner trois cents pistoles, que de plaider [1].

ARGANTE.

Je me moque de cela, et je défie les avocats de rien dire de moi.

SCAPIN.

Vous ferez ce qu'il vous plaira; mais, si j'étois que de vous [2], je fuirois les procès.

---

(1) L'abus que signale en passant Molière, est malheureusement inhérent à la profession d'avocat, du moins pour ceux qui n'en sentent pas toute la dignité. Tant d'avocats sont portés à prendre de brutales invectives pour des traits d'éloquence forte et hardie! Tant d'autres trouvent commode d'outrager la partie adverse, pour montrer plus de zèle envers leur client et se faire donner de plus gros honoraires! Beaumarchais, dans *le Mariage de Figaro*, dit : « Lorsque, craignant l'emportement des plai-
« deurs, les tribunaux ont toléré qu'on appelât des tiers, ils n'ont pas
« entendu que ces défenseurs modérés deviendroient impunément des inso-
« lens privilégiés. C'est dégrader le plus noble institut. » Pour parler comme Beaumarchais, *le plus noble institut* est souvent *dégradé*, et les *insolens privilégiés* ne manquent pas.

(2) *Si j'étois que de vous.* — Voir *l'Amour médecin*, page 15, note 1.

ARGANTE.

Je ne donnerai point deux cents pistoles.

SCAPIN.

Voici l'homme dont il s'agit [1].

---

[1] Le fond de cette admirable scène appartient à Térence. Géta, le Scapin de la pièce latine, s'est chargé de procurer de l'argent, non pas, comme ici, aux deux jeunes amoureux, mais à l'un d'eux seulement, à Phédria ; et ce n'est pas du père de celui-ci, c'est du père d'Antiphon qu'il a d'abord dessein de le tirer. Cependant les deux vieillards se présentent à lui en même-temps : il les aborde, les plaint, leur dit qu'ayant réfléchi sur leur malheur, il croit y avoir trouvé un remède, et leur persuade que Phormion, ce parasite qui a fait condamner Antiphon à épouser Phanie, consent à ce que le mariage soit cassé, et à prendre lui-même Phanie pour femme, si on veut lui donner quelque argent. « D'abord, dit « Géta, mon homme extravaguoit.

CHRÉMÈS.

« Dis-moi, combien demandoit-il ?

GÉTA.

« Combien ? Beaucoup trop. Tout ce qui lui passoit par la tête.

CHRÉMÈS.

« Mais encore.

GÉTA.

« Si l'on me donnoit un grand talent (disoit-il).

CHRÉMÈS.

« Un grand diable qui l'emporte ! N'a-t-il point de honte ?

GÉTA.

« C'est aussi ce que je lui ai dit. »

Suivant Géta, le parasite, faisant le calcul de ce qu'il lui falloit d'argent, a demandé d'abord dix mines pour dégager une *petite* terre, puis dix autres mines pour dégager une *petite* maison, puis encore dix autres mines pour acheter une *petite* esclave à sa femme, pour se procurer quelques *petits* meubles, et pour payer les frais de la noce. A chaque somme nouvelle, les deux vieillards font alternativement le même personnage qu'Argante fait ici tout seul : ils se récrient, ils accordent, ils s'emportent, ils accordent encore ; enfin, chacun d'eux faisant une concession à mesure

SCÈNE IX.

ARGANTE, SCAPIN; SYLVESTRE, *déguisé en spadassin.*

SYLVESTRE.

Scapin, fais-moi connoître * un peu cet Argante, qui est père d'Octave.

SCAPIN.

Pourquoi, monsieur?

VARIANTE. * *Faites-moi connoître.*

---

que l'autre exprime un refus, tous les articles passent, et le bonhomme Chrémès remet la somme entière à Géta. On reconnoît là tout le sujet, toute la marche de la scène françoise; mais celle-ci, faite avec deux personnages seulement, au lieu de trois et même quatre, comme dans le *Phormion*, a incontestablement plus de rapidité, de mouvement et de force. Les alternatives de consentement et de refus sont bien plus plaisantes, partant d'un même personnage; et Scapin a besoin de bien plus d'adresse, de bien plus d'efforts pour tirer beaucoup d'argent d'un seul avare, que pour en déterminer deux à fournir chacun la moitié de la somme. Ce qui donne encore, à la pièce françoise sur la pièce latine, une supériorité décidée, c'est l'éloquent plaidoyer de Scapin contre la manie ou le tort de plaider. Il est bien un peu question dans Térence de l'inconvénient des procès; mais que sont quelques mots d'une vérité froide et commune, à côté des deux sublimes tirades dans lesquelles Scapin décrit d'une manière si énergique et si effrayante la foule d'*animaux ravissans* par les *griffes* desquels un pauvre plaideur doit *passer*? S'il s'agissoit de justice correctionnelle ou criminelle, on seroit peu surpris de voir un fripon tel que Scapin si parfaitement au fait de la procédure; mais, en matière civile, comment un simple valet peut-il être si savant, quand on doit supposer que Molière lui-même, pour en parler si pertinemment, a dû avoir recours à quelque homme du métier? Mais Scapin n'est pas un personnage vrai, réel; c'est un être de convention; et, la fiction reçue, comment ne pas admirer les ressources de son esprit et la verve de son langage?

SYLVESTRE.

Je viens d'apprendre qu'il veut me mettre en procès [1], et faire rompre par justice le mariage de ma sœur.

SCAPIN.

Je ne sais pas s'il a cette pensée ; mais il ne veut point consentir aux deux cents pistoles que vous voulez ; et il dit que c'est trop.

SYLVESTRE.

Par la mort! par la tête! par la ventre! si je le trouve, je le veux échiner, dussé-je être roué tout vif.

(*Argante, pour n'être point vu, se tient en tremblant derrière Scapin.*)

SCAPIN.

Monsieur, ce père d'Octave a du cœur, et peut-être ne vous craindra-t-il point.

SYLVESTRE.

Lui, lui? Par la sang, par la tête! s'il étoit là, je lui donnerois tout à l'heure de l'épée dans le ventre. (*apercevant Argante.*) Qui est cet homme-là?

SCAPIN.

Ce n'est pas lui, monsieur ; ce n'est pas lui [2].

---

(1) On dit *être en procès;* on peut donc dire, *mettre en procès*, comme on dit, *mettre en cause*. Mais on dit plus ordinairement, *intenter, faire un procès.*

(2) Au théâtre, on fait dire tout de suite après à Argante : *Non, monsieur, ce n'est pas moi.* Cette naïveté est risible et naturelle; elle peut échapper à un vieillard troublé par la frayeur. Mais est-il nécessaire de prêter des plaisanteries à Molière? Est-il permis de le faire? Et, si l'on s'en arroge le droit, n'est-il pas à craindre que, pour un mot assez comique dont on lui fera présent, on ne le gratifie de cent pauvretés indignes de lui?

ACTE II, SCÈNE IX.

SYLVESTRE.

N'est-ce point quelqu'un de ses amis?

SCAPIN.

Non, monsieur; au contraire, c'est son ennemi capital.

SYLVESTRE.

Son ennemi capital?

SCAPIN.

Oui.

SYLVESTRE.

Ah! parbleu, j'en suis ravi. (*à Argante.*) Vous êtes ennemi, monsieur, de ce faquin d'Argante? Hé?

SCAPIN.

Oui, oui; je vous en réponds.

SYLVESTRE, *secouant rudement la main d'Argante.*

Touchez là, touchez. Je vous donne ma parole, et vous jure sur mon honneur, par l'épée que je porte, par tous les sermens que je saurois faire, qu'avant la fin du jour je vous déferai de ce maraud fieffé, de ce faquin d'Argante. Reposez-vous sur moi.

SCAPIN.

Monsieur, les violences en ce pays-ci ne sont guère souffertes.

SYLVESTRE.

Je me moque de tout, et je n'ai rien à perdre.

SCAPIN.

Il se tiendra sur ses gardes, assurément; et il a des parens, des amis et des domestiques, dont il se fera un secours contre votre ressentiment [1].

---

[1] Scapin est toujours un fourbe admirable. En faisant passer Argante

SYLVESTRE.

C'est ce que je demande, morbleu! c'est ce que je demande. (*mettant l'épée à la main.*) Ah, tête! ah, ventre! Que ne le trouvé-je à cette heure avec tout son secours! Que ne paroît-il à mes yeux au milieu de trente personnes! Que ne les vois-je fondre sur moi les armes à la main! (*se mettant en garde.*) Comment! marauds, vous avez la hardiesse de vous attaquer à moi! Allons, morbleu, tue. (*poussant de tous les côtés, comme s'il avoit plusieurs personnes à combattre.*) Point de quartier. Donnons. Ferme. Poussons. Bon pied, bon œil. Ah, coquins! ah, canaille! vous en voulez par là! je vous en ferai tâter votre saoul. Soutenez, marauds; soutenez. Allons. A cette botte. A cette autre. (*se tournant du côté d'Argante et de Scapin.*) A celle-ci. A celle-là. Comment, vous reculez! Pied ferme, morbleu; pied ferme!

SCAPIN.

Hé, hé, hé! monsieur, nous n'en sommes pas.

SYLVESTRE.

Voilà qui vous apprendra à vous oser jouer à moi [1].

---

pour un ennemi capital d'Argante lui-même, comme s'il vouloit détourner de dessus lui les soupçons de ce furieux qui le cherche, il attire sur le malheureux vieillard un nouveau déluge d'injures et de menaces dont il faut presque qu'il paroisse charmé. D'un autre côté, en prenant, quoique modérément, le parti du bonhomme, ainsi que le doit faire, en pareil cas, tout honnête valet, il augmente ses transes cruelles, puisque, par là encore, il provoque de nouvelles fureurs de la part du spadassin. Dans cette scène improvisée entre Scapin et Sylvestre, il faut convenir que celui-ci seconde parfaitement son camarade.

(1) Du temps de Molière, le personnage que vient de faire Sylvestre ne manquoit pas de modèles; mais aujourd'hui que la race des spadassins de profession est éteinte, cette scène semble appartenir au genre de la farce plus qu'à celui de la comédie. Elle n'est pas toutefois sans une sorte d'uti-

SCÈNE X.

ARGANTE, SCAPIN.

SCAPIN.

Hé bien! vous voyez combien de personnes tuées pour deux cents pistoles. Or sus, je vous souhaite une bonne fortune.

---

lité. Il ne suffisoit peut-être pas, pour arracher de l'argent à un homme tel qu'Argante, de lui faire craindre les embarras et les dépenses d'un procès : ce danger futur et incertain pouvoit ne pas balancer un malheur présent, un malheur assuré, et le plus grand de tous pour un avare, celui de tirer deux cents pistoles de sa poche : il falloit qu'à la peur de la chicane se joignît celle des mauvais traitemens. D'ailleurs, il convenoit que Sylvestre, déja presque entièrement éclipsé par Scapin, eût quelque occasion d'agir et de paroître à son avantage. Ce ne seroit pas une excuse pour une scène absolument sans motif; mais, quand il est question d'une scène qui n'est pas tout-à-fait oiseuse, on peut alléguer le besoin que l'auteur a eu de balancer les parties de son ouvrage et de fortifier un rôle trop foible.

Le comédien Rosimond, dans *la Dupe amoureuse*, comédie jouée en 1670, un an avant *les Fourberies de Scapin*, a employé exactement le même moyen que Molière dans cette scène. Une suivante rusée, qui veut délivrer sa maîtresse d'un vieillard ridicule qui l'obsède, dit au valet Carrille

>Dis-moi, pourrois-tu bien faire le fier-à-bras?
>Ne parler que de sang, de fer et de trépas?
>
>CARRILLE.
>
>Te moques-tu de moi? La chose est si facile!
>Combien en voyons-nous d'exemples à la ville!
>S'il ne faut que jurer un ventre, un tétebleu,
>Laisse faire Carrille, et tu verras beau jeu;
>Et si, pour mettre mieux à bout ton entreprise,
>Tu crois qu'un ton gascon soit encore de mise,
>Je puis facilement...

Marine répond que *cela ne nuira point*, donne quelques instructions à Carrille, et lui dit qu'il saura le reste à la maison. Carrille, habillé en capitan, revient, aborde le vieillard, et lui tient, pour l'effrayer, à peu près les mêmes discours que Sylvestre à Argante.

ARGANTE, *tout tremblant.*

Scapin.

SCAPIN.

Plaît-il?

ARGANTE.

Je me résous à donner les deux cents pistoles.

SCAPIN.

J'en suis ravi pour l'amour de vous.

ARGANTE.

Allons le trouver; je les ai sur moi.

SCAPIN.

Vous n'avez qu'à me les donner. Il ne faut pas, pour votre honneur, que vous paroissiez là, après avoir passé ici pour autre que ce que vous êtes; et, de plus, je craindrois qu'en vous faisant connoître, il n'allât s'aviser de vous demander davantage (1).

ARGANTE.

Oui; mais j'aurois été bien aise de voir comme je donne mon argent.

SCAPIN.

Est-ce que vous vous défiez de moi?

ARGANTE.

Non pas; mais...

SCAPIN.

Parbleu! monsieur, je suis un fourbe, ou je suis hon-

_____

(1) Deux excellentes raisons, la première fondée sur l'honneur, ou du moins sur le respect humain, et la seconde sur l'intérêt. On se doute bien que celle-ci est la plus puissante sur l'esprit d'Argante: la crainte de hasarder son argent en le confiant à Scapin, ne peut céder qu'à celle d'avoir encore plus d'argent à donner.

nête homme; c'est l'un des deux. Est-ce que je voudrois vous tromper, et que, dans tout ceci, j'ai d'autre intérêt que le vôtre et celui de mon maître, à qui vous voulez vous allier? Si je vous suis suspect, je ne me mêle plus de rien, et vous n'avez qu'à chercher, dès cette heure, qui accommodera vos affaires.

ARGANTE.

Tiens donc.

SCAPIN.

Non, monsieur, ne me confiez point votre argent. Je serai bien aise que vous vous serviez de quelque autre.

ARGANTE.

Mon dieu! tiens.

SCAPIN.

Non, vous dis-je, ne vous fiez point à moi. Que sait-on si je ne veux point vous attraper votre argent [1]?

ARGANTE.

Tiens, te dis-je; ne me fais point contester davantage. Mais songe à bien prendre tes sûretés avec lui.

SCAPIN.

Laissez-moi faire; il n'a pas affaire à un sot.

ARGANTE.

Je vais t'attendre chez moi.

---

(1) Feindre de ne point se soucier d'une chose, pour se faire presser de l'accepter; repousser ce qu'un homme défiant se décide à vous confier, afin de dissiper ses craintes; et surtout paroître offensé d'un soupçon qu'on mérite, ce sont des simagrées fort communes dans le monde, et que le théâtre a souvent répétées. Elles appartenoient de droit au personnage et à la situation.

SCAPIN.

Je ne manquerai pas d'y aller. (*seul.*) Et un[1]. Je n'ai qu'à chercher l'autre. Ah! ma foi, le voici. Il semble que le ciel, l'un après l'autre, les amène dans mes filets[2].

SCÈNE XI.

GÉRONTE, SCAPIN.

SCAPIN, *faisant semblant de ne pas voir Géronte.*

O ciel! ô disgrace imprévue! ô misérable père! Pauvre Géronte, que feras-tu?

GÉRONTE, *à part.*

Que dit-il là de moi, avec ce visage affligé?

SCAPIN.

N'y a-t-il personne qui puisse me dire où est le seigneur Géronte?

GÉRONTE.

Qu'y a-t-il, Scapin?

---

(1) *Et un*, c'est ainsi qu'il faut dire; mais on dit plus communément, *et d'un*, pour l'euphonie. Molière a déja dit dans *l'Étourdi*:

Et trois.
Quand nous serons à dix, nous ferons une croix.

(2) La rapidité de l'action est tellement nécessaire dans une pièce de ce genre, qu'on doit se montrer peu difficile sur la manière dont les personnages sont amenés en scène. Argante et Géronte y sont venus l'un après l'autre fortuitement, ou, ce qui est la même chose au théâtre, sans motif exprimé. Mais Molière a pallié habilement ce petit défaut, en faisant remarquer par Scapin lui-même ces effets singuliers du hasard, où seulement il pouvoit se dispenser de voir un coup du ciel. La réflexion du personnage prévient la critique du spectateur.

ACTE II, SCÈNE XI.

SCAPIN, *courant sur le théâtre sans vouloir entendre ni voir Géronte.*

Où pourrai-je le rencontrer pour lui dire cette infortune?

GÉRONTE, *courant après Scapin.*

Qu'est-ce que c'est donc?

SCAPIN.

En vain je cours de tous côtés pour le pouvoir trouver.

GÉRONTE.

Me voici.

SCAPIN.

Il faut qu'il soit caché en quelque endroit* qu'on ne puisse point deviner.

GÉRONTE, *arrêtant Scapin.*

Holà! Es-tu aveugle, que tu ne me vois pas?

SCAPIN.

Ah! monsieur, il n'y a pas moyen de vous rencontrer (1).

GÉRONTE.

Il y a une heure que je suis devant toi. Qu'est-ce que c'est donc qu'il y a?

VARIANTE. * *Dans quelque endroit.*

---

(1) Lisette, dans *l'Amour médecin*, et Sbrigani, dans *Pourceaugnac*, entrent de même en scène, feignant de ne pas voir celui qu'ils cherchent, et se répandant en exclamations bruyantes sur sa prétendue infortune. Toinette, du *Malade imaginaire*, agit à peu près de même, lorsqu'elle annonce la mort supposée d'Argan à sa femme et à sa fille successivement, afin de mettre à l'épreuve leur sensibilité. Ainsi, Molière a employé quatre fois au moins le même jeu de scène.

SCAPIN.

Monsieur...

GÉRONTE.

Quoi?

SCAPIN.

Monsieur votre fils...

GÉRONTE.

Hé bien! mon fils...

SCAPIN.

Est tombé dans une disgrace la plus étrange du monde.

GÉRONTE.

Et quelle?

SCAPIN.

Je l'ai trouvé tantôt tout triste de je ne sais quoi que vous lui avez dit, où vous m'avez mêlé assez mal à propos; et, cherchant à divertir cette tristesse, nous nous sommes allés promener sur le port. Là, entre autres plusieurs choses, nous avons arrêté nos yeux sur une galère turque assez bien équipée. Un jeune Turc de bonne mine nous a invités d'y entrer, et nous a présenté la main. Nous y avons passé. Il nous a fait mille civilités, nous a donné la collation, où nous avons mangé des fruits les plus excellens qui se puissent voir, et bu du vin que nous avons trouvé le meilleur du monde [1].

GÉRONTE.

Qu'y a-t-il de si affligeant à tout cela *?

VARIANTE. * En tout cela.

---

(1) Le ton pleurard avec lequel Scapin doit faire cette description, forme un contraste comique avec les paroles, et amène cette réfléxion de

SCAPIN.

Attendez, monsieur, nous y voici. Pendant que nous mangions, il a fait mettre la galère en mer, et, se voyant éloigné du port, il m'a fait mettre dans un esquif, et m'envoie vous dire que si vous ne lui envoyez par moi, tout à l'heure, cinq cents écus, il va vous emmener votre fils en Alger [1].

GÉRONTE.

Comment, diantre! cinq cents écus!

SCAPIN.

Oui, monsieur; et de plus, il ne m'a donné pour cela que deux heures.

GÉRONTE.

Ah! le pendard de Turc! m'assassiner de la façon!

SCAPIN.

C'est à vous, monsieur, d'aviser promptement aux moyens de sauver des fers un fils que vous aimez avec tant de tendresse.

GÉRONTE.

Que diable alloit-il faire dans cette galère?

SCAPIN.

Il ne songeoit pas à ce qui est arrivé.

VARIANTE. * *A Alger.*

Géronte, qui est d'un naturel si plaisant: *Qu'y a-t-il de si affligeant à tout cela?*

[1] *En Alger*, pour, *à Alger.* C'est ainsi que Racine a dit : *J'écrivis en Argos.* Les Italiens disent de même, *in Roma, in Parigi.*

GÉRONTE.

Va-t'en, Scapin, va-t'en vite dire à ce Turc que je vais envoyer la justice après lui.

SCAPIN.

La justice en pleine mer! Vous moquez-vous des gens?

GÉRONTE.

Que diable alloit-il faire dans cette galère?

SCAPIN.

Une méchante destinée conduit quelquefois les personnes.

GÉRONTE.

Il faut, Scapin, il faut que tu fasses ici l'action d'un serviteur fidèle.

SCAPIN.

Quoi, monsieur?

GÉRONTE.

Que tu ailles dire à ce Turc qu'il me renvoie mon fils, et que tu te mettes à sa place jusqu'à ce que j'aie amassé la somme qu'il demande.

SCAPIN.

Hé! monsieur, songez-vous à ce que vous dites? et vous figurez-vous que ce Turc ait si peu de sens que d'aller recevoir un misérable comme moi à la place de votre fils?

GÉRONTE.

Que diable alloit-il faire dans cette galère?

SCAPIN.

Il ne devinoit pas ce malheur. Songez, monsieur, qu'il ne m'a donné que deux heures.

ACTE II, SCÈNE XI.

GÉRONTE.

Tu dis qu'il demande...

SCAPIN.

Cinq cents écus.

GÉRONTE.

Cinq cents écus! N'a-t-il point de conscience?

SCAPIN.

Vraiment oui, de la conscience à un Turc!

GÉRONTE.

Sait-il bien ce que c'est que cinq cents écus?

SCAPIN.

Oui, monsieur; il sait que c'est mille cinq cents livres.

GÉRONTE.

Croit-il, le traître, que mille cinq cents livres se trouvent dans le pas d'un cheval?

SCAPIN.

Ce sont des gens qui n'entendent point de raison.

GÉRONTE.

Mais que diable alloit-il faire à cette galère*?

SCAPIN.

Il est vrai. Mais quoi! on ne prévoyoit pas les choses. De grace, monsieur, dépêchez.

GÉRONTE.

Tiens, voilà la clef de mon armoire.

SCAPIN.

Bon.

VARIANTE. * Dans cette galère.

GÉRONTE.

Tu l'ouvriras.

SCAPIN.

Fort bien.

GÉRONTE.

Tu trouveras une grosse clef du côté gauche, qui est celle de mon grenier.

SCAPIN.

Oui.

GÉRONTE.

Tu iras prendre toutes les hardes qui sont dans cette grande manne; et tu les vendras aux fripiers pour aller racheter mon fils.

SCAPIN, *en lui rendant la clef.*

Eh! monsieur, rêvez-vous? Je n'aurois pas cent francs de tout ce que vous dites; et, de plus, vous savez le peu de temps qu'on m'a donné.

GÉRONTE.

Mais que diable alloit-il faire à cette galère*?

SCAPIN.

Oh! que de paroles perdues! Laissez là cette galère, et songez que le temps presse, et que vous courez risque de perdre votre fils. Hélas! mon pauvre maître! peut-être que je ne te verrai de ma vie, et qu'à l'heure que je parle, on t'emmène esclave en Alger. Mais le ciel me sera témoin que j'ai fait pour toi tout ce que j'ai pu; et que, si tu manques à être racheté, il n'en faut accuser que le peu d'amitié d'un père.

GÉRONTE.

Attends, Scapin, je m'en vais quérir cette somme.

VARIANTE. * *Dans cette galère.*

ACTE II, SCÈNE XI.

SCAPIN.

Dépêchez donc vite, monsieur; je tremble que l'heure ne sonne.

GÉRONTE.

N'est-ce pas quatre cents écus que tu dis?

SCAPIN.

Non. Cinq cents écus.

GÉRONTE.

Cinq cents écus!

SCAPIN.

Oui.

GÉRONTE.

Que diable alloit-il faire à cette galère *?

SCAPIN.

Vous avez raison : mais hâtez-vous.

GÉRONTE.

N'y avoit-il point d'autre promenade?

SCAPIN.

Cela est vrai : mais faites promptement.

GÉRONTE.

Ah! maudite galère!

SCAPIN, *à part.*

Cette galère lui tient au cœur.

GÉRONTE.

Tiens, Scapin, je ne me souvenois pas que je viens justement de recevoir cette somme en or, et je ne croyois pas qu'elle dût m'être si tôt ravie [1]. (*tirant sa bourse de*

VARIANTE. * *Dans cette galère.*

---

[1] Il faut que la douleur de donner ces cinq cents écus lui ait bien

sa poche, et la présentant à Scapin). Tiens, va-t'en racheter mon fils.

SCAPIN, *tendant la main.*

Oui, monsieur.

GÉRONTE, *retenant sa bourse qu'il fait semblant de vouloir donner à Scapin.*

Mais dis à ce Turc que c'est un scélérat.

SCAPIN, *tendant encore la main.*

Oui.

GÉRONTE, *recommençant la même action.*

Un infâme.

SCAPIN, *tendant toujours la main.*

Oui.

GÉRONTE, *de même.*

Un homme sans foi, un voleur.

SCAPIN.

Laissez-moi faire.

GÉRONTE, *de même.*

Qu'il me tire cinq cents écus contre toute sorte de droit.

SCAPIN.

Oui.

---

troublé la cervelle, pour qu'il ait oublié qu'on vient de les lui remettre et qu'il les a sur lui. Je crois fort qu'il s'en souvenoit, mais qu'il hésitoit à le déclarer, pour reculer le plus possible l'affreux moment où il lui faudroit se séparer de son or. Argante aussi avoit *sur lui* les deux cents pistoles que Scapin lui a escroquées. Ces deux sommes précises, qui se trouvent à point nommé dans la poche des deux vieillards, sont de ces hasards peu vraisemblables que Molière eût évités dans un ouvrage plus important et plus régulier.

ACTE II, SCÈNE XI.

GÉRONTE, *de même.*

Que je ne les lui donne ni à la mort, ni à la vie.

SCAPIN.

Fort bien.

GÉRONTE, *de même.*

Et que, si jamais je l'attrape, je saurai me venger de lui.

SCAPIN.

Oui.

GÉRONTE, *remettant sa bourse dans sa poche, et s'en allant.*

Va, va vite requerir mon fils.

SCAPIN, *courant après Géronte.*

Holà, monsieur.

GÉRONTE.

Quoi?

SCAPIN.

Où est donc cet argent?

GÉRONTE.

Ne te l'ai-je pas donné?

SCAPIN.

Non, vraiment, vous l'avez remis dans votre poche.

GÉRONTE.

Ah! c'est la douleur qui me trouble l'esprit.

SCAPIN.

Je le vois bien.

GÉRONTE.

Que diable alloit-il faire dans cette galère? Ah! maudite galère! traître de Turc! à tous les diables [1].

---

(1) Peu de personnes ignorent que cette scène si comique et vraiment

SCAPIN, *seul.*

Il ne peut digérer les cinq cents écus que je lui arrache; mais il n'est pas quitte envers moi; et je veux qu'il me paie en une autre monnoie l'imposture qu'il m'a faite auprès de son fils.

SCÈNE XII.

OCTAVE, LÉANDRE, SCAPIN.

OCTAVE.

Hé bien! Scapin, as-tu réussi pour moi dans ton entreprise?

---

célèbre se trouve dans *le Pédant joué*, de Cyrano de Bergerac. Corbinelli, valet du jeune Granger, vient faire, pour le même motif, le même conte à son père, que Scapin au père de Léandre. Ce jeune homme, traversant la Seine de la porte de Nesle au quai de l'École, a été pris par le patron d'une galère turque, qui a exigé de lui une rançon, et a envoyé Corbinelli à terre pour la chercher. Le vieux Granger se désole, se répand en imprécations contre ce traître de Turc, propose mille expédiens ridicules, et, à chaque objection du valet, s'écrie douloureusement : *Que diable aller faire dans la galère d'un Turc?* Enfin, après bien des propos insensés, voyant qu'il faut absolument donner de l'argent, il dit au valet de son fils d'aller demander au sien *le reliquat d'un teston qu'il lui a remis pour la dépense, il n'y a que huit jours,* et aussi d'aller prendre *un pourpoint découpé que feu son père a quitté l'année du grand hiver.* Corbinelli se moque, et le pédant se décide à aller chercher la somme.

C'est là sans doute un emprunt des mieux caractérisés; et ce seroit même un plagiat véritable, si Molière avoit pu croire que personne en fût la dupe. Mais la comédie du *Pédant joué*, dont l'auteur avoit été un des amis d'enfance de Molière, avoit paru dix-huit ans seulement avant *les Fourberies de Scapin*, étoit connue de tout le monde, et continuoit même à jouir d'une réputation qu'elle n'avoit jamais bien méritée. C'est de la scène même dont il s'agit que Molière disoit : *Cette scène étoit assez bonne, je*

ACTE II, SCÈNE XII.

LÉANDRE.

As-tu fait quelque chose pour tirer mon amour de la peine où il est?

SCAPIN, *à Octave.*

Voilà deux cents pistoles que j'ai tirées de votre père.

OCTAVE.

Ah! que tu me donnes de joie!

SCAPIN, *à Léandre.*

Pour vous, je n'ai pu faire rien [1].

LÉANDRE, *voulant s'en aller.*

Il faut donc que j'aille mourir; et je n'ai que faire de vivre, si Zerbinette m'est ôtée.

---

m'en suis emparé: on reprend son bien où on le trouve. Disons la vérité sur la valeur de cet emprunt, portée trop haut par les uns et trop dépréciée par les autres. Elle ne consiste pas dans la fiction assez plaisante, mais commune, d'un jeune homme pris et mis à rançon par un Turc: le véritable mérite de la scène est dans cette fameuse répétition: *Que diable aller faire dans la galère d'un Turc?* Cette répétition, que l'auteur de *Sans dot* et du *Pauvre homme* eût pu trouver sans doute, n'en appartient pas moins à Cyrano de Bergerac; et, par conséquent, Molière lui doit ce qu'il y a de plus remarquable, disons mieux, tout ce qu'il y a de vraiment remarquable dans la scène. Le reste, encore une fois, est assez peu de chose; et l'on ne sera pas étonné d'apprendre que Molière y est fort supérieur à Cyrano. Celui-ci, par exemple, pousse l'extravagance, comme on a déjà pu le remarquer, jusqu'à mettre une galère turque, armée en course, dans le bassin de la Seine, entre le Pont-Neuf et le Pont-Royal. Quelque sot que soit son pédant, la chose est par trop absurde, et dès lors elle cesse d'être plaisante. Soyons justes pourtant, et reconnoissons que Cyrano de Bergerac a plusieurs traits heureux dont Molière a fait son profit, et quelques autres qu'il n'eût peut-être pas dû négliger.

Champmeslé, dans sa comédie du *Parisien* (acte I, scène IX), a imité la scène de Molière.

[1] Pourquoi Scapin fait-il cette peur à Léandre? Sans doute pour le préparer à une joie plus vive, et le disposer d'autant mieux à lui accorder certaine permission qu'il va lui demander.

SCAPIN.

Holà! holà! tout doucement. Comme diantre vous allez vite!

LÉANDRE, *se retournant.*

Que veux-tu que je devienne?

SCAPIN.

Allez, j'ai votre affaire ici.

LÉANDRE.

Ah! tu me redonnes la vie.

SCAPIN.

Mais à condition que vous me permettrez, à moi, une petite vengeance contre votre père, pour le tour qu'il m'a fait.

LÉANDRE.

Tout ce que tu voudras.

SCAPIN.

Vous me le promettez devant témoin.

LÉANDRE.

Oui [1].

---

[1] Quand Léandre avoit besoin de Scapin, il souffroit lâchement que ce valet outrageât son père et sa mère; maintenant qu'il a obtenu de lui ce qu'il désiroit, il lui permet, pour récompense, de tirer de son père telle vengeance qu'il voudra. C'est un des plus déplorables effets des passions, que de nous mettre dans la dépendance, et, pour ainsi dire, à la merci des misérables qui font métier de les servir. Sans doute Léandre ne prévoit pas jusqu'où Scapin va porter l'insolence envers son père; mais que ne devroit-il pas craindre d'un drôle qui l'a roué lui-même de coups pour se procurer un sommeil plus tranquille? En cette occasion, son insouciance et sa légèreté sont odieuses; et l'on devroit, pour l'honneur de Molière et du théâtre, supprimer à la représentation ce scandaleux accord du maître et du valet.

SCAPIN.

Tenez, voilà cinq cents écus.

LÉANDRE.

Allons-en promptement acheter celle que j'adore [1].

---

[1] Acte bien tissu et bien rempli, dont toutes les scènes, habilement liées entre elles, ou se succédant naturellement les unes aux autres, forment un ensemble où rien ne languit, et où le comique, à défaut d'intérêt, devient toujours plus fort à mesure que l'action se développe.

FIN DU SECOND ACTE.

ACTE III.

SCÈNE PREMIÈRE.

ZERBINETTE, HYACINTE, SCAPIN, SYLVESTRE.

SYLVESTRE.

Oui, vos amans ont arrêté entre eux que vous fussiez ensemble; et nous nous acquittons de l'ordre qu'il nous ont donné.

HYACINTE, *à Zerbinette.*

Un tel ordre n'a rien qui ne me soit fort agréable*. Je reçois avec joie une compagne de la sorte; et il ne tiendra pas à moi que l'amitié qui est entre les personnes que nous aimons, ne se répande entre nous deux.

ZERBINETTE.

J'accepte la proposition, et ne suis point personne à reculer lorsqu'on m'attaque d'amitié (1).

VARIANTE. * *Qui ne soit fort agréable.*

---

(1) Zerbinette paroît en scène pour la première fois. Nous avons entendu parler d'elle jusqu'à présent comme d'une jeune et jolie fille associée à des Bohémiens; ce qui n'étoit pas une grande recommandation. Mais ici sa position change. Léandre ayant obtenu, par les soins de Scapin, l'argent nécessaire pour l'enlever à une aussi mauvaise compagnie, son premier soin a été de la mettre dans celle de l'honnête Hyacinte, épouse d'Octave, à l'abri des séductions d'autrui et de ses propres tentatives. Cet arrangement, auquel elle a consenti avec joie, commence à donner une bonne idée d'elle; ses discours vont achever de lui concilier l'estime et l'intérêt du spectateur.

ACTE III, SCÈNE I.

SCAPIN.

Et lorsque c'est d'amour qu'on vous attaque?

ZERBINETTE.

Pour l'amour, c'est une autre chose; on y court un peu plus de risque, et je n'y suis pas si hardie.

SCAPIN.

Vous l'êtes, que je crois, contre mon maître maintenant; et ce qu'il vient de faire pour vous, doit vous donner du cœur pour répondre comme il faut à sa passion.

ZERBINETTE.

Je ne m'y fie encore que de la bonne sorte; et ce n'est pas assez pour m'assurer [1] entièrement, que ce qu'il vient de faire. J'ai l'humeur enjouée, et sans cesse je ris: mais, tout en riant, je suis sérieuse sur de certains chapitres; et ton maître s'abusera, s'il croit qu'il lui suffise de m'avoir achetée pour me voir toute à lui *. Il doit lui en coûter autre chose que de l'argent; et, pour répondre à son amour de la manière qu'il souhaite, il me faut un don de sa foi, qui soit assaisonné de certaines cérémonies qu'on trouve nécessaires.

SCAPIN.

C'est là aussi comme il l'entend. Il ne prétend à vous qu'en tout bien et en tout honneur; et je n'aurois pas été homme à me mêler de cette affaire, s'il avoit une autre pensée [2].

VARIANTE. * *Tout à lui.*

---

(1) *Assurer* s'employoit souvent autrefois comme aujourd'hui *rassurer*, dans le sens de, donner de la confiance, de l'assurance, de la sécurité.

(2) On croit aux bons desseins de Léandre; mais, en vérité, quand on voit Scapin s'en rendre caution, on seroit tenté d'en douter.

ZERBINETTE.

C'est ce que je veux croire, puisque vous me le dites; mais, du côté du père, j'y prévois des empêchemens.

SCAPIN.

Nous trouverons moyen d'accommoder les choses.

HYACINTE, *à Zerbinette.*

La ressemblance de nos destins doit contribuer encore à faire naître notre amitié; et nous nous voyons toutes deux dans les mêmes alarmes, toutes deux exposées à la même infortune.

ZERBINETTE.

Vous avez cet avantage au moins, que vous savez de qui vous êtes née, et que l'appui de vos parens, que vous pouvez faire connoître, est capable d'ajuster tout, peut assurer votre bonheur, et faire donner un consentement au mariage qu'on trouve fait. Mais, pour moi, je ne rencontre aucun secours dans ce que je puis être; et l'on me voit dans un état qui n'adoucira pas les volontés d'un père qui ne regarde que le bien.

HYACINTE.

Mais aussi avez-vous cet avantage, que l'on ne tente point, par un autre parti, celui que vous aimez.

ZERBINETTE.

Le changement du cœur d'un amant n'est pas ce qu'on peut le plus craindre. On se peut naturellement croire assez de mérite pour garder sa conquête; et ce que je vois de plus redoutable dans ces sortes d'affaires, c'est la puissance paternelle, auprès de qui tout le mérite ne sert de rien.

HYACINTE.

Hélas! pourquoi faut-il que de justes inclinations se

ACTE III, SCÈNE I.

trouvent traversées? La douce chose que d'aimer, lorsque l'on ne voit point d'obstacle à ces aimables chaînes dont deux cœurs se lient ensemble!

SCAPIN.

Vous vous moquez; la tranquillité en amour est un calme désagréable. Un bonheur tout uni nous devient ennuyeux; il faut du haut et du bas dans la vie; et les difficultés qui se mêlent aux choses, réveillent les ardeurs, augmentent les plaisirs.

ZERBINETTE.

Mon dieu, Scapin, fais-nous un peu ce récit, qu'on m'a dit qui est si plaisant, du stratagême dont tu t'es avisé pour tirer de l'argent de ton vieillard avare. Tu sais qu'on ne perd point sa peine lorsqu'on me fait un conte, et que je le paie assez bien, par la joie qu'on m'y voit prendre [1].

SCAPIN.

Voilà Sylvestre qui s'en acquittera aussi bien que moi. J'ai dans la tête certaine petite vengeance dont je vais goûter le plaisir.

SYLVESTRE.

Pourquoi, de gaieté de cœur, veux-tu chercher à t'attirer de méchantes affaires?

SCAPIN.

Je me plais à tenter des entreprises hasardeuses.

---

[1] Zerbinette nous a déja confié qu'elle a l'humeur enjouée et qu'elle aime à rire. D'après cela, il doit paroître assez naturel qu'elle demande le récit d'une histoire plaisante dont on ne lui aura dit, sans doute, que quelques mots en passant. Elle nous fait entendre ici qu'elle ne garde pas son plaisir pour elle seule, et qu'elle aime à en faire part aux autres. Cela prépare la scène où elle doit raconter à Géronte sa propre aventure.

SYLVESTRE.

Je te l'ai déja dit, tu quitterois le dessein que tu as, si tu m'en voulois croire.

SCAPIN.

Oui : mais c'est moi que j'en croirai.

SYLVESTRE.

A quoi diable te vas-tu amuser?

SCAPIN.

De quoi diable te mets-tu en peine?

SYLVESTRE.

C'est que je vois que, sans nécessité, tu vas courir risque de t'attirer une venue de coups de bâton [1].

SCAPIN.

Hé bien! c'est aux dépens de mon dos, et non pas du tien.

SYLVESTRE.

Il est vrai que tu es maître de tes épaules, et tu en disposeras comme il te plaira.

SCAPIN.

Ces sortes de périls ne m'ont jamais arrêté; et je hais ces cœurs pusillanimes qui, pour trop prévoir les suites des choses, n'osent rien entreprendre.

ZERBINETTE, *à Scapin.*

Nous aurons besoin de tes soins.

SCAPIN.

Allez. Je vous irai bientôt rejoindre. Il ne sera pas dit

---

[1] On disoit anciennement d'un homme qui avoit été fort maltraité, *on lui en a donné d'une venue* : c'est peut-être de ce proverbe que Molière a tiré l'expression singulière et inusitée de *venue de coups de bâton*.

ACTE III, SCÈNE II.

qu'impunément on m'ait mis en état de me trahir moi-même, et de découvrir des secrets qu'il étoit bon qu'on ne sût pas [1].

SCÈNE II.

GÉRONTE, SCAPIN.

GÉRONTE.

Hé bien! Scapin, comment va l'affaire de mon fils?

SCAPIN.

Votre fils, monsieur, est en lieu de sûreté : mais vous courez maintenant, vous, le péril le plus grand du monde, et je voudrois, pour beaucoup, que vous fussiez dans votre logis.

GÉRONTE.

Comment donc?

SCAPIN.

À l'heure que je parle, on vous cherche de toutes parts pour vous tuer.

GÉRONTE.

Moi?

SCAPIN.

Oui.

GÉRONTE.

Et qui?

---

[1] Cette scène n'est pas inutile, puisqu'elle nous fait faire connoissance avec Zerbinette qui doit reparoître bientôt, et qu'elle annonce la scène troisième que, sans cette préparation, on ne comprendroit pas d'abord. Mais elle est peut-être un peu longue pour ce qu'elle renferme : aussi les comédiens en retranchent-ils une grande partie.

SCAPIN.

Le frère de cette personne qu'Octave a épousée. Il croit que le dessein que vous avez de mettre votre fille à la place que tient sa sœur, est ce qui pousse le plus fort à faire rompre leur mariage; et, dans cette pensée, il a résolu hautement de décharger son désespoir sur vous, et de vous ôter la vie pour venger son honneur. Tous ses amis, gens d'épée comme lui, vous cherchent de tous les côtés, et demandent de vos nouvelles. J'ai vu même, deçà et delà, des soldats de sa compagnie qui interrogent ceux qu'ils trouvent, et occupent par pelotons toutes les avenues de votre maison : de sorte que vous ne sauriez aller chez vous, vous ne sauriez faire un pas, ni à droit, ni à gauche *(1), que vous ne tombiez dans leurs mains.

GÉRONTE.

Que ferai-je, mon pauvre Scapin?

SCAPIN.

Je ne sais pas, monsieur; et voici une étrange affaire. Je tremble pour vous depuis les pieds jusqu'à la tête, et... Attendez. (*Scapin fait semblant d'aller voir au fond du théâtre s'il n'y a personne.*)

GÉRONTE, *en tremblant.*

Hé?

VARIANTE. * *Ni à droite, ni à gauche.*

---

(1) On disoit anciennement, *à droit et à gauche* : les exemples en sont fréquens dans les auteurs contemporains de Molière, et dans Molière même.

ACTE III, SCÈNE II.

SCAPIN, *revenant.*

Non, non, non, ce n'est rien.

GÉRONTE.

Ne saurois-tu trouver quelque moyen pour me tirer de peine?

SCAPIN.

J'en imagine bien un; mais je courrois risque, moi, de me faire assommer.

GÉRONTE.

Hé! Scapin, montre-toi serviteur zélé. Ne m'abandonne pas, je te prie.

SCAPIN.

Je le veux bien. J'ai une tendresse pour vous qui ne sauroit souffrir que je vous laisse sans secours.

GÉRONTE.

Tu en seras récompensé, je t'assure; et je te promets cet habit-ci quand je l'aurai un peu usé.

SCAPIN.

Attendez. Voici une affaire que je me suis trouvée * fort à propos pour vous sauver. Il faut que vous vous mettiez dans ce sac, et que...

GÉRONTE, *croyant voir quelqu'un.*

Ah!

SCAPIN.

Non, non, non, non, ce n'est personne. Il faut, dis-je, que vous vous mettiez là-dedans, et que vous gardiez**

VARIANTES. * *Que j'ai trouvée.* — ** *Et que vous vous gardiez.*

de remuer en aucune façon (1). Je vous chargerai sur mon dos comme un paquet de quelque chose, et je vous porterai ainsi, au travers de vos ennemis, jusques dans votre maison, où, quand nous serons une fois, nous pourrons nous barricader, et envoyer quérir main-forte contre la violence.

GÉRONTE.

L'invention est bonne.

SCAPIN.

La meilleure du monde. Vous allez voir. (*à part.*) Tu me paieras l'imposture.

GÉRONTE.

Hé?

SCAPIN.

Je dis que vos ennemis seront bien attrapés. Mettez-vous bien jusqu'au fond; et surtout prenez garde de ne vous point montrer (2), et de ne branler pas, quelque chose qui puisse arriver.

GÉRONTE.

Laisse-moi faire; je saurai me tenir... *

VARIANTE. * *Je saurai me tenir.*

---

(1) *Et que vous gardiez de remuer en aucune façon. Garder*, verbe neutre, et *se garder*, verbe pronominal, s'employoient alors indifféremment dans le sens de, prendre garde qu'une chose n'arrive. On disoit sans négation, *Gardez* ou *gardez-vous de remuer*, et avec négation, *Prenez garde de ne pas remuer*. Voir la note ci-après.

(2) *Prenez garde de ne vous point montrer.* — *Prendre garde* signifie, avoir soin; ainsi l'on disoit autrefois, et l'on disoit bien, *Prenez garde de ne point tomber*. Aujourd'hui, suivant un usage abusif, mais ordinaire, *prendre garde* s'emploie comme synonyme de *se garder*, et l'on supprime la négation : *Prenez garde de tomber*.

ACTE III, SCÈNE II.

SCAPIN.

Cachez-vous; voici un spadassin qui vous cherche. (*en contrefaisant sa voix.*) « Quoi! jé n'aurai pas l'abantage dé tuer cé Géronte, et quelqu'un, par charité, né m'enseignera pas où il est! » (*à Géronte, avec sa voix ordinaire.*) Ne branlez pas. « Cadédis, jé lé trouberai, sé cachât-il au centre dé la terre. » (*à Géronte, avec son ton naturel.*) Ne vous montrez pas. (*tout le langage gascon est supposé de celui qu'il contrefait, et le reste de lui.*) « Oh! l'homme au sac. » Monsieur. « Jé té vaille un louis, et m'enseigne où put être Géronte. » Vous cherchez le seigneur Géronte? « Oui, mordi, jé lé cherche. » Et pour quelle affaire, monsieur? « Pour quelle affaire? » Oui. « Jé beux, cadédis, lé faire mourir sous les coups dé vaton. » Oh! monsieur, les coups de bâton ne se donnent point à des gens comme lui, et ce n'est pas un homme à être traité de la sorte. « Qui? cé fat dé Géronte, cé maraud, cé vélître? » Le seigneur Géronte, monsieur, n'est ni fat, ni maraud, ni belître; et vous devriez, s'il vous plaît, parler d'autre façon. « Comment, tu mé traites, à moi, avec cette hautur? » Je défends, comme je dois, un homme d'honneur qu'on offense. « Est-ce que tu es des amis dé cé Géronte? » Oui, monsieur, j'en suis. « Ah! cadédis, tu es dé ses amis : à la vonne hure. » (*donnant plusieurs coups de bâton sur le sac.*) « Tiens, boilà cé qué jé vaille pour lui. » (*criant comme s'il recevoit les coups de bâton.*) Ah, ah, ah, ah, monsieur. Ah, ah, monsieur, tout beau. Ah, doucement. Ah, ah, ah. « Va, porte-lui cela dé ma part. Adiusias. » Ah. Diable soit le Gascon! Ah.

GÉRONTE, *mettant la tête hors du sac.*

Ah! Scapin, je n'en puis plus.

SCAPIN.

Ah! monsieur, je suis tout moulu, et les épaules me font un mal épouvantable.

GÉRONTE.

Comment! c'est sur les miennes qu'il a frappé.

SCAPIN.

Nenni, monsieur, c'étoit sur mon dos qu'il frappoit.

GÉRONTE.

Que veux-tu dire? J'ai bien senti les coups, et les sens bien encore [1].

SCAPIN.

Non, vous dis-je; ce n'est que le bout du bâton qui a été jusque sur vos épaules [2].

GÉRONTE.

Tu devois donc te retirer un peu plus loin pour m'épargner...

SCAPIN, *lui remettant la tête dans le sac.*

Prenez garde; en voici un autre qui a la mine d'un étranger. (*Cet endroit est de même que celui du Gascon, pour le changement de langage et le jeu de théâtre.*) « Parti, moi courir comme une Basque, et moi ne pouvre point troufair de tout le jour sti diable de Gironte. » Cachez-vous bien. « Dites-moi un peu, fous, monsir l'homme, s'il

---

[1] La règle veut que le même pronom personnel ne serve pas pour des verbes de temps différens : ainsi, il eût été mieux de dire, *et je les sens bien encore.*

[2] *Le bout du bâton* est devenu une expression proverbiale. On s'en sert en parlant d'un homme qui a sa part de quelque mauvais traitement qu'on fait à un autre.

ACTE III, SCÈNE II.

ve plait, fous safoir point où l'est sti Gironte que moi cherchair? » Non, monsieur, je ne sais point où est Géronte. « Dites-moi-le, fous, frenchemente, moi li fouloir pas grande chose à lui. L'est seulemente pour lui donnair un petite régale sur le dos d'un douzaine de coups de bâtonne, et de trois ou quatre petites coups d'épée au trafers de son poitrine. » Je vous assure, monsieur, que je ne sais pas où il est. « Il me semble que ji foi remuair quelque chose dans sti sac. » Pardonnez-moi, monsieur. « Li est assurémente quelque histoire là-tetans. » Point du tout, monsieur. « Moi l'avoir enfie de tonner ain coup d'épée dans sti sac. » Ah! monsieur, gardez-vous-en bien. « Montre-le-moi un peu, fous, ce que c'être-là. » Tout beau, monsieur. « Quement, tout beau. » Vous n'avez que faire de vouloir voir ce que je porte. « Et moi, je le fouloir foir, moi. » Vous ne le verrez point. « Ah! que de badinemente! » Ce sont hardes qui m'appartiennent. « Montre-moi, fous, te dis-je. » Je n'en ferai rien. « Toi ne faire rien*? » Non. « Moi pailler de ste bâtonne dessus les épaules de toi. » Je me moque de cela. « Ah! toi faire le trôle. » (*donnant des coups de bâton sur le sac, et criant comme s'il les recevoit.*) Ahi, ahi, ahi. Ah, monsieur, ah, ah, ah, ah. « Jusqu'au refoir: l'être-là un petit leçon pour li apprendre à toi à parlair insolentemente. » Ah. Peste soit du baragouineux! Ah.

GÉRONTE, *sortant sa tête du sac.*

Ah! je suis roué.

SCAPIN.

Ah! je suis mort.

GÉRONTE.

Pourquoi diantre faut-il qu'ils frappent sur mon dos?

VARIANTE. * *Toi n'en faire rien?*

SCAPIN, *lui remettant la tête dans le sac.*

Prenez garde; voici une demi-douzaine de soldats tout ensemble*. (*contrefaisant la voix de plusieurs personnes.*) « Allons, tâchons à trouver ce Géronte, cherchons partout. N'épargnons point nos pas. Courons toute la ville. N'oublions aucun lieu. Visitons tout. Furetons de tous les côtés. Par où irons-nous? Tournons par-là. Non, par ici. A gauche. A droit**. Nenni. Si fait. » (*à Géronte, avec sa voix ordinaire.*) Cachez-vous bien. « Ah! camarades, voici son valet. Allons, coquin, il faut que tu nous enseignes où est ton maître. » Hé! messieurs, ne me maltraitez point. « Allons, dis-nous où il est. Parle. Hâte-toi. Expédions. Dépêche vite. Tôt. » Hé! messieurs, doucement. (*Géronte met doucement la tête hors du sac, et aperçoit la fourberie de Scapin.*) « Si tu ne nous fais trouver ton maître tout à l'heure, nous allons faire pleuvoir sur toi une ondée de coups de bâton. » J'aime mieux souffrir toute chose que de découvrir mon maître. « Nous allons t'assommer. » Faites tout ce qu'il vous plaira. « Tu as envie d'être battu? » Je ne trahirai point mon maître***. « Ah! tu en veux tâter? Voilà... » Oh! (*Comme il est près de frapper, Géronte sort du sac, et Scapin s'enfuit.*)

GÉRONTE, *seul.*

Ah! infâme! ah! traître! ah! scélérat! C'est ainsi que tu m'assassines (1)?

VARIANTES. * *Tous ensemble.* — ** *A droite.* — *** Cette phrase, qui est dans l'édition originale, ne se trouve point dans celle de 1682, ni dans plusieurs des éditions qui l'ont suivie.

---

(1) Quelque peu difficile qu'on puisse être sur les sujets de rire, et tout en riant de cette scène, on doit convenir qu'elle est d'un genre de bouffon-

SCÈNE III.

ZERBINETTE, GÉRONTE.

ZERBINETTE, *riant, sans voir Géronte.*

Ah, ah. Je veux prendre un peu l'air.

GÉRONTE, *à part, sans voir Zerbinette.*

Tu me le paieras, je te jure.

ZERBINETTE, *sans voir Géronte.*

Ah, ah, ah, ah. La plaisante histoire ! et la bonne dupe que ce vieillard !

GÉRONTE.

Il n'y a rien de plaisant à cela; et vous n'avez que faire d'en rire

ZERBINETTE.

Quoi ? Que voulez-vous dire, monsieur ?

GÉRONTE.

Je veux dire que vous ne devez pas vous moquer de moi.

---

nerie bien bas, bien ignoble. Comment en seroit-il autrement? Molière l'est allé prendre dans le recueil des farces de Tabarin, bouffon du commencement du dix-septième siècle, dont les plaisanteries grossières attiroient le peuple autour des tréteaux d'un charlatan nommé Mondor, qui vendoit du baume sur le Pont-Neuf. C'est donc avec raison que Boileau a reproché à Molière d'*avoir à Térence allié Tabarin.* (Voir la Notice.) Les farces de ce Tabarin ont été imprimées plusieurs fois à Paris et à Lyon. On peut voir, dans le tome IV de l'*Histoire du Théâtre-François*, pages 324-26, en note, l'analyse et une partie du dialogue de la farce où Molière a pris la scène du sac. Cette analyse diffère de celle qu'a donnée Cailhava dans son *Art de la comédie*, et qu'ont répétée quelques-uns de ceux qui ont écrit sur Molière. On désigne, sous plusieurs titres différens, le recueil de Tabarin : peut-être y a-t-il eu aussi plusieurs rédactions différentes des belles choses dont il se compose.

ZERBINETTE.

De vous?

GÉRONTE.

Oui.

ZERBINETTE.

Comment! qui songe à se moquer de vous?

GÉRONTE.

Pourquoi venez-vous ici me rire au nez?

ZERBINETTE.

Cela ne vous regarde point, et je ris toute seule d'un conte qu'on vient de me faire, le plus plaisant qu'on puisse entendre. Je ne sais pas si c'est parce que je suis intéressée dans la chose; mais je n'ai jamais trouvé rien de si drôle, qu'un tour qui vient d'être joué par un fils à son père, pour en attraper de l'argent.

GÉRONTE.

Par un fils à son père, pour en attraper de l'argent?

ZERBINETTE.

Oui. Pour peu que vous me pressiez, vous me trouverez assez disposée à vous dire l'affaire; et j'ai une démangeaison naturelle à faire part des contes que je sais.

GÉRONTE.

Je vous prie de me dire cette histoire.

ZERBINETTE.

Je le veux bien. Je ne risquerai pas grand'chose à vous la dire, et c'est une aventure qui n'est pas pour être long-temps secrète [1]. La destinée a voulu que je me

---

[1] Il est sans doute extraordinaire qu'une personne raconte dans la rue à une autre personne qu'elle ne connoît pas, une histoire qu'elle vient

trouvasse parmi une bande de ces personnes qu'on appelle Égyptiens, et qui, rôdant de province en province, se mêlent de dire la bonne fortune, et quelquefois de beaucoup d'autres choses. En arrivant dans cette ville, un jeune homme me vit, et conçut pour moi de l'amour. Dès ce moment, il s'attacha à mes pas; et le voilà d'abord comme tous les jeunes gens, qui croient qu'il n'y a qu'à parler, et qu'au moindre mot qu'ils nous disent, leurs affaires sont faites; mais il trouva une fierté qui lui fit un peu corriger ses premières pensées. Il fit connoître sa passion aux gens qui me tenoient, et il les trouva disposés à me laisser à lui, moyennant quelque somme. Mais le mal de l'affaire étoit que mon amant se trouvoit dans l'état où l'on voit très-souvent la plupart des fils de famille, c'est-à-dire, qu'il étoit un peu dénué d'argent. Il a un père qui, quoique riche, est un avaricieux fieffé, le plus vilain homme du monde. Attendez. Ne me saurois-je souvenir de son nom? Haie. Aidez-moi un peu. Ne pouvez-vous me nommer quelqu'un de

---

d'apprendre. Mais observons avec quelle adresse Molière a sauvé cette espèce d'invraisemblance, et amené la singulière confidence que Zerbinette va faire à Géronte. Elle sort de chez elle en riant aux éclats. Géronte, disposé à l'humeur et au soupçon par sa cruelle aventure, imagine qu'elle en a été témoin, ou qu'on l'en a instruite, et enfin que c'est de lui qu'elle rit. Elle s'en excuse, et, dans son explication, parle d'*un tour joué par un fils à son père pour en attraper de l'argent.* Géronte, à ces mots, commence à craindre qu'il ne s'agisse de lui-même; et c'est lui alors qui presse Zerbinette de lui dire cette histoire, que, de son côté, elle brûle de lui raconter. Elle fait, en cela, une étourderie, et une étourderie plus grande qu'elle ne croit; mais elle est la première à en convenir. Ce qui la tranquillise sur les suites, c'est que *l'aventure n'est pas pour être long-temps secrète.* La raison ne vaut rien assurément; mais une jeune fille, rieuse et imprudente, a-t-elle besoin d'une bonne raison pour se décider à faire une chose dont elle meurt d'envie?

cette ville qui soit connu pour être un avare au dernier point?

GÉRONTE.

Non.

ZERBINETTE.

Il y a à son nom du ron... ronte... Or... Oronte*. Non. Gé... Géronte. Oui, Géronte, justement; voilà mon vilain; je l'ai trouvé; c'est ce ladre-là que je dis. Pour venir à notre conte, nos gens ont voulu aujourd'hui partir de cette ville; et mon amant m'alloit perdre, faute d'argent, si, pour en tirer de son père, il n'avoit trouvé du secours dans l'industrie d'un serviteur qu'il a. Pour le nom du serviteur, je le sais à merveille. Il s'appelle Scapin; c'est un homme incomparable, et il mérite** toutes les louanges qu'on peut donner.

GÉRONTE, *à part.*

Ah! coquin que tu es!

ZERBINETTE.

Voici le stratagème dont il s'est servi pour attraper sa dupe. Ah, ah, ah, ah. Je ne saurois m'en souvenir, que je ne rie de tout mon cœur. Ah, ah, ah. Il est allé trouver ce chien d'avare, Ah, ah, ah; et lui a dit qu'en se promenant sur le port avec son fils, Hi, hi, ils avoient vu une galère turque, où on les avoit invités d'entrer; qu'un jeune Turc leur y avoit donné la collation, Ah; que, tandis qu'ils mangeoient, on avoit mis la galère en mer, et que le Turc l'avoit renvoyé lui seul à terre dans

---

VARIANTES. *. *O... Oronte.* — ** *C'est un homme incomparable; il mérite.*

ACTE III, SCÈNE III. 443

un esquif, avec ordre de dire au père de son maître, qu'il emmenoit son fils en Alger, s'il ne lui envoyoit tout à l'heure cinq cents écus. Ah, ah, ah. Voilà mon ladre, mon vilain dans de furieuses angoisses; et la tendresse qu'il a pour son fils fait un combat étrange avec son avarice. Cinq cents écus qu'on lui demande, sont justement cinq cents coups de poignard qu'on lui donne. Ah, ah, ah. Il ne peut se résoudre à tirer cette somme de ses entrailles; et la peine qu'il souffre lui fait trouver cent moyens ridicules pour ravoir son fils. Ah, ah, ah. Il veut envoyer la justice en mer, après la galère du Turc. Ah, ah, ah. Il sollicite son valet de s'aller offrir à tenir la place de son fils, jusqu'à ce qu'il ait amassé l'argent qu'il n'a pas envie de donner. Ah, ah, ah. Il abandonne, pour faire les cinq cents écus, quatre ou cinq vieux habits qui n'en valent pas trente. Ah, ah, ah. Le valet lui fait comprendre à tous coups l'impertinence de ses propositions, et chaque réflexion est douloureusement accompagnée d'un : Mais que diable alloit-il faire à cette galère*? Ah! maudite galère! Traître de Turc! Enfin, après plusieurs détours, après avoir long-temps gémi et soupiré... Mais il me semble que vous ne riez point de mon conte, qu'en dites-vous?

GÉRONTE.

Je dis que le jeune homme est un pendard, un insolent, qui sera puni par son père du tour qu'il lui a fait; que l'Égyptienne est une mal-avisée, une impertinente, de dire des injures à un homme d'honneur, qui saura lui apprendre à venir ici débaucher les enfans de famille;

VARIANTE. * *Dans cette galère.*

et que le valet est un scélérat qui sera, par Géronte, envoyé au gibet avant qu'il soit demain [1].

SCÈNE IV.

ZERBINETTE, SYLVESTRE.

SYLVESTRE.

Où est-ce donc que vous vous échappez [2]? Savez-vous bien que vous venez de parler là au père de votre amant?

---

(1) Cette scène n'est pas imitée du *Pédant joué* au même degré que celle de la galère turque; mais on ne peut s'empêcher de reconnoître que Molière en a emprunté l'idée à Bergerac. Genevote, aimée du pédant Granger qu'elle déteste, vient le trouver pour qu'il rie avec elle d'une aventure arrivée, il n'y a pas plus de deux heures, au plus ridicule personnage de Paris; et là-dessus elle lui raconte à lui-même comment on lui a escroqué de l'argent, en lui faisant accroire que son fils avoit été pris et mis à rançon par un Turc. Elle s'interrompt plusieurs fois dans son récit pour dire au pédant: « Mais vous ne riez pas. » Voilà, sans doute, qui ressemble beaucoup à la scène de Molière; mais celle-ci diffère de la scène de Bergerac en un point fort essentiel, et qui met une grande distance entre elles deux. Genevote sait que Granger est le héros, c'est-à-dire la dupe de l'aventure, et Zerbinette ignore que Géronte l'est. La confidence de la première n'est qu'une grossière insulte, tandis que celle de l'autre est une méprise comique.

En général, il ne faut pas qu'au théâtre un personnage fasse le récit d'une chose qu'on a déjà vue en action, et il seroit bien superflu d'en dire la raison. Mais ici il y a exception à la règle; ici, le poëte ne prétend pas intéresser la curiosité du spectateur, il ne veut qu'amuser sa malignité en le rendant témoin de la souffrance muette et de la rage concentrée d'un personnage ridicule, à qui l'on vient, sans s'en douter, raconter sa propre honte, et qui s'empêche d'éclater jusqu'à ce qu'enfin la vergogne le cède à la fureur. Nos éclats de rire, qui se mêlent à ceux de la maligne Égyptienne, si plaisamment opposés aux laides grimaces de notre avare, prouvent que Molière n'a pas eu tort de compter sur l'effet de cette singulière scène.

(2) *S'échapper*, c'est s'emporter inconsidérément à dire ou à faire une

ACTE III, SCÈNE IV.

ZERBINETTE.

Je viens de m'en douter, et je me suis adressée à lui-même, sans y penser, pour lui conter son histoire.

SYLVESTRE.

Comment, son histoire?

ZERBINETTE.

Oui. J'étois toute remplie du conte, et je brûlois de le redire. Mais qu'importe? Tant pis pour lui. Je ne vois pas que les choses, pour nous, en puissent être ni pis ni mieux.

SYLVESTRE.

Vous aviez grande envie de babiller; et c'est avoir bien de la langue, que de ne pouvoir se taire de ses propres affaires.

ZERBINETTE.

N'auroit-il pas appris cela de quelque autre [1] ?

---

chose contre la raison ou la bienséance; et l'on disoit autrefois, avec un complément indirect, *s'échapper à injurier quelqu'un, s'échapper à des paroles outrageantes.* Dans la phrase de Molière, *où* signifie, à quelle chose?

[1] Oui; mais il ne sauroit pas que Zerbinette a ri aux éclats de sa mésaventure, qu'elle en a été charmée; et il n'auroit pas contre elle un dépit qui doit rendre plus difficile son mariage avec Léandre.

SCÈNE V.

ARGANTE, ZERBINETTE, SYLVESTRE.

ARGANTE, *derrière le théâtre.*

Holà ! Sylvestre.

SYLVESTRE, *à Zerbinette.*

Rentrez dans la maison. Voilà mon maître qui m'appelle.

SCÈNE VI.

ARGANTE, SYLVESTRE.

ARGANTE.

Vous vous êtes donc accordés, coquins, vous vous êtes accordés, Scapin, vous et mon fils, pour me fourber; et vous croyez que je l'endure [1] ?

SYLVESTRE.

Ma foi, monsieur, si Scapin vous fourbe, je m'en lave les mains, et vous assure que je n'y trempe en aucune façon.

ARGANTE.

Nous verrons cette affaire, pendard, nous verrons cette affaire, et je ne prétends pas qu'on me fasse passer la plume par le bec [2].

---

(1) On ne voit pas comment ni par qui Argante a pu être informé du tour que lui a joué Scapin, de concert avec Sylvestre : c'est évidemment une faute dans la contexture de la pièce. Quant à Géronte, il ne sait que trop bien tout ce qu'on lui a fait · on lui en a dit une partie; et le reste, il l'a vu de ses yeux, après l'avoir senti sur ses épaules.

(2) Pour empêcher les oisons de traverser les haies et d'entrer dans les

SCÈNE VII.

GÉRONTE, ARGANTE, SYLVESTRE.

GÉRONTE.

Ah! seigneur Argante, vous me voyez accablé de disgrace.

ARGANTE.

Vous me voyez aussi dans un accablement horrible.

GÉRONTE.

Le pendard de Scapin, par une fourberie, m'a attrapé cinq cents écus.

ARGANTE.

Le même pendard de Scapin, par une fourberie aussi, m'a attrapé deux cents pistoles.

GÉRONTE.

Il ne s'est pas contenté de m'attraper cinq cents écus; il m'a traité d'une manière que j'ai honte de dire. Mais il me la paiera.

ARGANTE.

Je veux qu'il me fasse raison de la pièce qu'il m'a jouée.

GÉRONTE.

Et je prétends faire de lui une vengeance exemplaire.

---

jardins qu'elles entourent, on passe une plume par les deux ouvertures qui sont à la partie supérieure de leur bec. De là vient le proverbe, *Passer à quelqu'un la plume par le bec;* de là vient aussi l'expression proverbiale d'*oison bridé.*

SYLVESTRE, *à part.*

Plaise au ciel que, dans tout ceci, je n'aie point ma part !

GÉRONTE.

Mais ce n'est pas encore tout, seigneur Argante, et un malheur nous est toujours l'avant-coureur d'un autre. Je me réjouissois aujourd'hui de l'espérance d'avoir ma fille, dont je faisois toute ma consolation ; et je viens d'apprendre de mon homme qu'elle est partie il y a long-temps de Tarente, et qu'on y croit qu'elle a péri dans le vaisseau où elle s'embarqua.

ARGANTE.

Mais pourquoi, s'il vous plaît, la tenir à Tarente, et ne vous être pas donné la joie de l'avoir avec vous ?

GÉRONTE.

J'ai eu mes raisons pour cela ; et des intérêts de famille m'ont obligé, jusques ici, à tenir fort secret ce second mariage. Mais que vois-je ?

SCÈNE VIII.

ARGANTE, GÉRONTE, NÉRINE, SYLVESTRE.

GÉRONTE.

Ah ! te voilà, Nérine ?

NÉRINE, *se jetant aux genoux de Géronte.*

Ah ! seigneur Pandolphe...

GÉRONTE.

Appelle-moi Géronte, et ne te sers plus de ce nom. Les raisons ont cessé qui m'avoient obligé à le prendre parmi vous à Tarente.

ACTE III, SCÈNE VIII.

NÉRINE.

Las! que ce changement de nom nous a causé de troubles et d'inquiétudes dans les soins que nous avons pris de vous venir chercher ici!

GÉRONTE.

Où est ma fille et sa mère?

NÉRINE.

Votre fille, monsieur, n'est pas loin d'ici; mais, avant que de vous la faire voir, il faut que je vous demande pardon de l'avoir mariée, dans l'abandonnement où, faute de vous rencontrer, je me suis trouvée avec elle.

GÉRONTE.

Ma fille mariée?

NÉRINE.

Oui, monsieur.

GÉRONTE.

Et avec qui?

NÉRINE.

Avec un jeune homme nommé Octave, fils d'un certain seigneur Argante.

GÉRONTE.

O ciel!

ARGANTE.

Quelle rencontre!

GÉRONTE.

Mène-nous, mène-nous promptement où elle est.

NÉRINE.

Vous n'avez qu'à entrer dans ce logis.

GÉRONTE.

Passe devant. Suivez-moi, suivez-moi, seigneur Argante.

SYLVESTRE, *seul*.

Voilà une aventure qui est tout-à-fait surprenante [1].

SCÈNE IX.

SCAPIN, SYLVESTRE.

SCAPIN.

Hé bien! Sylvestre, que font nos gens?

SYLVESTRE.

J'ai deux avis à te donner. L'un, que l'affaire d'Octave est accommodée. Notre Hyacinte s'est trouvée la fille du seigneur Géronte; et le hasard a fait ce que la prudence des pères avoit délibéré [2]. L'autre avis, c'est que les deux vieillards font contre toi des menaces épouvantables, et surtout le seigneur Géronte.

SCAPIN.

Cela n'est rien. Les menaces ne m'ont jamais fait

---

[1] Cette aventure, *surprenante*, si l'on veut, mais qui nous paroît à nous trop romanesque, se trouve dans le *Phormion* avec toutes ses circonstances. Les comédies latines sont presque toutes dénouées par de pareils événemens : l'état de la société, chez les anciens, les rendoit assez fréquens, et il étoit naturel que la scène les retraçât. Sur nos théâtres, ce ne sont que des romans sans vérité et sans intérêt. (*Voir la Notice.*)

[2] *Délibérer*, s'employoit autrefois activement dans le sens de consulter et dans celui de résoudre; on disoit également, *Il a long-temps délibéré ce qu'il devoit faire*, et, *Dites-moi ce que vous avez délibéré*. Aujourd'hui on se sert plus ordinairement du verbe *décider* dans le dernier sens; et l'on dit neutralement dans le premier, *délibérer sur*.

mal; et ce sont des nuées qui passent bien loin sur nos têtes*.

SYLVESTRE.

Prends garde à toi. Les fils se pourroient bien raccommoder avec les pères, et toi demeurer dans la nasse.

SCAPIN.

Laisse-moi faire, je trouverai moyen d'apaiser leur courroux, et...

SYLVESTRE.

Retire-toi, les voilà qui sortent.

SCÈNE X.

GÉRONTE, ARGANTE, HYACINTE, ZERBINETTE, NÉRINE, SYLVESTRE.

GÉRONTE.

Allons, ma fille, venez chez moi. Ma joie auroit été parfaite, si j'y avois pu voir** votre mère avec vous.

ARGANTE.

Voici Octave tout à propos.

SCÈNE XI.

ARGANTE, GÉRONTE, OCTAVE, HYACINTE, ZERBINETTE, NÉRINE, SYLVESTRE.

ARGANTE.

Venez, mon fils, venez vous réjouir avec nous de l'heureuse aventure de votre mariage. Le ciel...

VARIANTES. * *De nos têtes.* — ** *Si j'avois pu voir.*

OCTAVE.

Non, mon père, toutes vos propositions de mariage ne serviront de rien. Je dois lever le masque avec vous, et l'on vous a dit mon engagement.

ARGANTE.

Oui. Mais tu ne sais pas...

OCTAVE.

Je sais tout ce qu'il faut savoir.

ARGANTE.

Je te veux dire que la fille du seigneur Géronte...

OCTAVE.

La fille du seigneur Géronte ne me sera jamais de rien.

GÉRONTE.

C'est elle...

OCTAVE, *à Géronte.*

Non, monsieur; je vous demande pardon; mes résolutions sont prises.

SYLVESTRE, *à Octave.*

Écoutez...

OCTAVE.

Non. Tais-toi. Je n'écoute rien.

ARGANTE, *à Octave.*

Ta femme...

OCTAVE.

Non, vous dis-je, mon père; je mourrai plutôt que de quitter mon aimable Hyacinte. (*traversant le théâtre pour se mettre à côté d'Hyacinte.*) Oui, vous avez beau faire; la voilà celle à qui ma foi est engagée. Je l'aimerai toute ma vie, et je ne veux point d'autre femme.

ACTE III, SCÈNE XI.

ARGANTE.

Hé bien! c'est elle qu'on te donne. Quel diable d'étourdi qui suit toujours sa pointe [1]!

HYACINTE, *montrant Géronte*.

Oui, Octave, voilà mon père que j'ai trouvé; et nous nous voyons hors de peine.

GÉRONTE.

Allons chez moi; nous serons mieux qu'ici pour nous entretenir.

HYACINTE, *montrant Zerbinette*.

Ah! mon père, je vous demande, par grace, que je ne sois point séparée de l'aimable personne que vous voyez. Elle a un mérite qui vous fera concevoir de l'estime pour elle, quand il sera connu de vous.

GÉRONTE.

Tu veux que je tienne chez moi une personne qui est aimée de ton frère, et qui m'a dit tantôt au nez mille sottises de moi-même?

ZERBINETTE.

Monsieur, je vous prie de m'excuser. Je n'aurois pas parlé de la sorte, si j'avois su que c'étoit vous; et je ne vous connoissois que de réputation [2].

---

[1] Cette erreur assez naturelle d'Octave répand quelque lueur de comique sur cette situation d'où la gaieté a disparu, sans que l'intérêt l'y ait remplacée.

[2] Excellente réparation! Mais Zerbinette est une franche étourdie; et ce n'est pas, comme on sait, la première preuve qu'elle en ait donnée. Il est difficile qu'elle ait appris, chez des Bohémiens, à régler ses manières, son ton et son langage: c'est bien assez qu'elle y ait conservé des sentimens d'honneur et de délicatesse.

GÉRONTE.

Comment! que de réputation?

HYACINTE.

Mon père, la passion que mon frère a pour elle n'a rien de criminel, et je réponds de sa vertu.

GÉRONTE.

Voilà qui est fort bien. Ne voudroit-on point que je mariasse mon fils avec elle? Une fille inconnue, qui fait le métier de coureuse!

SCÈNE XII.

ARGANTE, GÉRONTE, LÉANDRE, OCTAVE, HYACINTE, ZERBINETTE, NÉRINE, SYLVESTRE.

LÉANDRE.

Mon père, ne vous plaignez point que j'aime une inconnue, sans naissance et sans bien. Ceux de qui je l'ai rachetée viennent de me découvrir qu'elle est de cette ville et d'honnête famille; que ce sont eux qui l'ont dérobée à l'âge de quatre ans: et voici un bracelet qu'ils m'ont donné, qui pourra nous aider à trouver ses parens.

ARGANTE.

Hélas! à voir ce bracelet, c'est ma fille que je perdis à l'âge que vous dites.

GÉRONTE.

Votre fille?

ACTE III, SCÈNE XIII.

ARGANTE.

Oui, ce l'est; et j'y vois tous les traits qui m'en peuvent rendre assuré *.

HYACINTE.

O ciel! que d'aventures extraordinaires [1]!

SCÈNE XIII.

ARGANTE, GÉRONTE, LÉANDRE, OCTAVE, HYACINTE, ZERBINETTE, NÉRINE, SYLVESTRE, CARLE.

CARLE.

Ah! messieurs, il vient d'arriver un accident étrange.

GÉRONTE.

Quoi?

CARLE.

Le pauvre Scapin...

GÉRONTE.

C'est un coquin que je veux faire pendre.

VARIANTE. * L'édition de 1682 ajoute : *Ma chère fille!*

---

[1] Si une première reconnoissance étoit déja bien invraisemblable et bien froide, que dire d'une seconde? Il n'y en a qu'une, du moins, dans le *Phormion*, celle de l'épouse de Démiphon. Quant à la courtisane, maîtresse de Phédria, elle reste ce qu'elle est; et son amant la garde, du consentement de son père et de sa mère. L'impossibilité, sur la scène françoise, de laisser Zerbinette dans la position incertaine et équivoque où elle se trouve, a forcé Molière d'employer à son égard le même moyen qu'à l'égard d'Hyacinte, c'est-à-dire de lui faire retrouver un père, qui se trouve être précisément l'ami du père de son amant.

CARLE.

Hélas! monsieur, vous ne serez pas en peine de cela. En passant contre un bâtiment, il lui est tombé sur la tête un marteau de tailleur de pierre, qui lui a brisé l'os et découvert toute la cervelle. Il se meurt, et il a prié qu'on l'apportât ici pour vous pouvoir parler avant que de mourir (1).

ARGANTE.

Où est-il?

CARLE.

Le voilà.

SCÈNE XIV.

ARGANTE, GÉRONTE, LÉANDRE, OCTAVE, HYACINTE, ZERBINETTE, NÉRINE, SCAPIN, SYLVESTRE, CARLE.

SCAPIN, *apporté par deux hommes, et la tête entourée de linges, comme s'il avoit été blessé.*

Ahi, ahi. Messieurs, vous me voyez... ahi, vous me voyez dans un étrange état. Ahi. Je n'ai pas voulu mourir sans venir demander pardon à toutes les personnes que je puis avoir offensées. Ahi. Oui, messieurs, avant que de rendre le dernier soupir, je vous conjure de tout mon cœur de vouloir me pardonner tout ce que je puis vous avoir fait, et principalement le seigneur Argante et le seigneur Géronte. Ahi.

---

(1) Personne ne peut douter que ce ne soit là une nouvelle ruse; mais ces mots d'*os brisé* et de *cervelle découverte*, et tout à l'heure la vue même d'un homme ayant la tête entourée de linges, me semblent attrister un peu la gaieté du stratagème.

ACTE III, SCÈNE XIV.

ARGANTE.

Pour moi, je te pardonne; va, meurs en repos.

SCAPIN, *à Géronte.*

C'est vous, monsieur, que j'ai le plus offensé par les coups de bâton que...*

GÉRONTE.

Ne parle point davantage, je te pardonne aussi.

SCAPIN.

Ç'a été une témérité bien grande à moi, que les coups de bâton que je...

GÉRONTE.

Laissons cela.

SCAPIN.

J'ai, en mourant, une douleur inconcevable des coups de bâton que...

GÉRONTE.

Mon dieu! tais-toi.

SCAPIN.

Les malheureux coups de bâton que je vous...

GÉRONTE.

Tais-toi, te dis-je; j'oublie tout.

SCAPIN.

Hélas! quelle bonté! mais est-ce de bon cœur, monsieur, que vous me pardonnez ces coups de bâton que (1)...

VARIANTE. * *Les coups de bâton...*

---

(1) Géronte n'avoit pas avoué les coups de bâton; il s'étoit borné à déclarer que Scapin *l'avoit traité d'une manière qu'il avoit honte de dire.*

GÉRONTE.

Hé! oui. Ne parlons plus de rien; je te pardonne tout: voilà qui est fait.

SCAPIN.

Ah! monsieur, je me sens tout soulagé depuis cette parole.

GÉRONTE.

Oui; mais je te pardonne à la charge que tu mourras (1).

SCAPIN.

Comment! monsieur?

GÉRONTE.

Je me dédis de ma parole, si tu réchappes.

SCAPIN.

Ahi, ahi. Voilà mes foiblesses qui me reprennent.

ARGANTE.

Seigneur Géronte, en faveur de notre joie, il faut lui pardonner sans condition.

GÉRONTE.

Soit.

Et voilà que ce maudit Scapin rappelle jusqu'à cinq fois devant témoins *ces malheureux coups de bâton*, et force Géronte à les lui pardonner pour n'en plus entendre parler. Cela est bien comique. Dans *le Médecin malgré lui*, Sganarelle, qui a bâtonné un autre M. Géronte, pour le faire médecin de la même manière que lui, Sganarelle, avoit eu ses licences, adresse également au vieillard de ces excuses cruelles qui ne sont qu'une nouvelle offense.

(1) Le pardon de Géronte vaut celui de Martine, *du Médecin malgré lui*, qui dit à son mari: « Je te le pardonne, mais tu me le paieras. »

ARGANTE.

Allons souper ensemble pour mieux goûter notre plaisir.

SCAPIN.

Et moi, qu'on me porte au bout de la table, en attendant que je meure [1].

---

[1] Ce dernier acte est très-inférieur aux deux autres, dont le premier est excellent de tout point, et le second renferme des scènes de la plus folle gaieté. La scène du sac, par sa basse bouffonnerie, et la double reconnoissance, par sa froide invraisemblance, font dégénérer en un mauvais mélange de parade et de roman, une des farces les plus divertissantes qui soient au théâtre.

FIN DES FOURBERIES DE SCAPIN.

NOTICE

HISTORIQUE ET LITTÉRAIRE

sur les Fourberies de Scapin.

Les comédies de Molière peuvent se diviser en trois classes. La première renferme ces grands tableaux de mœurs et de caractères qu'il composoit d'après la seule impulsion de son génie, tels que *le Misanthrope, Tartuffe, l'Avare* et *les Femmes savantes*. La seconde comprend ces pièces, tantôt héroïques, comme *la Princesse d'Élide, les Amans magnifiques* et *Psyché*; tantôt comiques ou même bouffonnes, comme *l'Amour médecin, le Mariage forcé, George Dandin* et *Pourceaugnac*, qu'il concevoit et exécutoit à la hâte, pour obéir aux ordres du Roi. La troisième, enfin, consiste dans un petit nombre de farces ou de pièces populaires, que le chef de troupe commandoit, en quelque sorte, à l'auteur de comédies, soit pour réparer quelque échec reçu par son théâtre, soit pour y ramener, par quelque heureuse nouveauté, la foule qui commençoit à s'en éloigner. *Le Festin de Pierre, le Médecin malgré lui* et *les Fourberies de Scapin* appartiennent à cette dernière classe. Comment, dans l'ordre des travaux et des pensées de Molière, *les Fourberies de Scapin* auroient-elles pu prendre place entre le

Bourgeois gentilhomme et *les Femmes savantes?* comment une farce, pleine de sel et de gaieté sans doute, mais privée de cette vérité, de cette profondeur d'observation, qui font du théâtre un miroir de l'homme et de la société, seroit-elle venue, pour ainsi dire, séparer deux admirables peintures de caractères et de mœurs, si Molière, en la composant, n'avoit cédé à d'autres suggestions qu'à celles de son génie, n'avoit obéi à d'autres intérêts qu'à ceux de sa gloire?

Molière, dont l'esprit, si je puis parler ainsi, assimiloit naturellement à sa propre substance tout ce qui se présentoit à lui de comique, soit dans les livres, soit dans le monde, avoit été frappé des beautés vives et naturelles qu'offrent plusieurs scènes du *Phormion*, de Térence; deux scènes originales, perdues dans l'extravagant fatras du *Pédant joué*, de Cyrano de Bergerac, lui avoient paru mériter d'en être tirées; et quelques traits heureux d'une comédie de Rotrou, *la Sœur*, depuis long-temps exilée de la scène, lui avoient inspiré l'envie d'en faire jouir de nouveau le public, en se les appropriant. Son théâtre demande une pièce : ces élémens étrangers se reproduisent à son souvenir, se rassemblent dans sa tête; il les dispose, il les unit par le lien d'une même action, et, sur ce tout, formé de parties empruntées, il répand avec profusion les brillantes saillies nées de sa propre verve. Voilà, si je ne me trompe, l'histoire de la composition des *Fourberies de Scapin*.

Cette comédie fut jouée sur le théâtre du Palais-Royal, le 24 mai 1671, et elle eut seize représentations consécutives.

Tirée presque entièrement du *Phormion*, la pièce se sent de son origine : elle peint des personnes et des mœurs plus anciennes que modernes. Ce sont celles que représentoit la comédie antique, celles qui ont passé sur nos théâtres nouveaux, à l'époque de leur naissance, avec les imitations de Plaute et de Térence, et qui s'y sont perpétuées dans ces innombrables pièces où, sous les noms de Sbrigani, de Scapin, de Crispin, et autres valets de noms et de costumes divers, figurent des Daves et des Sosies déguisés, qui font métier de tromper les pères et de corrompre les fils, tour à tour servant et trahissant leurs maîtres, dont ils reçoivent alternativement des caresses et des menaces, de l'argent et des coups de bâton. Tels étoient, en effet, les esclaves de l'antiquité, êtres dégradés, avilis par leur condition, et plus encore peut-être par les passions de ceux dont ils étoient la propriété; espèces d'animaux domestiques, à la fois insolens et craintifs, que pouvoient battre et tuer impunément de jeunes fils de famille, sur qui ils avoient eux-mêmes, comme gouverneurs, droit de surveillance et de répréhension; obligés, par conséquent, de complaire à leurs penchans les plus vicieux, ou de subir leurs plus cruels traitemens; enfin, exposés sans cesse aux étrivières, aux fers, à la croix même, et ne pouvant presque jamais y échapper qu'en les méritant. Il n'en est pas, il n'en peut pas être ainsi dans nos sociétés modernes, où les maîtres n'ont pas droit de vie et de mort sur leurs serviteurs, et où ceux-ci peuvent rompre à chaque instant le contrat qui les assujettit à la volonté d'autrui.

Dans ces comédies latines, dont presque toujours un esclave dirige l'intrigue, il est presque toujours aussi question des amours d'un jeune homme libre pour une jeune fille de même condition, enlevée à ses parens dès l'enfance, vendue comme esclave, devenue courtisane, et reconnue à la fin par quelque honnête citoyen. Ces événemens étoient fréquens chez les peuples de l'antiquité, où la guerre, la piraterie et l'exposition des enfans séparoient de leur famille nombre de jeunes garçons et de jeunes filles, qui la plupart étoient vendus à l'encan, et passoient de main en main comme objet de commerce.

La comédie des *Fourberies de Scapin* a donc les deux caractères principaux d'une comédie grecque ou romaine, puisqu'un valet, Scapin, est la cheville ouvrière de l'action, et que le dénouement consiste dans la reconnoissance de deux jeunes filles, ravies depuis long-temps à l'amour de leurs pères, et que des incidens inattendus remettent entre leurs bras. Comme nos bienséances théâtrales eussent repoussé le personnage d'une courtisane, Molière y a substitué, pour l'une d'elles, ce qui s'en rapproche le plus, c'est-à-dire une Égyptienne ou Bohémienne, ainsi qu'il l'avoit déja pratiqué dans *l'Étourdi*.

Du reste, Molière a senti qu'une pièce moderne, fondée sur des aventures et des mœurs particulières à l'antiquité, manqueroit trop de vraisemblance, si le lieu de la scène, du moins, ne se prêtoit à cette espèce d'anachronisme. Voilà pourquoi l'action des *Fourberies de Scapin* se passe à Naples, de même que celle de *l'Étourdi* se passe à Messine, de même aussi qu'il est question de Naples dans le dénouement de *l'Avare*. Naples et Messine, en effet, étant situées sur le bord de la mer, dans le voisinage des états barbaresques, leurs habitans sont particulièrement exposés aux insultes des pirates, sans compter tous les autres hasards de la navigation. C'est dans le royaume de Naples aussi que, suivant une ancienne tradition, peu démentie par l'état de choses actuel, se trouvent le plus de ces hommes d'intrigue et d'exécution, qui, pour le moindre salaire, sont capables de tout, même d'une bonne action; et voilà encore pourquoi Molière, attentif aux mœurs et au costume dans les pièces mêmes où il semble les avoir le moins observés, a fait de Scapin et de Sbrigani deux Napolitains.

Antique ou moderne, grec ou napolitain, le personnage de Scapin est, sans contredit, de tous les fourbes mis au théâtre, celui qui a le plus de fertilité dans l'imagination, et de verve dans le langage. Il se vante, mais il ne va pas au-delà de la vérité; il promet beaucoup, mais il fait plus encore. Ses dupes manquent d'esprit, sans doute; mais elles ont une passion qui leur en tient lieu: tirer de l'argent de deux avares est peut-être plus difficile que de tromper dix aigrefins.

De ces deux avares, celui qui l'est le plus, est un aussi mauvais père qu'Harpagon; et c'est celui-là même qui a un aussi mauvais fils que Cléante. Cléante se moque de la malédiction de son père, et se fait le receleur de la cassette qu'on lui a volée: Léandre abandonne le sien à la vengeance de Scapin, qui use de la permission en l'assommant de coups. Ainsi, Molière, faisant toujours sortir une grande moralité de la peinture des plus mauvaises mœurs, place, à côté d'un vice, le vice même qui en est à la fois l'effet et le châtiment.

L'intrigue de la pièce est double; mais elle l'est aussi dans Térence; d'ailleurs, seroit-ce assez d'une seule intrigue pour le génie de Scapin, et ne lui en faut-il pas deux, pour le moins, à mener de front? Au surplus, ces deux intrigues sont entrelacées habilement par le fourbe qui en tient les fils, et elles aboutissent à un dénouement commun, où chacun des deux pères, retrouvant une fille, trouve un gendre dans chacun des deux fils et des deux amans. Ce dénouement n'est qu'à moi-

SUR LES FOURBERIES DE SCAPIN.

tié celui du *Phormion*, où l'un des deux jeunes gens, du consentement de son père et de sa mère, reste en possession de sa courtisane, sans que celle-ci change d'état ni de mœurs. Nous n'eussions pas toléré un pareil accommodement, et deux mariages étoient absolument nécessaires.

Boileau a dit, dans son *Art poétique* :

> Étudiez la cour et connoissez la ville;
> L'une et l'autre est toujours en modèles fertile :
> C'est par là que Molière, illustrant ses écrits,
> Peut-être de son art eût remporté le prix,
> Si, moins ami du peuple, en ses doctes peintures,
> Il n'eût pas fait souvent grimacer ses figures,
> Quitté, pour le bouffon, l'agréable et le fin,
> Et sans honte à Térence allié Tabarin :
> Dans ce sac ridicule où Scapin s'enveloppe,
> Je ne reconnois plus l'auteur du Misanthrope.

Ces vers ont donné lieu à de nombreux commentaires. Ceux-ci n'ont trouvé l'arrêt que juste, et ceux-là l'ont trouvé trop rigoureux; d'autres ont blâmé seulement Boileau d'avoir loué Molière avec restriction, lorsqu'il étoit mort, lui qui l'avoit loué sans réserve, quand il étoit vivant; d'autres ont distingué, et, abandonnant la scène du sac que personne ne défend, ont défendu des scènes de la même pièce que Boileau n'attaque pas. Ce vers,

> Peut-être de son art eût remporté le prix,

semble prêter à deux sens, l'un relatif, l'autre absolu; il peut vouloir dire que Molière l'eût emporté sur tous ses rivaux, il peut signifier que Molière eût atteint, dans son art, le comble de la perfection. Ce dernier sens est raisonnable : le premier seroit injuste; et c'est celui qu'à choisi Voltaire, peut-être uniquement pour s'écrier : « Qui donc aura ce prix, si Molière ne l'a pas ? »

Je n'entrerai point dans la discussion du passage entier; je n'examinerai point si Boileau, dans ces mêmes vers où il paie un juste tribut de louange à Molière, n'exprime pas, avec trop de sévérité, avec trop peu de précision surtout, un blâme qu'il avoit le droit de prononcer. Je m'attacherai seulement aux paroles qui se rapportent plus directement à la pièce dont je viens de m'occuper moi-même; et mon zèle prouvé pour la gloire de Molière, ne m'empêchera pas de souscrire à la sentence portée par l'auteur de *l'Art poétique*. Oui, sans doute, dans *les Fourberies de Scapin*, Molière a *allié Térence à Tabarin*; et ce n'est point là une figure, c'est une expression littérale, puisqu'en effet il a pris au comique latin presque tout le sujet de sa pièce, de même qu'il a emprunté au farceur populaire cette *ridicule* scène du sac que le goût en voudroit retrancher. Oui, sans doute, l'auteur du *Misanthrope* est descendu trop au-dessous de lui-même, et a, pour ainsi dire, donné lieu de le *méconnoître*, lorsqu'il a transporté sur le théâtre illustré par tant de chefs-d'œuvre comiques sortis de ses mains, une bouffonnerie grossière qui avoit déja traîné sur les plus ignobles tréteaux. Voilà ce qu'ont refusé de voir quelques aveugles enthousiastes de Molière, devenus, en cette occasion, de ridicules adversaires de Boileau, qui n'ont su défendre l'un qu'en attaquant l'autre avec indécence, et qui ont prouvé par là qu'ils étoient incapables de les apprécier tous les deux.

FIN DU TOME HUITIÈME.

TABLE

DES PIÈCES CONTENUES DANS LE TOME HUITIÈME.

Le Bourgeois gentilhomme.

Notice historique et littéraire sur le Bourgeois gentilhomme.

Psyché.

Notice historique et littéraire sur Psyché.

Les Fourberies de Scapin.

Notice historique et littéraire sur les Fourberies de Scapin.

www.ingramcontent.com/pod-product-compliance
Lightning Source LLC
Chambersburg PA
CBHW050253230426
43664CB00012B/1931